古典文獻研究輯刊

十七編

潘美月・杜潔祥 主編

第 7 冊

《水經注》研究（上）

方麗娜 著

國家圖書館出版品預行編目資料

《水經注》研究（上）／方麗娜　著 — 初版 — 新北市：花木
蘭文化出版社，2013〔民102〕
序 2+ 目 8+204 面；19×26 公分
（古典文獻研究輯刊 十七編；第 7 冊）
ISBN：978-986-322-432-7（精裝）
1. 水經注　2. 研究考訂
011.08　　　　　　　　　　　　　　　　102014850

ISBN-978-986-322-432-7

9 789863 224327

古典文獻研究輯刊
十七編　第 七 冊　　　　　ISBN：978-986-322-432-7

《水經注》研究（上）

作　　者　方麗娜
主　　編　潘美月　杜潔祥
總 編 輯　杜潔祥
企劃出版　北京大學文化資源研究中心
出　　版　花木蘭文化出版社
發 行 所　花木蘭文化出版社
發 行 人　高小娟
聯絡地址　235 新北市中和區中安街七二號十三樓
　　　　　電話：02-2923-1455 ／傳真：02-2923-1452
網　　址　http://www.huamulan.tw 信箱 sut81518@gmail.com
印　　刷　普羅文化出版廣告事業
初　　版　2013 年 9 月
定　　價　十七編 20 冊（精裝）新台幣 31,000 元　　版權所有·請勿翻印

《水經注》研究（上）

方麗娜　著

作者簡介

方麗娜，高雄師範大學教授。專長：漢語語法學、漢語詞彙學、華語文教材教法、華人社會與文化。經歷：高雄師範大學華語文教學研究所所長、高雄師範大學語文教學中心主任、教育部國語推行委員會常務委員兼華語組主任、美國夏威夷大學訪問學者、新加坡南洋理工大學國立教育學院客座、臺灣華語文教學學會理事、秘書長。著作：《水經注研究》、《西周金文虛詞研究》、《漢代小學教科書研究》、《華人社會與文化》和《現代漢語詞彙教學研究》等。

提　　要

　　本文旨在探究《水經注》撰作之緣起，歷代刊刻研究之梗概，揭櫫酈注之學術價值，俾知酈道元隨經抒述，掇籍宏鋪，豈曰水經之詁釋，實所以粉飾漏闕，銓次疆隅，乃相濟而為編者也。

　　全編論文約四十三萬字，分十章二十八節。

　　首章「緒論」，概述個人研究之動機，取材之範圍，撰述之方法，與章節順序之安排等等。

　　第二章「酈道元傳略」，茲就生平事蹟與時代背景兩項，分別闡述，庶幾知人論世，察文見意也。

　　第三章「水經注創作之緣起」，釐為四節，蓋凡作者抱負之抒發，山水文學之承衍，駢文麗辭之影響，山川地記之流行等等，皆為道元撰注之內因外緣也。

　　第四章「歷代水經注刊刻研究概說」，依時代先後，說明版本之傳承，付梓之情況，及學者一己之所得，藉見歷代水經注研究之大凡焉。

　　第五章「水經注之寫景藝術」，分摹景方式、裁章技巧及修辭要例等三節，探索水經注置辭屬采之道，俾見道元為文，模山範水，惟妙惟肖，寫意傳神，精巧雋永，儒雅雍容，萬流仰鏡，實為寫景文章之模範也。

　　第六章至第八章「水經注之評價」，依地學、經學、史學、子學與文學等等，闡述酈注之學術價值，其重點在：古方輿學之鍵轄、地望釋名之祖庭、治經徵史之鴻寶、金石碑銘之珍藪、語言研究之珠澤、經注義疏之翹楚、神話舊聞之薈萃、岩畫藝術之淵海、歌謠諺語之集錦等等。

　　第九章「水經注之影響」，專就輿地學派與辭章學派言之，以尋繹水經注於後世之影響。

　　第十章「結論」，綜言本文研究之成果，兼及今後酈學之展望也。

自　序

　　夫天地之間，唯水為多；故水者，地之脈絡也，大川相間，小川相屬；而凡郡縣川道，瓜列棋布，皆因以別焉。地理之書，始於《禹貢》，《禹貢》之分九州，必主山川以定經界，誠以山川之形，綿亙無易，州縣之設，更革不常。故袞州可移，而濟河之袞不移也；梁州可遷，而華陽黑水之梁不能遷也。此《禹貢》所以為萬世不易之書也。有漢一代，司馬子長，號為良史，書止河渠，蠡測一勺，後之作者，竟無述焉，世所憑依，俾見天地血脈者，則唯《水經》一書而已。降及後魏，道元注之，補其未備，旁引百家，時發雋語，流溼之外，贅行紀異，博雅之士，倚以為談，考其所載，引枝流數千條，審遠近之端，詳大小之勢，源委之吐納，沿路之經過，纏絡枝煩，條貫系夥，搜渠訪瀆，靡或遺漏。故凡過歷之皋維，夾竝之坻岸，環閒之亭郵，跨俯之城隅，鎮被之巖嶺，迴注之谿谷，瀕枕之鄉聚，聳映之樓館，建樹之碑碣，沈淪之基落，靡不旁萃曲收，左摭右采，可謂包舉華夏，囊括古今。而注中所言，指核希怪，狀寫物靈，暢探荒極，理驗遷圮，裁量利害，差剖離翕，鑒度率畛，宅定中外，作起民緒，諮諏帝采；有豐富之史料，妙絕之文學，奇諧之故事，詳審之佛跡，誠為宇宙未有之奇書也。

　　曩者余讀《漢書‧地理志》驚歎以為絕作，其上溯古蹟，旁羅水道，宏綱已舉，惜細目未賅，雖為書之體固然，而於探奇耆古之懷，猶感歉然弗愜也。嗣讀《水經注》，深美其用意，足輔班氏之所不逮，即矢志沈潛酈《注》，凡閱五載矣。研治以來，幸蒙　王師熙元垂示訓誨，指點津梁；外子青圃鼓舞協助，不遺餘力；感激之情，難以言喻，謹誌於斯，以表謝忱。唯操觚率爾，罅漏實多，尚祈博雅碩彥，不吝賜正。

方麗娜

目次

凡　例

一、本篇凡稱引《水經注》原文，以王先謙《合校水經注》（臺灣中華書局，民國 71 年 10 月臺二版）爲底本，取其收錄完備，刊刻精緻，經注分明，開卷瞭然，便於翻檢也。

二、本篇所用音學術語，悉依陳師伯元《古音學發微》（文史哲出版社，民國 72 年三版）之說爲據。

三、凡紹介各家，其先後次第，概以生年爲主，若其生卒年皆不詳者，則以生平事蹟，或校書時間，有足繫年者爲準。

四、本篇於第三章第三節，凡遴載對句駢語之條例，一以「△」符號，標其上方，以資醒目。

五、本篇於第六章第二節，有關地名淵源之舉例，爲方便計，各列五條，以求統一，初無軒輊之意。

六、學術文章，天下公器，然掠美勦說，古今所鄙，故本文凡採前賢成說，咸標出處，以明所據。

七、本篇之參考書目，附於書後，先錄有關《水經注》之專書在前；其它書籍，再依經、史、子、集之屬，次序編排；期刊論文部分，分水經注類與一般類兩項，置於本書目之末，前者殆網羅民國以來，散見期刊雜誌之單篇論文，集爲一編，藉彰前修弘業，兼資碩儒覆按也。

第一章　緒　論

第一節　寫作動機

　　水之爲德，大矣哉！道生天一，職統材五，發始西極，產母隅也，折赴東墟，趨子方也，灉涌昭化妙之初質，流瀾符於穆之神用，厚氣肇之升盛，露雨由之感澤，象曜資之光朗，元黃本之浮載，穹灝倚之配密，雲漢會之紀戒，圖書託之興瑞，祇軸寄之融絡；是以寓目者歎其渾逝，臨淵者頌其靈長；且類非此無以胚阜，萬里非此無以準平，醴饔非此無以烹膳，而育年壤墟，非此無以灌漑而興穀；法其形勢而樹都廟，因其限隔而分州域，舳艫興而窮迻互通，堤鑿成而坰瘠咸利，鐘匯之區，則珠玉以登，枯絕之野，則林壑不毛，函夏泰和，則皇波達貫，坦乎國紀，封原割畫，則百川斷裂，洋然險防，況其精通天步，體轄人事，海安而知內寧，河清而期聖出，徙焉卜廢，竭以表亡，則代運之隆衰，而姓庶之災吉，亦可觀也〔註1〕。緣以水浮天而載地，高下無所不至，萬物無所不潤，及其氣流屆石，精薄膚寸，不崇朝而澤合靈宇者，神莫與並，譬之人身津液精血，流貫注伏，皆是物焉，是故達者不能測其淵沖，盡其鴻深也。

　　吾國地理之書，始於《禹貢》。昔在陶唐，水失其行，神禹平之，卑赴其常，決疏爲順，治成之績，粲在〈夏書〉。《禹貢》之分九州，必主山川，以定經界，誠以山川之形，綿亙無易，州縣之設，更革不常，故兗州可移，而濟河之兗不能移也，梁州可遷，而華陽黑水之梁不能遷也。且夫其宣導也，

────────────

〔註1〕參見明・黃省曾《水經》，序文。

必探乎源首，其排入也，必極乎歸納，以奠以敷，號名俱炳，此《禹貢》所以爲萬世不易之書也。厥後九邱不傳，四岳薶緼，《周官》存藪浸之略，《爾雅》開崑崙之端，司馬遷之載河渠，庾仲雍之筆江記，偏係一方，匪兼八表。況王澤浸消，地象俱廢，樂廣闢者，湮其溝洫，便私謀者，壅其湍泉，公家醨激，巨右改張，是以啓塞靡恆，陵谷皆變，洪鉅者失其包帶，微纖者亂其營緯，紜紜訛訛，莫之質竟也已。是故《水經》之作，追法貢體，錄爲所經，羅并四際，總勒一典，凡引天下之水百三十有七，苟非經流，不在記注之限，錯陳舊纂，以備參鉤，派畫條科，以罄脈衍；務討異奇，同蔚宗之旨趣，嚴標郡縣，肖班固之鋪設，是乃曠絕之觚翰，寰宇之珍典也。然水經雖粗綴津緒，規綱則舉，節解未彰，故讀者病其簡略也。〔註2〕

　　迨乎後魏酈道元，接足踵武，撰注《水經》，以博洽之宏襟，擅圖輿之顓學，隨經抒述，掇籍宏鋪，剖說十倍于前文，揮述半陟其躬履，或眾援以明譌。或極辨而較是，或哀逖以昭邁，或廓無而續有，引枝流千餘條，審遠近之端，詳大小之勢，源委之吐納，沿路之經過，纏絡枝煩，條貫系夥，搜渠訪瀆，靡或遺漏，故凡過歷之皋維，夾竝之坻岸，環閒之亭郵，跨俯之城陸，鎮被之巖嶺，迴注之谿谷，瀕枕之鄉聚，聳映之臺館，建樹之碑碣，沈淪之基落，靡不旁萃曲收，左摭右采，可謂包舉華夏，囊括古今，俾學者足不必踰戶庭，天下經流原委，瞭若指掌，實所以紛飾漏闕，銓次疆隅，乃濟《水經》而爲編者也。而注中所載，指核希怪，狀寫物靈，暢探荒極，理驗遷坦，裁量利害，差剖離翁，鑒度率畛，宅定中外，作起民緒，諮諏帝采，有豐富之史料，妙絕之文學，奇諧之故事，詳審之佛跡，更有宏博之碑刻廟觀。舉凡地理研究，故事傳說，金石之事，文學之資，經籍之校勘，夷狄之調查，均可獨立門戶，整理考究，實係爲地學、史學、農學、水利學、考古學，乃至民俗學，辭章學等等之鉅著，誠爲宇宙未有之奇書也。

　　曩者余讀漢書地理志，驚歎以爲絕作，其上溯古蹟，旁羅水道，宏綱已舉，惜細目未賅，雖爲書之體固然，而於探奇耆古之懷，猶感歉然弗愜也。嗣讀酈氏《水經注》，深美其用意，足輔班志之不逮，學者誠欲殫見洽聞，甄

名核實，則此別樹一幟，可互證是非，藉窺涯涘，百川纏絡，一覽瞭然，未始非初學之津梁，宿儒考錯之器具也。然世或訾其好奇騁博，惡其枝蔓太繁，徒搜迂怪以耀世，引遐僻以示異，將使讀者應接不暇，莫知所從。殊不知其有功於神禹之故跡，有稗於水利之建設，乃經濟家疆理天下之要典也；而徵引之繁富，沿革之明晰，寫景之妙筆，實文章家之資糧，考據家之津筏也。夫言在先賢，鑒惟來哲，窮經博史之碩彥，罕有深味其言者，舛戾若是，悠悠之口，烏足信哉？民國以來，競言整理國故，表彰國粹，海內之士，聞風承流，輿地之學，於焉復興，惜研稽酈學之專著，寥寥無幾，此寧非憾事歟？於是矢志研究《水經注》，說明其版本刊刻，及歷代研究之成果，並揭櫫其學術價值，亦曰嘗試云爾，未敢言於述作之林也。

第二節　研究方法

　　夫水道遷流，最難辨析，綿古芒昧，華戎代襲，郭邑空傾，川流戕改，殊名異目，世乃不同，川渠隱顯，書圖自負，或亂流而攝詭異，或直覺而生通稱，枉渚交岐，洄湍決復，纏絡枝煩，條貫系夥，十二經通，尚或難言，輕流細漾，固難辨究。是知今欲研稽《水經注》，若無其法，則必徒勞，譬之滄海求珠，靡有獲益也。故本文之作，將循下列諸法為之：

一、蒐輯逸文，校勘整理

　　學術研究，資料為先，若資料周備，則成果豐碩，自必可期。酈注之作，繁稱博引，並雜神佛，有唐一代，學者忽之〔註3〕。五代之亂，缺佚多卷，《崇文總目》止三十五卷，而錢曾《讀書敏求記》元祐二年跋，則謂蜀本止三十卷，及何聖從本出，校正蜀本，始復四十卷之舊觀〔註4〕，然經注之淆亂，自此始矣。宋代雖重酈書，然乏專治者，若諸家撰述，則頗多稱引。明儒好古，酷愛酈注，點編校刊，不遺餘力，惜方法未精，間有亥豕也。夫古書一有謬誤，便成廢書，然於他書誤者，猶可以理測，可以意更；且夫一字之誤，未

〔註3〕按，《水經注》在唐代，名不甚著。《新唐書‧經籍志》載李吉甫刪《水經》十卷，蓋以酈氏繁稱博引，雜采神佛，其書久佚，不知取捨如何。唐儒如顏師古、魏王泰、太子賢、司馬貞諸人皆不重酈注。杜佑據河源濟瀆二事，訾毀百端，謂為僻書。劉知幾《史通》亦以為編而不窮。

〔註4〕參見錢曾〈水經注四十卷跋〉一文，載《讀書敏求記》，又見《水經注釋》附錄下。

必能累篇，一篇之譌，未必能累卷；惟《水經注》有譌，非足跡所履，圖籍所載，不得擅定；其出過注入之異勢也，江淮河漢之異名也，一字之譌，逕派稍異，分合頓殊，此無以通，彼無以受，譬之人身脈絡之間，一節有礙，即爲痿癈，故是書校刻之難，尤倍他書也。有清一代，考據風熾，頗合科學方法，治水經者，不乏其人。自顧炎武、顧祖禹、閻若璩、胡渭等而後，治酈書者甚夥，或博采史傳，斟酌眾說，或援據辨證，繩愆糾謬，至全祖望、趙一清、戴震並起，箋校精詳，益臻完備，殆還酈氏舊物。清末，王先謙合校於前，楊守敬纂疏於後，遂使千百年混淆譌漏之書，釐然可通；語云：「一將功成萬骨枯。」今《水經注》可讀，實清儒積年努力之結果，非一代一人所能幸致也。民國以來，宋明《水經注》殘卷，迭有發現，而《永樂大典本水經注》，亦佚而復出，誠如胡適之所言，此則近代學者之福也〔註5〕。今諸家校本俱在，苟能就此數本，互校一過，爲之抉摘舛謬，條分縷擘，足永定千秋耳食沿訛，而諸家聚訟，亦必有所澄清者矣。

二、沈鉤遠紹，辨析判斷

　　古者儒墨諸家，其所著書，大者以治天下，小者以爲民用，蓋非空言虛論者也。後世流爲辭章之學，始修飾字句，流連光景，高文巨冊，徒充汗惑之聲耳。由是而讀古人之書，亦不究其原委，割裂穿鑿，作者之意如彼，讀者之意若此，其所傳者，實非其所以傳者也。先王體國經野，凡封內之山川，其離合向背，延袤道里，莫不講求，《水經》之作，亦《禹貢》之遺意也，善長注之，補所未備，可謂有功於是書矣。惟酈注爲書，分條析縷，引委求源，合天下之川瀆，以成一編，即令皆車轍馬跡之所及經，而纏絡支煩，條貫系夥，有以知其易舛也；況酈氏當分割之世，有未能偏歷者，則其據史志而記之，從傳聞而審之，固多狐疑難信者矣，故觀乎善長之書，宜諒其闕失，而補救之也。千載以降，致力於酈書者，代不乏人，顧閱時既遠，傳寫已久，文字繁濫，失實遂滋，錯簡譌字，交棘口脗；於是或尊同墳典，取備一家，或采掇腴詞，聊充千腋。其篤嗜者，就文箋義，不問地形，偶辨譌淆，仍囿科白，有功前哲，無補新知，讀未終篇，神已迷而目已眩矣。故今欲研稽《水經注》者，必由永樂大典本，全祖望、趙一清、戴震三家校釋入手，次及楊守敬之《水經注》圖，再及楊守敬、熊會貞、王國維三家校疏，並取陳澧之

〔註5〕參見《胡適手稿》，第一集研究第三則。

《漢志水道圖說》，丁謙之《水經注》正誤舉例，參訂考正，然後前人精華，可一網打盡也。此外，宜依可恃之山谿，去陳言之影響，逆溯探源，得其規矩，抽絲剝繭，明其因革，折衷宜確，辨析判斷，循流而下，則事半功倍，萬里皆達矣。

三、旁參互證，補足缺漏

　　清儒治酈書之成績，固甚可觀，然於論點與發明之先後，亦留有全、趙、戴互襲之疑案。戴氏自云所據爲《永樂大典》，然其校記，於改訂之處，無所說明；而趙氏校釋之定論，往往即戴氏重訂之改文。因之，剽襲之爭，聚訟紛紜，前儒於戴趙之爭，或各有偏護，或爲調和之論〔註6〕，要之，皆未見大典文，即或見之，亦未嘗逐條參校，固非不易之言也。民國以來，致力於酈書者，頗有其人〔註7〕，或校勘字句，以復酈書之舊觀，或考證源流，以明酈學之梗概；箋釋酈書，爲通阻塞，類輯酈文，在便省覽，作書錄、考版本、編引得、繪地圖，則利酈學之研究。或就全書著眼，或考部分問題，而全、趙、戴互襲之疑案，尤爲學者所重視。諸家各有所得，並有功於酈氏，凡此皆足取爲參考之用。又本文輔助資料，因應各章，需求不同，選用有異。章學誠《文史通義》謂：「不知古人之世，不可妄論古人文辭也；知其世矣，不知古人之身處，亦不可遽論其文也。」〔註8〕故凡探討魏晉南北朝之資料，有助於說明《水經注》撰作背景之社會學、政治學、民俗學、人類學、方志學、宗教學、文學、哲學等著作，均宜取參證之，以固根柢也。且夫文章之成，其要有二：一內容也，一形式也；內容即思想之鎔鑄，以言之有物爲高，形式即辭語之裁奪，以言之有序爲尚，意立則詞從之以生，詞具而意緣之以顯，二者相倚，不可或離。劉勰《文心雕龍・章句篇》云：「夫人之立言，因字而生句，積句而成章，積章而成篇。篇之彪炳，章無疵也；章之明靡，句無玷也；句之清英，字不妄也。振本而末從，知一而萬畢矣。」是知鑑賞文章，必分字、句、章、篇各端觀之。故其有助於本文研究字法、句法、章法、篇法之文學理論、修辭學、文法學，乃至文字聲韻訓詁之作，皆宜資取，以爲參考，斯可免空言泛論之弊也。

〔註6〕詳見本文第四章第五節〈清代之水經注〉。
〔註7〕詳見本文第四章第六節〈民國以來之酈學〉；及書尾參考書目，期刊部分。
〔註8〕參見章學誠《文史通義》，內篇二「文德」，頁61。

四、排比綱目，析理居正

夫學術研究，綱舉目張，堂築則構，此不易之法也。張之洞《書目答問》有云：「由經學入史學，其史學可信；由經學史學入理學者，其理學可信；以經學史學兼詞章者，其詞章有用。」〔註9〕《水經注》之為書也，義經體史而用文，其擷辭贍諸集，紀事括諸史，騁奇淯諸子，析理丕六經，信翰苑之瓊琚，作文之津梁；宣乎涵泳深思，明其義理，講其作法，然後深造自得，正其途而濬其源，出於心而注諸手，必能師範億載，自立門戶也。故茲篇之作，紬繹精蘊，放失浮濫，條其綱領，分列細目，凡分十章，除緒論、本論外，二至九章為本論，先論「作者傳略」與「創作緣起」；次則探討「刊刻研究」，說明酈氏《水經注》版本之因襲，藉見歷代研究《水經注》之歷史；而後繼之以「寫景藝術」，及「評價」、「影響」各章。章下分節，節下分目。每立一說，必先劃定義界，然後鉤稽疏理，備列眾說，比較部析，反覆發明，所以防武斷也。

且夫熊掌豹胎，食之至珍貴者也，生吞活剝，不如一蔬一筍矣；牡丹芍藥，花之至富麗者也，剪綵為之，不如野蓼山葵矣；味欲其鮮，趣欲其真，人必如此，而後可與論學。是以善學邯鄲者，莫失故步，善求仙方者，不為藥誤，不頗不偏，亦足平矣，斯即臨文主敬之道也。故茲篇之作，首重方法，不以文害辭，不以辭害志，析理居正，纂要鉤玄，是為得之。章學誠《文史通義》有云：「人知易為卜筮之書矣，夫子讀之，而知作者有憂患，是聖人之知聖人也；人知離騷為詞賦之祖矣，司馬遷讀之，而悲其志，是賢人之知賢人也。」〔註10〕良以善讀古人書者，必善論古人之世，而後知人知言，以意逆志，察文見意，由此立論，乃能達前人著書之意旨，知作者之深衷也。今本文鑒於往塗，乃得趣歸，凡所持論，務棄偏執，覆察實情，有所論斷，必據明徵，冀使言之不誣，理無虛發。唯遇滯凝難通者，輒就譾陋所知，列入後案，以資參考；蓋取詩稱嚶求，易言麗澤之義，是非然否，俟諸公論，不敢固之，期懲時下支離騈說，空疏失本之弊也。

〔註9〕參見張之洞《書目答問》，序言。
〔註10〕參見章學誠《文史通義》，內篇四「知難」，頁128。

第二章　酈道元傳略

魏晉以來，注《水經》者，凡有二家：郭璞注三卷，隋志著錄，杜佑作《通典》時猶見之〔註1〕，清畢沅〈山海經古今本篇目考〉有云：〔註2〕

> 《水經》二卷，撰人闕，郭璞注。沅曰：《海內東經》篇中，自岷三江首，至漳水入章武南，多有漢郡縣名。據《隋書·經籍志》云：《水經》三卷，郭璞注；《舊唐書·經籍志》云：《水經》二卷，郭璞撰；此《水經》，隋、唐二志皆次在《山海經》末，當即海內經中文也。又有《水經》四十卷，酈善長注，乃桑氏之經，杜佑不知郭注是《海內東經》中《水經》，乃云《水經》郭璞注三卷，後魏酈道元四十卷，皆不詳所撰者名氏，亦不知是何代之書，以二經爲一。又引經云濟水過壽張云云，而責景純注解疏略，是以郭璞爲注桑氏之書，其謬甚矣。

畢氏謂此水經，隋、唐二志皆次於《山海經》後，當即海內經中文，此誠其篤識也。郭氏《水經注》合于《山海經》，未知始于何時，今不復單行矣。而酈道元注四十卷行世，遂獨用《水經注》之名焉。

章學誠《文史通義·文德篇》謂：「不知古人之世，不可妄論古人文辭也；知其世矣，不知古人之身處，亦不可遽論其文也。」是以先列此章，下分二節：一爲作者生平事蹟，二爲時代背景。前者所以考道元之家世、籍貫、生卒、仕宦、思想，後者則緣作者所處之時代環境，析述其概。皆參酌史籍，明列前賢成說，以爲知人論世之助也。

〔註1〕 參見《隋書》，卷三十三，志第二八「經籍」二，地理之記。
〔註2〕 參見清·畢沅《山海經新校正》，「繪圖山海經古今本篇目考」，頁5；《水經二卷》，撰人闕，郭璞注條云。

第一節　生平事蹟

一、家　世

酈道元，字善長，北魏范陽涿郡（今河北省涿縣）人。有關其先祖家族之資料，由《魏書》卷四二〈列傳〉第三十〈酈範傳〉，卷八九〈列傳酷吏〉第七七〈酈道元傳〉，《北史》卷二七〈列傳〉第十五〈酈範傳〉附傳，及《水經注》書中之記載等等，可得大概如左。《水經注》卷十二〈巨馬水注〉「又東南過容縣北」條云：〔註3〕

> 巨馬水久東，酈亭溝水注之，水上承督亢溝水於迺縣東，東南流，歷紫淵東，余六世祖樂浪府君，自涿之先賢鄉爰宅其陰，西帶巨川，東翼兹水，枝流津通，纏絡墟圃，匪直田漁之贍可懷，信爲遊神之勝處也。

是知道元六世祖曾任樂浪府君。按父子相繼爲一世，一世約三十年，自道元上推五世，殆約百有五十餘載，則其時當爲西晉末年（西元310～西元320左右）《資治通鑑》卷八八〈晉紀十〉，愍帝建興元年（西元313）云：

> 遼東張統據樂浪、帶方二郡，與高句麗王乙弗利相攻，連年不解，樂浪王遵說統帥其民千餘家歸廆，廆爲之置樂浪郡，以統爲太守，遵參軍事。

樂浪郡於西晉末爲高句麗所併，即遭廢止，則道元六世祖辭卸府君之職，遷居紫淵南，以避時亂，蓋亦此時焉。六世祖樂浪府君之後，史籍無載。

道元父名範，先祖酈紹，《北史·酈範傳》有云：

> 祖紹，慕容寶濮陽太守，以郡迎降，道武授兗州監軍。

酈紹（道元之曾祖父），慕容寶爲後燕主時，紹爲濮陽太守，濮陽屬兗州（今山東省境內）。自慕容寶永康元年八月（西元396）起，魏道武帝拓跋珪大舉伐燕，幽州（今河北省境內）、并州（今山西省境內）相繼淪陷，復又攻取常山（今河北省正定縣），《魏書》卷二〈道武帝紀〉云：

> （皇始元年八月）己亥，大舉討慕容寶，……十有一月庚子朔，帝至眞定，自常山以東，守宰或捐城奔竄，或稽顙軍門，唯中山、鄴、信都三城不下。

酈紹於此時（北魏道武帝皇始元年，西元396）投效北魏，道武帝因授兗州監

〔註3〕參見王先謙《合校水經注》，卷十二，頁6。

軍。又據《北史・酈範傳》所云：

> 父嵩，天水太守。

紹之子名嵩，即酈範之父，曾任天水太守。天水屬秦地，北魏太武帝神䴗四年（西元 431），夏主赫連定滅西秦，吐谷渾王慕璝乘其半濟，執夏主定而歸，未幾，慕璝奉表于魏，太武帝命之為大將軍西秦王，自此而後，中原及西北諸地，盡歸魏矣，而酈嵩任天水太守，亦當在是年之後也。

　　道元父酈範，字世則，小名記祖，北魏太武帝時（西元 424～西元 451）給事東宮，高宗（文成帝，西元 452～西元 465）踐阼，追錄先朝舊勳，賜爵永寧男加寧遠將軍，太安元年（西元 455），範任治禮郎，奉遷太武帝、景穆神主於太廟，又進爵為子。顯祖（獻文帝，西元 466～西元 471）皇興元年（西元 467），範為征南大將軍慕容白曜司馬，《北史》本傳記其事蹟云：

> 征南大將軍慕容白曜南征，範為左司馬，師次無鹽，劉彧戍主申纂憑城拒守。識者僉以攻具未周，不宜便進，範曰：「今輕軍遠襲，深入敵境，無宜淹留，久稽機候。且纂必以我軍來遠，不去攻守，謂方城可憑，弱卒可恃，此天亡之時也。今若外潛威形，內整戎旅，密屬將士，出其非意，可一攻而克之。

範英勇多智，每進策略，曜皆用之，及定三齊，遂表範為青州刺史，以撫新民，復進爵為侯，加冠軍將軍，遷尚書右丞。後除平東將軍、青州刺史，假范陽公（范陽即涿縣之郡領），《水經注》卷二六〈巨洋水〉「又北過臨朐縣東」條云：〔註4〕

> 先公以太和中，作鎮海岱，余總角之年，持節東州。

尚書《禹貢》謂海岱即青州〔註5〕，故知範為青州刺史，當是高祖太和年間之事（北魏孝文帝，西元 477～西元 499）。又同卷〈淄水注〉「又東過利縣東」條云：〔註6〕

> 昔在宋世，是水絕而復流，劉晃賦通津焉。魏太和中，此水復竭，輟流積年，先公除州，即任未期，是水復通，澄映盈川，所謂幽谷枯而更溢，窮泉輟而復流矣，海岱之士，又頌通津焉。

南朝宋順帝昇明三年四月（西元 479）下詔禪位于齊，故宋世陽水竭而復流，

〔註4〕同註3，卷二十六，頁5。
〔註5〕參見《尚書》，卷六夏書〈禹貢篇〉，頁9云：「厥貢漆絲，厥篚織文，浮于濟漯，達于河，海岱惟青州。」
〔註6〕同註3，卷二十六，頁14。

當在太和二年（西元478）之前；太和中復竭，及範就任，水復通焉。唯太和元年（西元477），有青州刺史京兆王子京〔註7〕，太和二年（西元478），有青州刺史南郡王李惠〔註8〕，太和五年（西元481），則有陸龍成〔註9〕等先後上任，故範就任青州刺史之職，當在太和五年之後，任期長短，史無載錄。

　　範前解州還京也，夜夢陰毛拂踝，他日說之，時齊有占夢者曰史武，進云：「豪盛於齊下矣。使君臨撫東秦，道光海岱，必當重牧全齊，再祿營丘矣。」果如其言。是時鎮將元伊利奏表範與外賊交通，經查乃鎮將不軌也。後即還朝，卒於京師，年六十有二，諡曰穆。範有五子，道元襲爵，二子、三子不詳，四子道慎，五子道約。《魏書・酈範傳》云：

　　　範五子，道元在〈酷吏傳〉，道元第四弟道慎，字善季，涉歷史傳，有幹略，自奉朝請，遷尚書二千石郎中，加威遠將軍，為漢川行臺，迎接降款。以功除員外常侍，領郎中。轉輔國將軍、驃騎將軍，出為正平太守，治有能名，遷長樂相。正光五年卒，年三十八，贈後將軍，平州刺史。子中，字伯偉，武定初，司徒刑獄參軍。

　　　道慎弟約，字善禮，起家奉朝請，再遷冠軍將軍、司徒諮議參軍。樸質遲純，頗愛琴書，惟多造請，好以榮利干謁，乞丐不已，多為人所笑弄，坎壈於世，不免飢寒。晚歷東萊、魯郡二郡太守，為政清靜，吏民安之。年六十三，武定七年卒。

正光五年（西元524），武定七年（西元554），是慎、約之生，並在魏孝文帝太和十一年（西元487），若非孿生，即是異母也。此外，道元族親見諸史籍者，尚有叔父神虎、虁、神期、顯度等人。神虎任尚書左民郎中，神虎弟虁，虁弟神期，神期為中書博士，神期弟顯度，顯度為司州秀才，尚書庫部郎。另有酈惲者，《北史》、《魏書》所載，略有出入，《魏書・酈範傳》謂其為酈虁之子，即道元之堂兄弟，其言云：

　　　神虎弟虁，子惲，字幼和，好學有文才，尤長吏幹。正光中，刺史裴延儁用為主簿，令其修起學校。又舉為秀才，射策高第，為奉朝

〔註7〕事見《魏書》，卷七上〈高祖紀〉，太和元年條。

〔註8〕事見《資治通鑑》，卷一三四〈宋紀十六順帝昇明二年〉（西元478）云：「魏馮太后忌青州刺史南郡王李惠，誣云惠將南叛，十二月癸巳，誅惠反妻并其子弟」。

〔註9〕事見《魏書》，卷七上〈高祖紀〉，又卷二十四〈崔玄伯傳〉云：「（崔）次恩累政王簿，至刺史陸龍成時謀叛，聚城北高柳村，將攻州城，龍成討斬之」。

請。後延儁爲討胡行臺尚書，引爲行臺郎，以招撫有稱，除尚書兵郎，仍行臺郎。及延儁解還，行臺長孫稚又引爲行臺郎，加征虜將軍。愃頗兼武用，常以功名自許，每進計於稚，多見納用，以功賞魏昌縣開國子，邑三百戶。愃在軍，啓求減身官爵，爲父請贈，詔贈夔征虜將軍、安州刺史。愃後與唐州刺史崔元珍固守平陽，武泰中，爾朱榮稱兵赴洛，愃與元珍不從其命，爲榮行臺郎中樊子鵠所攻，城陷被害，時年三十六，世咸痛惜之，所作文章，頗行於世，撰慕容氏書，不成。子懷則，武定末，司空長流參軍。

酈愃之生平事蹟，《魏書》言之詳矣，然《北史》則謂愃爲道峻之子，道峻爲範之弟，此事清趙一清《水經注釋》卷首〈趙本酈傳注〉一文，嘗辨明之：

> 按道峻爲範子，非其弟也。道元兄弟五人，其名皆以「道」字爲次，道元死于陰盤驛，有弟道某從，疑即道峻也。故愃得爲之請贈。道慎、道約而外，一則無聞，範有弟曰神虎，官尚書左民郎中，神虎弟夔子愃，則愃又非道峻之子，未知何以舛錯乃爾。

典籍舛誤，自古已然，宜趙氏之歎也。據《魏書・酈範傳》所載，酈愃卒於武泰中（北魏孝明帝時，西元 528），年三十六，由此逆推，則愃當生於北魏孝文帝太和十七年（西元 493），乃道元堂弟也。《魏書》之說，殆可採信。而道峻爲「道」字輩，宜爲範二子或三子也。今列酈道元世系表如後，以備參鏡：

表一：酈道元世系表

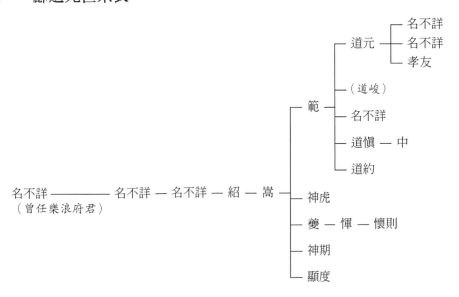

二、籍　貫

　　道元之籍貫，正史本傳《魏書》卷八十九〈列傳酷吏〉第七十七〈酈道元傳〉云：「酈道元，字善長，范陽人也。」《北史》卷二十七〈列傳〉第十五〈酈範傳〉曰：「酈範，字世則，范陽涿鹿人也。」二史之說，略有出入。自來學者探研，因之亦分二說焉：一曰今河北涿縣〔註10〕，一曰今河北涿鹿縣〔註11〕。諸家所言，各執一辭，唯檢《魏書》及《北史》二書，則皆謂道元籍貫范陽郡也。查《魏書》卷一百六上〈地形志〉范陽郡領縣條云：

> 范陽郡：漢高帝置涿郡，後漢章帝改。領縣七，戶二萬六千八百四十八，口八萬八千七百七。涿：二漢屬涿，晉屬，有涿城、當平城、鸞城。固安：二漢屬涿，晉屬，有固安城、永陽城、金臺、三公臺、易臺。范陽：二漢屬涿，晉屬，有長安城、范陽城、梁門陂。萇鄉：晉屬，有萇鄉城。方城：前漢屬廣陽，後漢屬涿，晉屬，後罷，太和中復。道：二漢屬涿，晉屬，有遒城、南北二道城。

范陽郡領縣七：涿、固安、范陽、萇鄉、方城、容城、遒，有涿縣而無涿鹿縣，北魏涿鹿縣屬廣寧郡〔註12〕，《北史》謂道元「范陽涿鹿人」者，顯衍誤也。以下復略述涿縣、涿鹿縣之建置沿革，以辨明之。

　　《嘉慶重修一統志》卷六〈順天府〉云：〔註13〕

> 涿州：在府西南一百四十里，東西距六十五里，南北距五十五里，……秦上谷郡地。漢高祖置涿縣，并置涿郡，屬幽州，後漢因之。三國魏黃初中，改曰范陽郡。晉為范陽國。後魏仍為范陽郡，齊、周因之。隋開皇初，郡廢，大業初，以縣屬涿郡。唐武德初，屬幽州，七年，改縣曰范陽，大曆四年，析置涿州。

又同書卷八〈順天府〉云：〔註14〕

> 涿縣故城：今涿州治。漢置縣，為涿郡治。魏晉以後，皆為范陽郡

〔註10〕按：主張道元籍貫今河北涿縣者：如侯仁之「酈道元與水經注」。見《步芳集》，北京出版社，1962 年；《魏晉南北朝文學史》參考資料，泰順書局出版。

〔註11〕按：主張道元籍貫今河北涿鹿縣者：如陸侃如、馮沅君《中國文學史簡編》，作家出版社，1957 年；北京大學《新編中國文學史》，文復書店；劉大杰《中國文學發達史》。

〔註12〕參見《魏書》，卷一百六上〈地形志〉。

〔註13〕參見《嘉慶重修一統志》，卷六〈順天府〉一，建置沿革，頁 7。

〔註14〕同註13，卷八〈順天府〉三；古蹟，頁 6。

治。隋廢郡，以縣屬涿郡。唐武德七年，改涿縣曰范陽，大曆四年；

幽州節度使朱希彩奏置涿州於此。

由知北魏涿縣屬范陽郡，爲郡治，自唐大曆四年（唐代宗時，西元 769）析置
涿州，歷遼、金、元，以迄明、清，均爲涿州，即今河北涿縣。又同書卷三
十八〈宣化府〉云：〔註15〕

> 保安州：在府南少東六十里，東西距九十里，南北距百六十里，……
> 秦上谷郡地。漢置下洛、涿鹿、潘三縣，皆屬上谷郡。後漢因之。
> 晉太康中，分置廣寧郡，治下洛（按：在今涿鹿縣西），以涿鹿、潘
> 縣屬之。後魏太和中，兼置燕州，孝昌中陷廢。

又同書卷四十〈宣化府〉云：〔註16〕

> 涿鹿故城：在保安州南。《史記》：黃帝邑於涿鹿之阿。漢置涿鹿
> 縣，屬上谷郡。晉屬康寧郡。後魏省。〔註17〕

北魏涿鹿、下洛、潘三縣地，元、明、清三代爲保安州，即今河北涿鹿縣。
是知道元之籍貫乃范陽郡治涿縣，《北史》謂其爲「范陽涿鹿人」，「鹿」爲衍
字，顯而易見也。明清兩代，方志地理之書，明載道元籍貫涿縣者頗多，如
陸應陽《廣輿記》〔註18〕，孫承澤《天府廣記》〔註19〕，《明一統志》〔註20〕
等等，均載酈道元爲涿州人。涿州爲唐時所置，即范陽郡涿縣，今河北省涿
縣地。

《水經注》卷十二〈巨馬水〉「又東南過容城縣」條文，道元自述其故里
曰：〔註21〕

> 巨馬水又東，酈亭溝水注之。水上承督亢溝水於迺縣東，東南流，
> 歷紫淵東。余六世祖樂浪府君，自涿之先賢鄉爰宅其陰，西帶巨川，
> 東翼茲水，枝流津通，纏絡墟圃，匪直田漁之贍可懷，信爲遊神之
> 勝處也。其水東南流，又名之爲酈亭溝。

明清學者，因據此段文字，肯定道元之故里，即涿縣酈亭。諸家之說，言之
鑿鑿，信可據也，茲摘抄數段如下，以明梗概。《大明一統志》卷一〈順天府〉

〔註15〕同註13，卷三十八〈宣化府〉，建置沿革，頁5。

〔註16〕同註13，卷四十〈宣化府〉，古蹟，頁3。

〔註17〕按：「後魏省」三字，《嘉慶重修一統志》「宣化府表」作「後魏末省」，是。

〔註18〕參見陸應陽《廣輿記》，卷一〈順天府人物〉，頁7。

〔註19〕參見孫承澤《天府廣記》，卷三十三〈人物〉一，「南北朝」，頁393。

〔註20〕參見《大明一統志》，卷一〈順天府〉，人物，頁36。

〔註21〕同註3。

云：〔註22〕

　　樓桑村：在涿州西南一十五里，即漢昭烈故居，東南隅舊有桑高五
　　丈許，如車蓋然，人異之，因號其里曰樓桑村。酈亭：在涿州樓桑
　　村南三里，即後魏酈道元故居也。

顧祖禹《讀史方輿紀要》卷十一〈順天府〉云：〔註23〕

　　樓桑村：涿州西南十五里，後漢劉先主所居。又南三里有酈亭，后
　　因酈道元所居，亦曰酈村。

孫承澤《天府廣記》卷三十七〈名蹟〉云：〔註24〕

　　酈亭：在涿州南二十里，爲酈道元故居。道元《水經注》云：酈亭
　　溝水上承督亢溝，歷紫淵東，余六世祖樂浪府君自涿之先賢鄉爰宅
　　其陰，西帶巨川，東翼茲水，其水東南流，名之爲酈亭溝。道元蓋
　　世居于此也。

陸應陽《廣輿紀》卷一〈北直隸〉云：〔註25〕

　　酈亭：樓桑村南，即後魏酈道元故居也。

黃彭年《畿輔通志》卷一九七〈列傳〉云：〔註26〕

　　（〈酈範傳〉）酈範，范陽涿鹿人。謹案：北魏涿鹿隸幽州廣寧郡，
　　在今宣化府保安州，非范陽屬也。「鹿」蓋衍文，當從《廣輿記》作
　　涿人。

此外，楊守敬《水經注疏》卷十二〈巨馬水注〉：「余六世祖樂浪府君自涿之
先賢鄉爰宅其陰」句下，守敬按語亦云，范陽郡有涿縣，無涿鹿縣，傳衍「鹿」
字〔註27〕。另〈涿縣志〉第七編藝文，收錄朱筠、紀昀途經酈亭所寫懷古之
作各一。朱、紀均爲清初著名學者，諒非姑妄信之，姑妄言之，今抄錄如下，
亦作佐證焉。朱筠「酈道元宅」：〔註28〕

　　鄉驛剛違一日零，樓桑村近指酈亭；
　　故居尚可稽道縣，絕業偏能重水經；

〔註22〕同註20，卷一〈順天府〉，古蹟，頁28。
〔註23〕參見顧祖禹《讀史方輿紀要》，卷十一〈順天府〉，頁10。
〔註24〕同註19，卷三十七〈名蹟〉，頁504。
〔註25〕同註18，卷一，頁5。
〔註26〕參見黃彭年《畿輔通志》，卷一九七〈列傳五〉，頁16。
〔註27〕參見楊守敬《水經注疏》，卷十二，頁30，臺灣中華書局出版第六冊，總頁
　　　　1617。
〔註28〕參見周存培《涿縣志》，第七編〈藝文〉，第一卷詞賦，頁3。

狀景妙於謝客蛤，搜奇博比賓攸艇；

臥游幾卷珍行篋，過此逾知地氣靈。

紀昀「涿州道中雜詠范陽舊事」其一：〔註29〕

荒原盡處亂山青，一片風沙接酈亭；

誰信尚書曾住此？當年北士總談經。

準上所析，可知道元籍貫乃北魏范陽涿縣酈亭，遺址在今河北涿縣南十八里，樓桑廟南三里〔註30〕，殆無疑義矣。

三、生　卒

（一）生年

道元之生年，史傳不載，稽古之士，群相搜討，眾說不一，舉其要者，厥有四焉：

楊守敬以道元卒于北魏孝昌二年（西元 526）〔註31〕，年四十二，上推應生于太和九年（西元 485）。〔註32〕

丁山考證道元父酈範約生于神䴥初（北魏太武帝時，西元 428），男子三十而娶，十年而字，推測道元生于皇興元年（北魏獻文帝時，西元 467）。〔註33〕

趙貞信依據酈範太和中任青州刺史時道元為總角之年之記載，假定酈範任職于太和二年（西元 478）至太和十二年（西元 488），則總角之年，如在三、四年，推斷生于和平六年或皇興元年（西元 465～西元 467），如在十年左右，則生于延興初年（西元 472 左右）。〔註34〕

日本世界歷史事典以道元生年為西元 469 年，即皇興三年（北魏獻文帝年號）。〔註35〕

〔註29〕同註28，頁 5。

〔註30〕參見辛志賢〈酈道元籍貫考辨〉一文，載《山西師院學報》社會科學版，1982 年第二期，頁 12～14。

〔註31〕按：據《北史・蕭寶夤傳》所云，酈道元遇害于孝昌三年（西元 527）；又蘇湛傳云，雍州刺史蕭寶夤害中尉酈道元，乃稱兵反；肅宗紀云，蕭寶夤反于孝昌三年；《資治通鑑》卷一五一亦繫于此年。

〔註32〕參見楊守敬《水經注疏》，卷十二〈巨馬水〉，頁 1115～1116。

〔註33〕參見丁山〈酈學考序目〉一文，載中央研究院《歷史語言研究所集刊》第三本三分，1932 年，頁 353。

〔註34〕參見趙貞信〈酈道元之生卒年考〉一文，載《禹貢》七卷一、二、三合期，1937 年三本三分。

〔註35〕參見《日本世界歷史事典》，卷二十三，1955 年。

　　按以上諸說，楊守敬謂道元卒時，年四十二，不知所據，恐有誤也，
〔註36〕據《水經・河水注》所載，道元自敘太和十八年時（西元 494），任
尚書郎，曾隨佐高祖北巡，如依楊說生于太和九年，則其時道元年僅十歲耳，
豈能任官隨佐乎？說顯可疑。丁山之說，原係推測之詞，論據薄弱，不可
採信。而日本世界歷史事典所載，未詳何據，故均略而不論。諸家之說，以
趙氏所考最精，數十年來，幾成定論，然其所據，則唯酈範任青州刺史之時
間耳，且其考證酈範出任時間，前後竟十年之久，而估計道元總角之年，或
有出入，故道元生年，亦因之變更，趙說有待商榷，由此可知也。

　　《北史・酈道元傳》本文，失載道元生辰，故今推求道元之生年，唯賴
驗以《水經注》耳。《水經注》卷二十六〈巨洋水〉「又北過臨朐縣東」條
云：〔註37〕

　　　　先公以太和中，作鎮海岱，余總角之年，侍節東州。

又卷二十六〈淄水注〉「又東過利縣東」條云：〔註38〕

　　　　余生長東齊，極游其下（石井）。

又同上條云：〔註39〕

　　　　魏太和中，此水（陽水）復竭，輟流積年，先公除州，即任未期，
　　　　是水復通。

按據《魏書・酈範傳》所載，道元父範，高祖時任青州刺史，與《水經注・
巨洋水》「先公以太和中，作鎮海岱」，說相符合，由此可知當時道元正值總
角之年也。高祖太和（西元 477～西元 499），前後計二十有三年，酈範出任
青州刺史，究於何年？乃推斷道元生年之關鍵。以下茲就太和時，歷任青州
刺史之任期，加以探研，以確定酈範任青州刺史一職之時間。《魏書》卷七上
〈高祖紀〉載：

　　　　（承明元年十有一月），京兆王子推爲青州刺史。

　　　　（太和元年七月），青州刺史京兆王子推薨。

由此可知，高祖承明元年（西元 476）十一月，至太和元年（西元 477）七月，
青州刺史爲京兆王子推也。又《魏書》卷八十三上〈列傳〉第七十一上〈李

─────────────────────

〔註36〕按：北史高謙之傳云，謙之與酈道元咸申款舊，謙之卒于孝昌時，年四十二，
　　　　楊守敬或以此誤。
〔註37〕同註3，卷二十六，頁5。
〔註38〕同註3，卷二十六，頁14。
〔註39〕同註38。

惠傳〉及卷七上〈高祖紀〉云：

> 李惠，中山人，思皇后之父也。……惠歷位散騎常侍、侍中、征西
> 大將軍。……后爲開府儀同三司、青州刺史，王如故。歷政有美績，
> 惠素爲文明太后所忌，誣惠將南叛，詠之。（太和二年十有二月癸
> 巳），詠南郡王李惠。

是知京兆王子推卒（太和元年，西元 477）後，至太和二年（西元 478）十二
月，青州刺史爲南郡王李惠也。《魏書》卷四十〈列傳〉第二十八〈陸龍成傳〉
及卷二十四〈列傳〉第十二〈崔邪利傳〉曰：

> 陵成弟龍成，有父兄之風。少以功臣子爲中散……，出爲安南將軍、
> 青州刺史，假樂安公。愛民恤下，百姓稱之。

> 次恩，累政州主簿，至刺史陸龍成時謀叛，聚城北高柳村，將攻州
> 城，龍成討斬之。

據《魏書・高祖紀》所載，青州主簿崔次恩聚眾謀叛，事在太和五年（西元
481）五月庚午，則其時青州刺史爲陸龍成，殆可知之。又《魏書》卷三十三
〈列傳〉第二十一〈公孫邃傳〉云：

> 依例降侯，改爲襄平伯。出爲使持節、安東將軍、青州刺史。以邃
> 在公遺跡可紀，下詔褒述，加鎮東將軍，領東夷校尉，刺史如故。
> 太和十九年，卒于官。

又《魏書》卷七〈高祖紀〉曰：

> （太和十九年十有二月），以特進、廣陵王羽爲征東大將軍、開府儀
> 同三司、青州刺史。

又《魏書》卷二十一〈獻文六王列傳〉第九〈廣陵王羽傳〉亦云：

> 廣陵王羽，字叔翻，……世宗即位，遷司州牧。

按〈高祖紀〉所載，太和十六年正月，制諸遠屬非太祖子孫及異姓爲王，皆
降爲公，公爲侯，侯爲伯，子男仍舊，皆除將軍之號，公孫邃依例降侯，出
爲青州刺史，亦當在此年，或其後不久；又世宗即位，在太和二十三年四月，
故太和十六年（西元 492）至太和二十三年（西元 499）間，青州刺史先後爲
公孫邃及廣陵王羽。

　　以上所云，悉爲太和時任青州刺史之年月有明確記載者，下文將進而推
測，史載時曾任職青州刺史，而乏明確任期之韓秀、元天琚及酈範等人之任
職時間。《魏書》卷四十二〈列傳〉第三十〈韓秀傳〉有云：

> 韓秀，字白虎，昌黎人也。……太和初，遷內侍長，後爲平東將軍、
> 青州刺史，假漁陽公。在州數年，卒。

韓秀出任青州刺史之時間，史乏明載，然據其本傳所言，遷內侍長後，即爲青州刺史。而秀遷內侍長，在太和初，故其任青州刺史，殆亦近此時也。又據《魏書‧酈範傳》所云，道元第四弟道愼，正光五年（西元524）卒，年三十八，道愼弟道約，武定七年（西元549）卒，年六十三，依此上推，則兄弟二人同生于太和十一年（西元 487），而其父範必卒于是年之後。且範生前任青州刺史，則韓秀任青州刺史之時間，不得遲至太和十一年前後。前文考證，承明元年至太和二年之間，青州刺史爲京兆王子推與南郡王李惠，太和五年時，青州刺史爲陸龍成。根據上述，太和時，任職青州刺史年月其詳者，任期最長爲四載，姑假定韓秀與陸龍成各在青州任職二、三年，則韓秀如在陸龍成之前任職，則其任青州刺史，必在太和三年（西元479）至太和四年（西元480）間，如其任職在陸龍成之後，則其任青州刺史之時間，約在太和六年（西元482）至太和七年（西元483）前後，反之，陸龍成任青州刺史，則或在太和三年（西元479）至太和五年（西元481）前後，或在太和五年（西元481）至太和七年（西元 483）前後。又《魏書》卷十六〈列傳〉第四〈道武七王陽平王傳〉曰：

> 子天賜，襲。高祖時征虜將軍、青州刺史，從駕南征，拜後將軍，
> 尋降公爲侯。

據此，元天賜任青州刺史時，當在例降爲侯，即太和十六年正月之前。《北史‧酈道元傳》載，道元初襲爵永寧侯，例降爲伯；酈範卒後，道元始得襲爵，故範卒年必在太和十六年之前。又據《北史‧酈範傳》所云，範自青州還京後卒，如在京又一、二年，則太和十五年（西元491）前後，青州刺史應爲元天賜，而非酈範，假定範任職三年，則太和十三年（西元489）至太和十五年（西元491）前後，元天賜正在青州刺史任上。由上所論，可知酈範任青州刺史之時間，僅可能在元天賜以前，韓秀或陸龍成之後，即太和八年至太和十二年（西元484～西元488）之間。

　　確定酈範任青州刺史之時間後〔註40〕，有關「道元總角之年」之問題，

〔註40〕按：有關酈範任青州刺史之時間，趙貞信以爲在太和元年以後至太和十三、四年間（文見註34）。如據上所考，範任職青州刺史在太和八年至太和十二年間，前後即縮短七、八年，此說更趨精密矣。而吳廷燮「元魏方鎮年表」，將酈範任青州刺史時間，列于太和三年至五年（見《二十五史補編》第四冊，

仍待探討。「總角」之義，按《禮記·內則》：「拂髮總角。」鄭玄注：「總角，收髮結之。」此指童年而言，《詩經·衛風·氓》：「總角之宴，言笑晏晏。」屈萬里《詩經釋義》云：〔註41〕

> 總角，即結髮，謂直結其髮，聚以爲兩角（兩個辮子）也。男未冠，女未笄時，其髮如此。

蓋古人在未成年以前，皆可稱作總角之年。故道元所謂總角之年，約在何時，不可確知。然據《水經注·巨洋水》及〈淄水〉所載，道元隨父游宦青州時，常與友人同遊昌國縣（今山東省臨朐縣）冶泉祠〔註42〕，及青州城（今山東省益都縣）郊石井水上之瀑布。《水經注》卷二十六〈巨洋水〉「又北過臨朐縣東」云：〔註43〕

> 先公以太和中，作鎮海岱，余以總角之年，侍節東州。至若炎夏火流，閑居倦想，提琴命友，嬉娛永日，桂筍尋波，輕林委浪，琴歌既洽，懽情亦暢。

據此描述，則道元當時正值少年時期。又〈淄水注〉中，道元自敘「生長東齊」，故楊守敬以道元總角之年爲十五歲，趙貞信假定爲十四、五歲，大概可信。然而酈範任職青州，凡約四載，故道元十五歲時，究在酈範任期之初或末，實待討論。《水經注》卷十三〈灅水注〉敘述平城（今山西省大同市）寧先宮東兩石柱時有云：〔註44〕

> 按柱勒趙建武中造，以其石作工妙，徙之于此，余爲尚書祠部，與宜都王穆羆同拜北郊，親所經見。

按查《魏書》卷二十七〈列傳〉第十五〈穆罷傳〉載曰：

> 後改吐京鎮爲汾州，仍以罷爲刺史。……後徵爲光祿勳，隨例降王爲魏郡開國公，邑五百戶。又除鎮北將軍、燕州刺史，鎮廣寧。

是知穆罷任燕州刺史，出鎮廣寧（今河北涿鹿縣），約在太和十六年〔註45〕。

〔註41〕參見屈萬里《詩經釋義》，衛風氓，中國文化大學出版部，1980年重印，頁94。

〔註42〕按：《水經注》作臨朐縣，漢晉臨朐縣，劉宋改置昌國縣，魏取青州後，承宋之舊，《水經注》當沿漢舊名。

〔註43〕同註3，卷二十六，頁5～6。

〔註44〕同註3，卷十三，頁7。

〔註45〕按：趙一清、守敬均言。穆罷在太和十六年除燕州刺史，鎮廣寧，詳見王氏

頁50），據上亦不符。楊守敬以太和二十三年當道元總角之年（文見註32），其時青州刺史爲廣陵王羽，範早已辭世，更爲失考。

其後不久，北魏遷都洛陽，故道元與穆罷同拜北郊，應在太和十六年以前。又據《魏書》卷一百六〈地形志〉文云：

> 汾州：延和三年為鎮，太和十二年置州，治蒲子城。孝昌中陷，移治西河。

則穆罷任汾州刺史，事在太和十二年。《魏書‧穆罷傳》又謂穆罷任汾州（今山西濕縣）刺史時，高祖以罷政和民悅，增秩延限，因知太和十二年以後一、二年內，穆罷仍在汾州任上，故道元與宜都王同拜北郊，時約在太和十四、五年。此時道元為尚書祠部，穆罷為光祿勳。準上而知，道元十五歲時，似在範任職青州之初也。〔註46〕

綜上所考，酈範任職青州刺史，事約在太和八年至太和十二年間（北魏孝文帝時，西元484～西元488），如假設太和八年時（西元484），道元十五歲時，由此逆推，道元當生于北魏獻文帝皇興四年（西元470）左右。〔註47〕

（二）卒年

道元之卒年，因涉及蕭寶夤叛亂之事，故可確知。《魏書》卷五十九〈蕭寶夤傳〉載其始末云：

> 孝昌……三年十月，除散騎常侍、車騎將軍、尚書令，復其舊封。是時山東、關西寇賊充斥，王師屢北，人情沮喪，寶夤自以出軍累年，糜費尤廣，一旦覆敗，慮見猜責，內不自安。朝廷頗亦疑阻，乃遣御史中尉酈道元為關中大使。寶夤謂密欲取己，彌以憂懼，而長安輕薄之徒，因相說動。道元行達陰盤驛，寶夤密遣其將郭子恢等攻而殺之，詐收道元尸，表言白賊所害。又殺都督南王平仲同，是月遂反，僭舉大號，赦其部內，稱隆緒元年。

由知道元卒年，時在肅宗孝明帝孝昌三年（西元527）也。

（三）遇難地

《北史‧酈道元傳》記其被圍遇難之事有云：

> 孝昌末年，蕭寶夤疑道元圖己，因遣行臺郎中郭子恢率兵圍道元于

合校本《水經注》及《水經注疏》。考《魏書‧穆罷傳》，未確指年份，當因傳有「隨例降王為魏郡開國公」文，而隨例降王在太和十六年，故云。

〔註46〕按：如在任職青州之末，太和十五年時，道元尚未成年，未足以任尚書祠部之職也。

〔註47〕詳見趙永復〈酈道元生年考〉，載《復旦學報》（社會科學版）增刊，1980年8月，歷史地理專輯，頁135～139所考。

　　　陰盤驛亭。亭在岡上，常食岡下之井，既被圍，穿井十餘丈不得水，

　　　水盡力屈，賊遂逾牆而入。……道元瞋目叱賊，屬聲而死。

道元遇難於陰盤驛亭，史有明載，而北魏陰盤故城，究屬今地何？則待商
榷。據《水經注》卷十二〈巨馬水〉載曰〔註48〕，東漢靈帝建寧三年（西元
170），改新豐爲都鄉，封段熲爲侯國，食邑陰盤。因此，新豐城從此亦稱
陰盤城（故址在陰盤河，即今沙河之西）。降及有晉，漢新豐一分爲二，新豐、
陰槃（即陰盤）并列爲京兆郡屬縣，然陰盤有轄區，而無專城，縣衙門依舊
設新豐城內。

　　北魏時代，新豐、陰盤兩縣，仍并列受領于京兆郡，《魏書》百六卷下〈地
形志〉第七雍卅京兆郡條云：

　　　新豐：漢高帝置，二漢，晉屬，有驪山、戲亭、首谷水。

　　　陰槃：二漢屬安定，晉屬，眞君七年併新豐，太和十一年復，有鴻
　　　門亭、靈谷水、戲水。

張儥生《魏書地形志校釋》，注「京兆郡新豐縣」有云：〔註49〕

　　　（新豐縣）：漢高帝置，二漢，晉屬。漢志：故驪戎國，秦曰驪邑。
　　　高祖七年置。應劭曰：太上皇思東歸，於是高祖改築城寺街里，以
　　　象豐，徙豐民以實之，故號新豐。故城在今臨潼縣東，即《魏書》
　　　之陰槃城。《寰宇記》云：後魏時，移理于故城西三十里。

　　　（陰槃縣）：二漢屬安定，晉屬，眞君七年併新豐，太和十一年復。
　　　或作陰槃，或作陰般。漢縣，屬安定，在今陝西長武縣西北。靈帝
　　　末，移理於新豐，即高帝所築之故城也。

北魏時，陰盤縣爲京兆郡領屬，上言詳矣。《水經注》謂「泠水歷新豐、陰盤
兩原之間」〔註50〕，泠水即靈谷水，又名泠水，陰盤原在泠水之東，可知之
也。

　　近人劉榮慶依《水經注》本文所載，考察實際地形，復據史料判斷，推
測道元遇難地，有結論如下：〔註51〕

　　　現在，師馬村已分爲兩村，師馬村（屬今陝西省臨潼縣鐵爐公社），

〔註48〕同註3，卷十二，頁6～7。
〔註49〕參見張儥生《魏書地形志校釋》，頁158。
〔註50〕同註3，卷十二，頁7。
〔註51〕參見劉榮慶〈酈道元遇難地小考〉，載《人文雜誌》，1982年四期，頁86。

距馬額鎮東南三里多，馬家村（屬今陝西省臨潼縣馬額公社），距馬額鎮南一里。零水支流龍河，自驪山出谷，穿師、馬兩村中間而過，繞鎮東、東北、北部，同自鐵爐流入的另一條零水支流土門河，匯合于劉家溝、孟家原南沿，注入零水主幹道。師、馬兩村距今臨潼縣城（唐玄宗時代稱爲「昭應」）四十里。北魏陰盤縣轄境大體包括今天小金、東岳、穆寨、鐵爐、馬額、紙李諸公社，以及零口原區和代王公社的一部分。師馬村正好在這個區城的中心部位，確定師、馬兩村爲北魏陰盤縣是可信的。誠如是，陰盤驛亭當去不遠。

同師、馬沿驪山北麓成一條直線的冢王村，當爲陰盤驛亭舊址。

劉氏之說，謂陰盤驛亭在今陝西省臨潼縣冢王村，推論極詳，唯歷時久遠，時空遙隔，是非然否，有待公斷，茲鈔錄存之，以俟來日。

四、仕　宦

道元一生，浮沈宦海，先後擔任太尉掾、書侍御史、冀州鎮東府長史、潁川太守、魯陽太守、東荊州刺史、河南尹、黃門侍郎、侍中兼攝行臺尙書、御史中尉等官職，後在關右大使任上遇害，朝廷追贈吏部尙書、冀東刺史、安定縣男。

初，道元襲父爵，爲永寧侯，北魏孝文帝太和十六年（西元 492），例降爲永寧伯，其間任尙書主客郎，《水經注》卷十三〈灅水注〉「出鴈門陰館縣」條，載寧先宮東次下兩石柱云：〔註52〕

余爲尙書祠部，與宜都王穆罷同拜北郊，親所經見。

按《魏書》卷二十七〈穆罷傳〉載，穆罷襲兄爵爲宜都王，係爲異姓王，若於太和十六年之後，當降爲公。因知，太和十六年之前，道元曾擔任尙書祠部之職，後任主客郎官。《水經注》卷三〈河水〉「又東過雲中楨陵縣南」條云：〔註53〕

河水南入楨陵縣西北緣胡山，歷沙南縣東北兩山二縣之間而出。余以太和中爲尙書郎，從高祖北巡，親所逕涉。

又同條云：

余以太和十八年從高祖北巡，屆于陰山之講武臺。

〔註52〕同註44。
〔註53〕同註3，卷三，頁11。

《魏書》卷七下〈高祖紀〉云：

> （太和十有八年）秋七月……壬辰，車駕北巡，戊戌，謁金陵。辛
> 丑，幸朔州，……八月癸卯，皇太子朝於行宮甲辰，行幸陰山，觀
> 雲川。丁未，幸閱武臺，臨觀講武。
>
> 癸丑，幸懷朔鎮。己未，幸武川鎮。辛酉，幸撫冥鎮。甲子，幸柔
> 玄鎮。乙丑，南遷。

太和十八年，高祖北巡六鎮，雲中在武川鎮及撫冥鎮之南，必順道而過，故
其時道元仍任尙書郎。其後居太尉掾，旋因知賞於御史中尉李彪，引爲治書
侍御史，《北史》卷二十七〈酈道元傳〉云：

> 御史中尉李彪以道元執法清刻，自太尉掾引爲治書侍御史。彪爲僕
> 射李沖所奏，道元以屬官坐免。

《魏書》卷六十二〈李彪傳〉云：

> 汾州胡叛，詔彪持節綏慰，事寧還京，除散騎常侍，仍領御史中尉，
> 解著作事。高祖宴群臣於流化池。車駕南伐，彪兼度支尚書，與僕
> 射李沖、任成王守參理留臺事。……沖積其前後罪過，乃於尚書省
> 禁止彪，上表曰：「……臣輒集尚書已下，令史已上，并治書侍御史
> 臣酈道元等於尚書都座，以彪所犯罪狀告彪，訊其虛實，若或不知，
> 須訊部下。彪答臣言：『事見在目，實如所劾，皆彪所知，何須復召
> 部下。』臣今請以見事，免彪所居職，付廷尉治獄。」……有司處
> 彪大辟，高祖恕之，除名而已。彪尋歸本鄉。

汾州胡叛，事見太和二十年（西元 496）十一月。李彪除名後，屬官道元連坐
免官。

其後二、三年，道元未任官職。降及宣武帝景明（西元 500〜西元 503）
復出，《水經注》卷二十二〈洧水〉「又東南過長社縣北」條云：〔註54〕

> 余以景明中，出宰茲郡。

《北史》卷二十七〈酈道元傳〉亦云：

> 景明中，爲冀州鎮東府長史，刺史于勁，順皇后父也，西討關中，
> 亦不至州。道元行事三年，爲政嚴酷，吏人畏之，姦盜逃于他境。

按潁川在今河南境內，冀州在河北境內。景明中（西元 500〜西元 503），道

〔註54〕同註3，卷二十二，頁13。

元曾任穎川郡長社宰，亦任職冀州鎮東府長史。其後，或仕或否，史無明文，然於宣武帝永平元年（西元 508）曾奉命至東荊州置郡，《資治通鑑》卷一四七〈梁紀三武帝天監七年〉云：〔註55〕

> （十一月）壬申，魏東荊州表「桓暉之弟叔興前後招撫太陽蠻，歸附者萬餘戶，請置郡十六，縣五十」，詔前鎮東府長史酈道元素行置之。

《史書》所載，既云「前鎮東府長史」，想必此時道元未上任他職。《水經注》卷二十一〈汝水〉「出河南梁縣勉鄉西天息山」條云：〔註56〕

> 余以永平中，蒙除魯陽太守。

《北史》卷二十七〈酈道元傳〉亦云：

> 後試守魯陽郡，道元表立黌序，崇勸學校。詔曰：「魯陽本以蠻人，不立大學，今可聽之，以成良守文翁之化」，道元在郡，山蠻伏其威名，不敢為寇。

道元除魯陽太守，事在宣武帝永平中（西元509～西元511），其在蠻區，致力教化，且見竿影，則任期亦有年矣。北魏宣武帝延昌四年（西元515），道元任東荊州刺史，《水經注》卷二十九〈比水〉「出比陽東北太胡山」條云：〔註57〕

> 余以延昌四年，蒙除東荊州刺史，州治比陽縣故城。

《北史》卷二十七〈酈道元傳〉云：

> 延昌中，為東荊州刺史，威猛為政，如在冀州。蠻人詣闕訟其刻峻，請前刺史寇祖禮。及以遣戍兵七十人送道元還京，二人並坐免官。

道元被免，是否即因威猛清刻所致，不得而知，然事必在延昌年，因《水經注》所載任官期間，最遲僅及延昌四年（西元515）而已。

蕭宗孝明帝正光五年（西元524），道元出為河南尹，《周書》卷三十七〈趙肅傳〉云：

> 肅早有操行，知名於時，魏正光五年，酈元為河南尹，辟肅為主簿。

《魏書》卷八十九〈酈道元傳〉亦云：

> 久之，行河南尹，尋即真。肅宗以沃野、懷朔、薄骨律、武川、撫

〔註55〕參見《資治通鑑》，卷一四七〈梁紀三武帝天監七年〉，頁12。
〔註56〕同註3，卷二十一，頁1。
〔註57〕同註3，卷二十九，頁16。

冥、柔玄、懷荒、禦夷諸鎮並改爲州，其郡縣戍名，令準古城邑。

詔道元持節兼黃門侍郎，與都督李崇等宜置立，裁減去留，儲兵積

粟，以爲邊備。

改鎮爲州，事亦見《魏書》卷九〈肅宗紀〉，唯因值六鎮叛亂，道元未能成行，

《資治通鑑》卷一五○〈梁紀六武帝普通五年〉云：

（八月）東西部敕勒皆叛魏，附於破六韓拔陵，魏主始思李崇及廣

陽王深之言，丙申，下詔：「諸州鎮軍貫非有罪頑隸者，皆免爲民。」

改鎮爲州，以懷朔鎮爲朔州，更命朔州曰雲州。遣兼黃門侍郎酈道

元爲大使，撫慰六鎮。時六鎮已盡叛，道元不果行。

據《周書》所載，正光五年（西元 524），道元爲河南尹，其後又擔負重任，

改鎮爲州，則道元復職，必在正光五年之前，且因熟諳古城邑地理，方能奉

詔遣行矣。

孝昌年間（西元 525～西元 527），有徐州刺史元法僧彭城叛亂，及梁蕭

衍遣將領攻擾淮南諸事，《北史》卷二十七〈道元本傳〉云：

孝昌初，梁遣將攻揚州，刺史元法僧又於彭城反叛。詔道元持節，

兼侍中、攝行臺尚書，節度諸軍，依僕射李平故事。梁軍至渦陽敗

退，道元追討，多有斬獲。

道元連連奉詔任事，未幾，即除安南將軍、御史中尉，然其爲人嚴正，不阿

權貴，怨於群權，《北史》卷二十七〈本傳〉云：

後除御史中尉。道元素有嚴猛之稱，權豪始頗憚之，而不能有所糾

正，聲望更損。

《魏書》卷十四〈神元平文諸帝子孫列傳〉云：

（高涼王孤六世孫萇子）子思，字眾念，性剛暴，恆以忠烈自許。

元天穆當期權，以親從薦爲御史中尉，先是尚書僕射元順奏，以尚

書百揆之本，至于公事，不應送御史。至子思奏曰：「案御史令云：

中尉督司百僚，治書侍御史糾察禁內。」又云：「中尉出行，車輻前

驅，除道一里，王公百辟避路。」時經四帝，前後中尉二十餘人，

奉以周旋，未曾暫廢。府寺臺省，並從此令。唯肅宗之世，爲臨洮

舉哀，故兼尚書左僕射臣順不肯與名，又不送簿。故中尉臣酈道元

舉而奏之，而順復啓云：「尚書百揆之本，令僕納言之責，不宜下隸

中尉，送名御史。」尋亦蒙勅，聽如其奏，從此迄今，便無準一。

趙一清注釋《北史·酈道元傳》云：〔註58〕

> 按此即傳所謂「不能有所糾正，聲望更損」者也。然道元固有鑒于
> 李彪之禁止矣！

蓋道元生性剛直，嫉惡如仇，不阿權貴，終招殺身之禍，被諷爲關右大使，
英年遇害，喪還。武泰元年（西元528）追贈吏部尚書、冀州刺史、安定縣男。
此其一生宦途梗概也。

五、思　想

《北史》卷二十七〈酈道元傳〉云：

> 道元好學，歷覽奇書，撰《注水經》四十卷，〈本志〉十三篇，又爲
> 〈七聘〉及諸文，皆行於世。

據《北史》所載，道元著作頗豐，唯今除《水經注》四十卷外，餘皆亡佚。
是以今欲求知其思想大凡，端賴《水經注》一書，及《魏書》、《北史本傳》
等記載耳。以下茲分政治、宗教、民族三方面，略述道元之思想。

（一）政治觀

魏收撰《魏書》時，列道元於〈酷吏傳〉中，與于洛候、胡尼、李洪之、
張赦提、羊祉等貪官污吏，視爲一類。然則，就正史所載，如《北史·酈範
傳》附傳云：

> 李彪以道元執法清刻，自太傅掾引爲治書侍御史。

《魏書·酈道元傳》言：

> 景明中，爲冀州鎮東府長史。……爲政嚴酷，吏人畏之，奸盜逃于
> 他境。後試守魯陽郡，道元表立黌序，崇勸學教。……山蠻伏其威
> 名，不敢爲寇。延昌中，爲東荊州刺史，威猛爲政，如在冀州。蠻
> 人詣闕，訟其刻峻。

二書所記，大略相同，是知畏其「清刻」、「威猛」者，悉爲「奸盜」、「吏人」
等不法官吏。且道元爲政嚴厲，復能崇學勸教，使蠻人畏服，與酷吏鎮壓手
腕，洵相異也。

《水經注》書中，稱頌清官循吏之記載極多，例如卷三十三〈江水注〉「岷
山在蜀郡氏道縣」條云：〔註59〕

〔註58〕同註3，卷首〈趙本酈傳〉，頁26。
〔註59〕同註3，卷三十三，頁4。

風俗通曰：秦昭不使李冰爲蜀守，開成都兩江，漑田萬頃。江神歲
取童女二人爲婦。冰以其女與神爲婚，逕至神祠，勸神酒，酒杯恆
澹澹，冰厲聲以責之，因忽不見。良久，有兩牛鬥于江岸旁，有閒，
冰還，流汗謂官屬曰：「吾鬥大疲，當相助也，南向腰中正白者，我
綬也。」主簿刺殺北面者，江神遂死，蜀人慕其氣決，凡壯健者因
名冰兒也。

秦蜀郡太守李冰修都江堰，造福鄉里，百姓感其德業，生兒名冰兒事即是。
又如卷二〈河水注〉記載校尉耿恭禱井事云：〔註60〕

漢永平十八年，耿恭以戊己校尉爲匈奴左鹿蠡王所逼，恭以此城側
傍水，自金蒲遷居此城，匈奴又來攻之，壅絕澗水，恭于城中穿井，
深一十五丈，不得水，吏士渴乏，笮馬糞汁飲之，恭乃仰天歎曰：「昔
貳師拔佩刀刺山，飛泉湧出，今漢德神明，豈有窮哉？」整衣服向
井再拜，爲吏士禱之，有傾，水泉卉出，眾稱萬歲，乃揚水以示之，
虜以爲神，遂即引去。後車師叛，與匈奴攻恭，食盡窮困，乃煮鎧
弩，食其筋革，恭與士卒同生死，咸無二心。圍恭不能下，關寵上
書求救。建初元年，章帝納司徒鮑昱之言，遣兵救之，至柳中，以
校尉關寵分兵入高昌壁，攻交河城，車師降。遣恭軍吏范羌將兵二
千人迎恭，遇大雪丈餘，僅能至城中。夜聞兵馬大恐，羌遙呼曰：「我
范羌也！」城中皆稱萬歲，開門相持涕泣，尚有二十六人，衣屨穿
決，形容枯槁，相依而還。

校尉耿恭與士卒同生死，爲軍求兵，感動天地，其愛民如己，可見一斑焉。
此外記載德政故事者仍多，如北地太守曹鳳政化尤異，天子嘉之，黃龍應之
〔註61〕；漢世劉寵作郡，有政績，將解任去治，父老荷錢致意，義重故耳
〔註62〕；南陽宗均爲守，退貪殘，進忠良，虎悉東渡江〔註63〕；穎陰縣長劉
陶，政化大行，道不拾遺，以病去官，童謠歌曰：「悒然不樂，思我劉君，何
時復來，安此下民。」〔註64〕漢密令卓茂，舉善而教，口無惡言，教化大行，
道不拾遺，蝗不入境，百姓爲之立祠，享祀不輟〔註65〕等等，莫不屬之。道

〔註60〕同註3，卷二，頁8。
〔註61〕同註3，卷三，頁1～2。
〔註62〕同註3，卷四十，頁4。
〔註63〕同註3，卷三十，頁10。
〔註64〕同註3，卷三十，頁4。
〔註65〕同註3，卷二十二，頁10。

元見思清官之德政如此，其宅心仁厚，清廉自持，由此可見矣。

　　道元對于獨夫民賊之暴政，每隨記述歷史事跡，予以嚴厲譴責，例如《水經注》卷三〈河水〉「屈東過九原縣南」條云：〔註66〕

　　始皇三十三年，起自臨洮，東暨遼海，西並陰山，築長城，及開南
　　越地。晝警夜作，民勞怨苦，故楊泉物理論曰：「秦始皇使蒙恬築長
　　城，死者相屬。民歌曰：『生男慎勿舉，生女哺用餔，不見長城下，
　　尸骸相支拄。』。其冤痛如此矣！蒙恬臨死曰：「夫起臨洮，屬遼東，
　　城塹萬餘里，不能不絕地脈，此固當死也。」

秦始皇修陵墓，後宮無子者，皆使殉葬，築長城，死者相屬，怨聲載道，故民諷之，其冤痛如此矣！而卷十六〈穀水注〉記項羽入秦，坑降卒二十萬於此，道元責之曰：「國滅身亡宜矣。」〔註67〕強烈控訴暴君之惡行。

　　《水經注》書中，徵引杜預著作極多，道元亦頗讚揚杜氏任征南將軍時，修渠立堨，利加于民之事蹟。然而，對杜氏以私怨殘害無辜之罪行，亦毫不掩飾，《水經注》卷三十四〈江水注〉云：〔註68〕

　　杜元凱之攻江陵也，城上人以瓠繫狗頸示之，元凱病瘿故也。及城
　　陷，殺城中老小，血流沾足，論者以此薄之。

道元反對暴政，對古人之是非功過，分辨極嚴，其筆下既表揚清官，亦批責墨吏，態度公正，絲毫不苟，與嗜殺成性，殘民以逞之酷吏相較，豈不有天淵之別乎？此道元之政治觀也。

（二）宗教觀

　　南北朝時，釋道流行，巫風大暢，張皇鬼神，稱道靈異，洛陽伽藍，數以千計，僧俗崇信，相習成風。然而《水經注》中，絕無輪迴轉世、因果報應、佛法無邊等類宗教宣傳，亦少斬妖捉怪、降鬼鬧事一類迷信故事。反之，道元每對得道成仙、白日飛昇、長生不死之說，深表懷疑，例如《水經注》卷十九〈渭水注〉記老子陵一事云：〔註69〕

　　昔李耳為周柱下史，以世衰入戎，于此有冢，事非經證。然莊周著
　　書云：老聃死，秦失弔之，三號而出，是非不死之言。人稟五行之

〔註66〕同註3，卷三，頁7。
〔註67〕同註3，卷十六，頁1。
〔註68〕同註3，卷三十四，頁11。
〔註69〕同註3，卷十九，頁1。

精氣，陰陽有終變，亦無不化之理。以是推之，或復如傳。

道元謂大陵倘爲老子冢，與其不死之說，相互牴牾，明指人無不死之理，否定老子成仙之迷信。又如卷三十二〈肥水注〉記淮南王劉安廟謂：〔註70〕

> 劉安是漢高帝之孫，厲王長子也，折節下士，篤好儒學，養方術之徒數十人，皆爲俊異焉。多神仙祕法鴻寶之道，忽有八公，皆鬚眉皓素，詣門希見，門者曰：吾王好長生，今先生無住衰之術，未敢相聞。八公咸變成童，王甚敬之。八士並能鍊金化丹，出入無閒，乃與安登山，埋金於地，白日昇天，餘藥在器，雞犬舐之者，俱得上昇，其所昇之處，踐石皆陷，人馬跡存焉。……亦云左吳與王春傅生等，尋安同詣玄洲，還爲著記，號曰八公記，都不列其雞犬昇空之事矣。按漢書安反伏誅，葛洪明其得道，事備抱朴子及神仙傳。

傳言淮南王劉安學神仙之道，鍊金化丹，白日昇天，道元據《漢書》所言，劉安因謀反伏誅，且八公記中，亦無雞犬昇空之事，否定成仙之說，直指得道，僅葛洪《神仙傳》之臆說耳。

漢魏六朝，厚葬之風極盛，《宋書・禮志》曰：「漢以後，天下送死侈靡。」《酉陽雜俎》卷十三云：「後魏俗競厚葬。」《水經注》中，記錄古墓頗多，道元詳繪名件器物之餘，往往直言諷刺奢侈靡費之事，例如卷二十二〈洧水注〉記漢宏農太守張伯雅墓謂：〔註71〕

> 塋域四周，壘石爲坦，隅阿相降，列於綏水之陰，庚門表二石闕，夾對石獸於闕下，冢前有石廟，列植三碑，碑云：德字伯雅，河內密人也。碑側樹兩石人，有數石柱及諸石獸矣。舊引綏水南入塋域，而爲池沼，沼在丑地，皆蟾蟺吐水，石隍承溜。池之南，又建石樓，石廟前，又翼列諸獸，但物謝時淪，凋毀殆盡矣。富而非義，比之浮雲，況復此乎？王孫士安，斯爲達矣。

「王孫」即漢人楊王孫，家業千金，厚自奉養，及病且終，令其子以布囊盛尸，臝葬親土；「士安」即晉人皇甫謐，自爲葬送之制，以蓬蘧裹尸，麻約兩頭，穿坑而葬，不用棺槨；二子提倡薄殮，反對厚葬，道元稱之爲達人，其重視現實，關懷民生，由此可見矣。又道元不迷信傳說，講究實證，卷四〈河

〔註70〕同註3，卷三十二，頁7～8。

〔註71〕同註3，卷二十二，頁9。

水注〉記黃河流至陝縣一帶，懸水百餘仞，臨之者咸悚惕焉，西北帶河水，湧起方數十丈，有物居水中，或謂銅翁仲所沒處，或云石虎載經沈沒處，或曰秦始皇鑄金人落水作祟所致，道元詳細考察，得結論曰：鴻河巨瀆，故應不爲細梗躓湍，長津碩浪，無宜以微物屯流，斯水之所以濤波者，乃魏文侯二十六年虢山崩壅河所致耳。其破除迷信，實事求是，精神誠可貴也。

（三）民族觀

南北朝時，國家分裂，山河破碎，戰爭頻仍，人民流離。是時有楊衒之氏作《洛陽伽藍記》一書，內容重北輕南，尊北朝爲正統；而道元撰注《水經》，不以北魏統治地區爲限，其記述山川地理，以水道爲綱，不分南北，鉅細靡遺，論及各族，則不論古今夷夏，悉致崇敬之意，例如敘述黃河流域開發史時，轉引左傳孔子「學在四夷」之言，盛讚東夷文化優美〔註72〕。並肯定少數民族之貢獻，如卷二十九〈潛水注〉云：〔註73〕

> （巴郡）蓋古賓國也，今有賓城。縣有渝水，夾水上下，皆賓民所居，漢祖入關，從定三秦，其人勇健好歌舞，高祖愛習之，今巴渝舞是也。

賓人乃蠻族之一支，漢祖入關時，曾從定三秦。此外，道元《水經注》卷三十三〈江水〉「又東南過僰道縣北」條，亦稱讚古部族僰人，「夷中最仁，有仁道」〔註74〕，在敘述西南地區時，並紀錄少數民族之歷史傳說，例如卷三十七〈沅水注〉記蠻夷起源云：〔註75〕

> 有武溪源出武山，與酉陽分山。水源石上有盤瓠，跡猶存矣。盤瓠者，高辛氏之畜狗也，其毛五色，高辛氏患犬戎之暴，及募天下有能得犬戎之將軍吳將軍頭者，妻以少女，下令之後，盤瓠遂銜吳將軍之首於闕下，帝大喜，未知所報，女聞之，以爲信不可違，請行，乃以配之。盤瓠負妻入南山上石室中，所處嶮絕，人跡不至，帝悲思之，遣使不得進。經二年，生六男六女，盤瓠死，因自相夫妻，織績木皮，染以草實，好五色衣，裁置皆有尾，其母白帝，賜以名山，其後滋蔓，號曰蠻夷，今武陵郡夷，即盤瓠之種落也。其狗皮

〔註72〕同註3，卷三，頁2。

〔註73〕同註3，卷二十九，頁11。

〔註74〕同註3，卷三十三，頁9。

〔註75〕同註3，卷三十七，頁16。

毛，嫡孫世寶錄之。

此段詳記蠻夷之起源。又卷三十六〈鬱水注〉記文狼人之習俗云：〔註76〕

朱吾以南，有文狼人，野居無室宅，依樹止宿，食生魚肉，採香為業，與人交市，若上皇之民矣。

又同上條記裸國曰：〔註77〕

船官川源徐狼。外夷皆裸身，男以竹筒掩體，女以樹葉蔽形。外名狼朡，所謂裸國者也。雖習俗裸袒，猶恥無蔽。惟依瞑夜，與人交市，闇中臭金，便知好惡，明朝曉看，皆如其言。

又卷二〈河水注〉記樓蘭國事蹟云：〔註78〕

樓蘭王不恭于漢，元鳳四年，霍光遣平樂監傅介子刺殺之，更立後王。漢又立其前王質子尉屠耆為王，更名其國為鄯善，石官祖道橫門。王自請天子曰：「身在漢久，恐為前王子所害，國有伊循城，土地肥美，願遣將屯田積粟，令得依威重。」遂置田以鎮撫之。敦煌索勘字彥義，有才略，刺史毛奕表行貳師將軍，將酒泉、敦煌兵千人，至樓蘭屯田，起白屋，召鄯善、焉耆、龜茲三國兵各千，橫斷注濱河，河斷之日，水奮勢激，波陵冒隄。勘厲聲曰：「王尊建節，河隄不溢，王霸精誠，呼沱不流，水德神明，古今一也。」勘躬禱祀，水猶未減，乃列陣被杖，鼓譟讙叫，且刺且射，大戰三日，水乃回減，灌浸沃衍，胡人稱神，大田三年，積粟百萬，威服外國。

上舉夷族之人物，道元每以英雄歌頌之，甚或予以神化，毫無鄙視之意。而書中稱五胡十六國之君，多直呼其名，然稱劉裕則用「劉公」、「宋武王」，稱晉軍則為「王師」，亦可見道元之愛國情操矣。

道元，文士也，為叛臣蕭寶夤所害，亦可憫也，《魏書》乃入酷吏傳，明係曲筆矣。按《魏書》一三〇卷，北齊魏收（西元505～西元572，鉅鹿人）撰〔註79〕。收性偏急，夙有怨者，多沒其善，每言何物小子，敢與魏收作色，

〔註76〕同註3，卷三十六，頁20。
〔註77〕同註3，卷三十六，頁23。
〔註78〕同註3，卷二，頁6。
〔註79〕按：魏收（西元505～西元572，鉅鹿人），字伯起，年十五能屬文，在魏除太子傳士，節閔帝立，以北主客郎中召試，下筆便就，與溫子昇、邢劭齊譽，世稱三才。高歡召赴晉陽，以為中外府主簿，高澄深重其才。及齊受禪，詔冊皆出收手，除中書令，仍兼著作郎。尋詔令專撰魏史，收於是博訪百家譜狀，兼採朝野遺聞軼事，包舉一代始終，勒成《魏書》。

舉之則使上天，抑之則貶入地。遇當途貴游，則以顏色相悅，在洛陽時，輕
薄尤甚，人號驚蛺蝶。收詔齊氏，於魏室多不平，既黨北朝，又厚誣江左，
性憎勝己，喜念舊惡，甲門盛德與之有怨者，莫不被以醜言，沒其善事，故
其《魏書》表上，時論見其黨齊毀魏，褒貶肆情，眾怨沸騰，多以「穢史」
目之。夫善長為人，志氣剛毅，秉性忠果，立身行己，自有本末，歷有能稱。
不幸生于亂世，而大節無虧，即其持法嚴峻，亦由拓跋朝淫汙闒冗，救敝扶
衰使然，何至列之酷吏傳耶？恐素與魏收嫌怨，才名相軋故也。茲將酈元生
平履歷，表列如下：

表二：酈道元年表

西元紀年	魏帝紀年	年齡	紀　　　　　事
470	獻文帝 皇興四年	1	道元生。〔註80〕 父範為青州刺史，復進爵為永寧侯，加冠軍將軍，遷尚書 右丞。（《北史》卷二十七）
487	孝文帝 太和十一年	18	父範為平東將軍，青州刺史，假范陽公。（《魏書》卷四十 二） 弟道慎、道約生。（《魏書》卷四十二）
489	太和十三年	20	父範卒，諡曰穆。（《魏書》卷四十二） 道元襲父爵為永寧侯。（《魏書》卷四十二）
491	太和十五年	22	道元初任尚書祠部。（《水經注》卷十三）後任尚書主客郎 官。（《水經注》卷三）
492	太和十六年	23	道元例降為永寧伯。（《魏書》卷八十九）
494	太和十八年	25	道元為尚書郎，隨高祖北巡，屆于陰山之講武臺。（《水經 注》卷三） 御史中尉李彪以道元執法清刻，自太尉掾遷為治書侍御 史。（《北史》卷二十七）
495	太和十九年	26	李彪為李沖所奏，除名，道元以屬官坐免。（《北史》卷二 十七）
501	宣武帝 景明二年	32	道元任潁川郡長社宰。（《水經注》卷二十二）亦為冀州鎮 東府長史。（《北史》卷二十七）
508	宣武帝 永平元年	39	道元奉命至東荊州置郡。（《資治通鑑》卷一四七〈梁紀三 武帝天監七年〉）
509	永平二年	40	道元除魯陽郡太守，表立黌序，崇學勸教。（《水經注》卷 二十一）遷輔國將軍。（《魏書》卷四十二）

〔註80〕按：準上節所考，假定道元生于皇興四年（西元470）。

515	延昌四年	46	道元除東荊州刺史。(《水經注》卷二十九) 威猛爲政，蠻民詣闕，頌其刻峻，坐免官。(《北史》卷二十七)
524	孝明帝正光五年	55	道元除河南尹。(《周書》卷三十七) 兼黃門侍郎，與督都李崇籌宜置立，裁減去留，儲兵積粟，以爲邊備。(《魏書》卷八十九) 時六鎮已盡叛，道元不果行。(《資治通鑑》卷一五〇〈梁紀六武帝普通五年〉) 道元著手注述水經。〔註81〕 四弟道愼卒。(《魏書》卷四十二)
526	孝明帝孝昌二年	57	梁遣將揚州刺史元法僧，又于彭城反叛，詔道元持節兼侍中攝行臺尚書，節度諸軍。(《北史》卷二十七) 道元除安南將軍，御史中尉。(《魏書》卷八十九)
527	孝昌三年	58	道元爲關右大使，冬十月，與弟二人同被害于陰盤驛亭，殯于長安東。(《北史》卷二十七)
528	孝明帝武泰元年	59	朝廷追贈道元吏部尚書、冀州刺史、安定縣男。(《北史》卷二十七)

第二節　時代背景

一、政治環境

　　漢末以降，王室式微，內而宦官外戚爭權，外而黨禍黃巾興亂，繼有董卓稱兵，群雄爭霸。魏晉兩代，亦變亂紛乘，擾攘不止，賈后亂政，諸王屠弒，接踵而至，大河南北，烽燧頻傳，五胡亂華，九州雲擾，其中匈奴一族，勢最強大，《晉書》卷九十七〈四夷傳〉記載：

> 前漢末，匈奴大亂，五單于爭立，而呼韓邪單于失其國，攜率部落，
> 入臣於漢，漢嘉其意，割并州北界以安之。於是匈奴五千餘落入居
> 朔方諸郡，與漢人雜處。呼韓邪感漢恩來朝，漢因留之，賜其邸舍，
> 猶因本號，聽稱單于，歲給綿絹錢穀，有如列侯。子孫傳襲，歷代
> 不絕。其部落隨所居郡縣，使宰牧之，與編戶大同，而不輸貢賦，
> 多歷年所，戶口漸滋，彌漫北朝，轉難禁制。

胡人天性兇悍，常滋事端，有心者引爲憂焉。晉武帝與惠帝時，傅玄、郭欽、江統等深知禍起肘腋，爲時不遠，建議徙之塞外，然皆寢而不用。於是胡人南下牧馬，懷愍被擄，晉室東遷，黃河流域與長江上游諸地，胥淪爲左衽。

〔註81〕參見劉汝霖《東晉南北朝學術編年》，卷五下所云，道元之方注《水經》，必在爲河南尹時，乃正光中事也。

自是而後，五胡盤據中原，建國稱王，迭相雄長。而晉室多難，災屯流移，初雖有北伐中原，擊楫悲歌之志，終因內亂頻仍，外征敗衄，至劉裕篡位，國號曰宋，晉祚覆亡，南朝之稱，自此始矣。

宋齊之世，政權遞嬗，權詐迭進，誅夷骨肉，狂淫殘暴，幾盡亡祀。洎乎梁武，國勢復振，政風日清，然晚年佞佛，政事廢弛，豪強擅權，乘機而起，軍風敗壞，梁以敗亡。爾後陳主，亟思振作，力挽狂瀾，終以沈緬聲色，不能自保，而拱手讓國矣。東晉孝武帝太元十一年（西元 386），鮮卑人拓跋珪崛起塞北，建國號為魏，定都平城（今山西省大同縣），稱帝號道武帝，至太武帝拓跋燾滅北燕，降夏、北涼、吐谷渾諸國，定江北諸地，北方歸一，十六國之時代結束，而南北對峙，於焉形成。

北魏太武帝數傳至孝文帝（西元 471～西元 499），遷都洛陽，酷慕華風，推行漢化，不遺餘力，由以下記事，可見一斑。《魏書》卷八十五〈文苑傳〉序：

> 永嘉之後，天下分崩，夷狄交馳，文章殄滅。昭成、太祖之世，網羅俊乂，逮高祖（即孝文帝）馭天，銳情文學，蓋以頡頑漢徹，掩踔曹丕，氣韻高豔，才藻獨構，衣冠仰止，咸慕新風。肅宗歷位，文雅大盛。

《魏書》卷二十一〈咸陽王禧傳〉亦云：

> 高祖曰：自上古以來及諸經籍，焉有不先正名而得行禮乎。今欲斷北語，一從正音，年三十以上，習性已久，容或不可卒革，三十以下，見在期廷之人，語音不聽仍舊。若有故為，當降爵黜官，各宜深戒，如此漸習，風化可新。

其雷厲風行，於斯概見。又據《魏書》卷一一三〈官氏志〉所載，孝文帝改易姓氏，所改者凡一百十八氏，故唐書「宰相世系表」所著世系為五胡之裔頗多。此孝文蓄意漢化之證也。此外，如正祀典，置樂官，考牧守，頒新律，修古帝王聖賢之祀，親養老於明堂，重用漢人，求遺書，法度量，立國子太學，四門小學等，皆其犖犖較著者。蓋孝文見南朝禍亂相屬，陰有兼併之志，自以胡國無文化，不足以統一中國，於是改良庶政，推行漢化，文物粲然，多與華同，是亦豪傑之君也。此後數帝，皆以不振，內有胡后之亂，而孝明帝以毒死，外有六鎮之叛，而爾朱榮之禍成。榮本駐軍晉陽，以護君為名，進兵洛陽，殺胡太后及王公以下二千餘人，立孝莊帝。孝莊殺榮，而為榮弟

兆所弒。高歡等起兵討亂，立孝武帝，專擅朝政，孝武畏逼，西奔關中，依附宇文泰，是爲西魏，高歡別立孝靜帝，是爲東魏。東西魏之分，自此始矣，時梁武帝大同元年（西元535）也。蓋北魏自太武帝統一北方，至是已九十四載，凡傳九主。

　　高歡執政十六年，與宇文泰交戰不已，互有勝負。及死，子洋篡位（西元550），國號齊，史稱北齊。高洋即齊文宣帝，早年文治武功，均有可觀，晚節不保，荒暴淫佚，國勢日衰，歷武成至後主，穆提婆和士開亂政，兵燹匝地，生靈塗炭，亦云極矣。會西魏爲宇文氏所篡，改號周，出師北伐，北齊不支，遂亡。時陳宣帝太建九年（西元577），北齊立國；僅傳五主，歷二十八載耳。而宇文泰通達治理，執政二十三載，規劃頗多，勳猷懋著，子覺受魏禪，史稱北周。宇文覺即周孝閔帝，傳至武帝，英明果決，國政大振，東滅北齊，北方復合爲一。經宣帝至靜帝，爲外戚漢人楊堅所篡，國遂以亡，時陳宣帝太建十三年（西元581）。北周立國，凡傳五主，歷時二十五載。

　　綜觀南北朝之政治，朝代更易，有如奕棋，內亂外患，喋血盈野，庶民士子，命如風燭。職是之故，人心渙散，消極厭世，內部不靖，何力攘外，而卒爲楊隋所統一也。

二、社會風尚

　　魏晉以降，朝綱解紐，法紀陵替，世積亂離，風衰俗怨，上逞無厭之欲，下充無極之求，都有充市之賈，邑有傾世之商，侈靡風熾，由此可見。《晉書》卷一〈高祖宣帝〉紀載，魏明帝好修宮室，制度靡麗，百姓苦之。憂時之士，莫不怒焉，而魏夏侯玄之論，暢論得失，語最精賅，其言曰：〔註82〕

> 時彌質則文之以禮，時泰侈則救之以質。今承百王之末，秦漢餘流，世俗彌文，宜大改之，以易民望。今科制自公、列侯以下，位從大將軍以上，皆得服綾錦、羅綺、紈素、金銀飾鏤之物，自是以下，雜綵之服，通于賤人，雖上下等級，各示有差，然朝臣之制，已得侔至尊矣，玄黃之采，已得通於下矣。欲使市不鬻華麗之色，商不通難得之貨，工不作彫刻之物，不可得也。

蓋風氣已成，朝野上下，轉相仿效，浸以成俗，要難驟改，危亡之禍，遂兆斯焉。

〔註82〕參見《三國志》卷九〈魏書〉，〈諸夏侯曹傳〉第九〈夏侯玄傳〉。

　　魏曆云季，司馬踵興，奢汰之習，變本加厲，伊古以來，得未曾有。開風氣之先者，其惟晉武帝乎？武帝即位之前，雖以素樸自甘，而即位之後，則窮奢極欲，判若兩人，禁侈之詔，相繼頒布，竟未收毫末之效，蓋言行相悖，不足法式，有以促之。自是上行下效，相沿成風，罪行種種，擢髮難數也。渡江之後，奢靡之習，依然未改，土地兼併，視前為烈，如祖約、王浚、刁協、謝混等，均奪人田地，廣佔山澤，室宇園池，窮奢極麗，物慾橫流，莫能禦也。故范甯嘗著論非之，其言曰：〔註83〕

　　　　夫人性無涯，奢儉由勢。今并兼之士亦多不贍，非力不足以厚身，
　　　　非祿不足以富家，是得之有由，而用之無節。蒱酒永日，馳騖卒年，
　　　　一宴之饌，費過十金，麗服之美，不可貲算，盛狗馬之飾，營鄭衛
　　　　之音，南畝廢而不墾，講誦闕而無聞，凡庸競馳，傲誕成俗。

范氏所言，暮鼓晨鐘，發人深省，而朝野昏然，終莫悟也。爰逮南朝，以北伐無望，偏安日久，侈靡之弊，變本加厲，試舉齊東昏侯為例，《南史》卷五〈齊東昏侯紀〉云：

　　　　永元三年，大起諸殿，芳樂、芳德、仙華、大興、含德、清曜、安
　　　　壽等殿，又別為潘妃起神仙、永壽、玉壽三殿，皆帀飾以金壁，其
　　　　中玉壽作飛仙帳，四面繡綺，窗間盡畫神仙。又作七賢，皆以美
　　　　女侍側。鑿金銀為書字，靈獸、神禽、風雲、華炬，為之玩飾。橡
　　　　梠之端，悉垂鈴佩。江左舊物，有古玉律數枚，悉裁以鈿笛。莊
　　　　嚴寺有玉九子鈴，外國寺佛面有光相，禪靈寺塔諸寶珥，皆剝取以
　　　　施潘妃殿飾。又鑿金為蓮華以帖地，令潘妃行其上，曰：「此步步
　　　　生蓮華也。」塗壁皆以麝香，錦幔珠簾，窮極綺麗。縶役工匠，自
　　　　夜達曉，猶不副速，乃剔取諸寺佛剎殿藻井、仙人、騎獸以充足
　　　　之。

舉措荒唐，前所未見，流風所被，不可復制，群臣則效，風俗彌偷，淫奢之弊，普染氓庶，史籍斑斑，可以復按也。

　　至於北朝，風尚勤樸，率能躬儉節用，以贍衣食，江南奢侈，多不逮焉，然此乃大較言之，若貴胄豪門之奢靡，則北朝初不減於南朝。蓋鮮卑一族，世居塞外，渾噩無知，乘時崛起，僭盜中原，直類暴發之家，志得意滿，則縱情傲物，富厚相誇，無足怪者。據史籍所載，當時以縱恣聞名者，北魏有

〔註83〕參見《晉書》，卷七十五〈列傳〉第四十五〈范甯傳〉。

元禧、元雍、爾朱榮、元志、元暉、元琛、劉潔、元岳、李壽、高聰、張烈、張宗之，北齊有文宣帝，韓軌，北周有李遷哲等。楊衒之《洛陽伽藍記》記北魏諸侯王之侈汰，有非江左王謝所能夢見者，其言云：〔註84〕

> 壽邱里，皇宗所居也，民間號爲王子坊。當時四海晏清，八荒率職，縹囊紀慶，玉燭調辰。百姓殷阜，年登俗樂，鰥寡不聞犬豕之食，煢獨不見牛羊之衣。於是帝族王侯，外戚公主，擅山海之富，居川林之饒。爭修園宅，互相誇競。崇門豐室，洞戶連房。飛館生風，重樓起霧。高臺芳樹，家家而築，花林曲池，園園而有。莫不桃李夏綠，竹柏冬青。而河間王琛，最爲豪首。

可知北魏河間王元琛之豪富，南北世第，瞠乎其後，即富可敵國之石崇，亦將北面，不能與爭衡矣。餘若權貴之豪舉，民間婚喪之浮華，披閱《北史》，寓目多是。茲遴載北齊文宣帝天保元年六月禁浮華詔一首，以窺豹斑：〔註85〕

> 頃者風俗流宕，浮競日滋，家有吉凶，務求勝異。婚姻喪葬之費，車服飲食之華，動竭歲資，以營日富。又奴僕帶金玉，婢妾衣羅綺，始以創出爲奇，後以過前爲麗，上下貴賤，無復等差。今運屬惟新，思蠲往弊，反朴還淳，納民軌物。可量事具立條式，使儉而獲中。

三、學術概貌

　　秦火之後，經籍缺焉。漢興，除挾書之禁，開獻書之路，然後諸儒得修其經藝。漢武帝又從董仲舒之議，罷黜百家，表彰六藝，獨尊儒術，詩書五經，如日中天，江河行地，天下學士，靡然從風。唯利之所在，弊亦隨之，物極必反，自然之理也，復極必剝，情勢之常也。靈獻之世，乾綱解紐，滄海塵飛，儒學驟衰，《後漢書》卷一〇九上〈儒林傳〉序曰：

> 及董卓移都之際，吏民擾亂，自辟雍、東觀、蘭臺、石室、宣明、鴻都諸藏，典策文章，競相剖散。其縑帛圖書，大則連爲帷蓋，小乃制爲縢囊。及王允所收而西者，裁七十餘乘，道路艱遠，復棄其半矣。後長安之亂，一時焚蕩，莫不泯盡焉。

此圖書經籍之厄也。至於經學支流，碎義害道，章句煩瑣，頗病支蔓，此漢

之經學所以由盛而衰之故也。漢轍既覆，魏鼎代興，文帝雅好黃老之治，天下聞風景從，王弼注易，間以玄言，而學者喜其清新，何晏傅粉，素行詭誕，而縉紳恬不之怪，鄙薄周孔，弁髦經籍，任情軒輊，游談無根，已駸駸然蔚為風尚矣。

永嘉亂後，江山半壁，沒於胡塵，南北分疆，克復無日，劫後災黎，餘悸猶在，徬徨鬱悶，不知所從。當斯之時，江南新邦初肇，百事待舉，崇儒右文，力有未逮；北國則胡氛方熾，更無論矣。而佛教清淨無為，省慾去奢之教旨，既與黃老之學相通，其言精靈不滅，作齋祭祀，復與方士之尚祠祀、求神仙，相得益彰，富貴朝士，相與入道，爭相皈依，假慕沙門，實避調役。捨邸宅，施僧尼，建寺塔，時日既久，黃牆綠瓦，彌望皆是。由於佛寺浮圖，大舉興建，因此徭役繁多，窮徵暴斂，百姓不堪其擾，相率出家，以至僧尼充斥。范縝作神滅論，痛陳佛教害政蠹俗，有云：〔註86〕

> 浮屠害政，桑門蠹俗，風驚霧起，馳蕩不休，吾哀其弊，思拯其溺。夫竭財以赴僧，破產以趨佛，而不卹親戚，不憐窮匱者何，良由厚我之情深，濟物之意淺，是以圭撮涉於貧友，吝情動於顏色，千鍾委於富僧，歡意暢於容髮。豈不以僧有多稌之期，友無遺秉之報，務施闕於周急，歸德必於在己。又惑以茫昧之言，懼以阿鼻之苦，誘以虛誕之辭，欣以兜率之樂。故捨逢掖，襲橫衣，廢俎豆，列缾鉢，家家棄其親愛，人人絕其嗣續。致使兵挫於行間，吏空於官府，粟罄於惰遊，貨殫於泥木。所以姦宄弗勝，頌聲尚擁，惟此之故，其流莫已，其病無限。

然以名士與緇流相契，玄學與佛理交通，尼父之真旨，經典之精義，由是遂訛矣。

北朝經學，較南朝稍盛。蓋北魏自孝文遷都洛陽，刻意漢化，詩賦詞藝，容有不逮，而崇儒重道，則遠邁江左，經師雲起，尤非江左所能企及，趙翼《二十二史箚記》「北朝經學」一則，有結論云：〔註87〕

> 北期偏安竊據之國，亦知以經術為重，在上者既以此取士，士亦爭務於此，以應上之求，故北朝經學較南朝稍盛，實上之人有以作興之也。

〔註86〕 參見《梁書》，卷四十八〈儒林傳〉第四十二，范縝條云。
〔註87〕 參見趙翼《二十二史箚記》，卷十五，北朝經學條云，頁284。

夫上有所好，下必風從，凡百學術，其盛衰之由，莫不與科名利祿有關，固不獨經學一道已也。

四、文學潮流

　　魏晉南北朝，乃文學覺醒之時代，亦文學獨立之時代也。自曹丕〈典論論文〉，倡言文章乃經國之大業，不朽之盛事，文學驟離儒學而獨立，以附庸蔚爲大國，於是詞人雲興，才士間出，彬蔚之美，前此蓋罕。鍾嶸《詩品‧序》述其盛況有云：

> 降及建安，曹公父子，篤好斯文，平原兄弟，鬱爲文棟，劉楨王粲，
> 爲其羽翼。次有攀龍託鳳，自致於屬車者，蓋將百計。彬彬之盛，
> 大備於時矣。

下逮南朝，文雅尤盛，雖干戈擾攘，戎狄交侵，猶不廢吟詠。宋文帝於元嘉十六年（西元 439）置立四學，於儒學、玄學、史學三館外，別立文學館。而斯時宗室如臨川王劉義慶等，皆以招攬才士，愛好文藝著稱；梁武帝即位之初，即刻意崇獎詞藝，嗣子昭明太子簡文帝元帝，均以文章自命；陳後主亦風流自賞，汲引文士，猶恐不及，后妃宗室，競爲文辭，於是文學大昌。且夫流寓歲久，玄風大扇，士流景慕，微言精理，函滿玄席，澹思濃采，時圉文華，是以世極迍邅，而辭意夷泰，體情之製日疏，逐文之篇愈盛，儷采偶字，爭價奇句，文人篇製，趨末棄本，競尚華麗，採濫忽眞，隸事繁富，聲律之論，推波助瀾，雕蟲之藝，於焉熾盛。舉凡文學觀念之明確，文學價值之肯定，唯美文學之風尙，日盛於時，振鑠千古，爭光日月，故視魏晉南北朝爲文藝復興之時代，洵非過譽也。

　　若夫北朝文學，自典午失馭，禹甸中分，江淮以北，胡塵匝地，文物典章，蕩然以盡。其後拓跋氏崛起沙朔，奄有北方，力征經營，不遑文事，雕蟲篆刻，蔑不足紀。《北史‧文苑傳》序云：

> 中州板蕩，戎狄交侵，僭僞相屬，生靈塗炭，故文章黜焉。其能潛
> 思於戰爭之間，揮翰於鋒鏑之下，亦有時而間出矣。若乃魯徵、杜
> 廣、徐光、尹弼之儔，知名於二趙，宋該、封奕、朱彤、梁讜之屬，
> 見重於燕秦。然皆迫於倉卒，牽於戰陣，章奏符檄，則粲然可觀，
> 體物緣情，則寂寥於世。非其才有優劣，時運然也。

以文章之黜，歸於時運，可謂知言也。逮乎孝文，遷都洛陽，銳情漢化，追攀南國，猶患不及，濡染既久，文教日新，故能揚葩振藻，煥蔚人文，革粗

鄙之舊，扇雍容之風，於是詞藝大昌，作者輩出。北魏有溫子昇，起自寒微，鬱然有文，設采繁豔，吐韻鏗鏘；西魏蘇綽，爲文質樸，糠粃魏晉，憲章虞夏，屬辭有師古之美，矯枉非適時之用，故莫能常行焉，然唐人復古之先機，已肇端於斯矣。北齊文士，邢邵文譽早達，屬辭典麗，雕蟲之美，獨步當時，每文一出，京師紙貴；魏收天才煥發，駕乎溫邢，受禪詔冊，皆其手筆，惟是非失實，舉國大譁；顏之推早傳家學，文詞典麗，名噪北地，《顏氏家訓》二十篇，詳論立身治家之道，兼及字畫音訓，考正典故，品評文藝，極富價值。北周之時，庾信身遭亂離，屈事敵國，辭多悽愴激楚；王褒原係梁世外戚，被虜北上，心繫祖國，情切土風，詩風驟變，轉爲沈鬱，蓋庾信之流亞也。自餘作家，若北魏高允、酈道元及楊衒之等，皆負時譽，而北齊之裴讓之、祖鴻勳、陽休之及劉逖等，或以文名，或以詩著，多具清剛質實之風，無愧一代能手也。

綜上以觀，南北文學，格於風土，限於民情，各具特色。大抵北方之地，土厚水深，民生其間，多尚實際；南方之國，水勢浩洋，民居其際，多務虛無。故下筆蓄文，江左宮商發越，貴於清綺，河朔詞義貞剛，重乎氣質；氣質則理勝其詞，清綺則文過其意。理深者便於時用，文華者宜於詠歌，此南北詞人得失之大較也。若能掇彼清音，簡茲累句，各去所短，合其兩長，則文質彬彬，盡美盡善矣。

第三章　《水經注》創作之緣起

　　夫著述之爲物，乃作者與時代之投影，有其時代與社會之因緣焉。劉勰《文心雕龍》卷九〈時序篇〉有云：「文變染乎世情，興廢繫乎時序。」蓋事異世變，文學隨之，誠如鑑之與影矣。文學發展之演變，既與時代關係密切，故政治之隆衰，社會之治亂，學術之變遷，皆與歌謠文理相互推移，時代影響作品，至深且鉅，由此可見。且夫江河淮泗，條其源流，儒墨道法，暢其濫觴，故導水者，不可不明其流變，治學者，不可不考其本源也。是以本文特緣作者抱負與成書背景兩項，下分四節細究之，以說明《水經注》創作之淵源焉。

第一節　個人抱負之抒發

　　吾國輿地舊書，大別爲三：以脈水爲綱者，則有《禹貢》；以度山爲綱者，則有《山海經》；以疆理爲綱者，則有《職方》《王會》，而《禹貢》較爲近古。古昔先民，賴漁牧爲生，非草無以爲畜，非水無以爲漁，沿流而居，居無定所，聚族爲國，國無定疆；故爲輿圖也，不能劃彼疆此界，不能極峻巖大壑。進而爲農藝時代，稻粱黍稷亦非水不能滋茂，故考史前文化者，不可不知河流遷移，而論輿地學史者，不得不以脈水爲近古。夏商無徵矣，在周則有河圖。《周書・顧命》：「天球河圖在東序」，天球蓋即後世渾天儀，所謂天圓地方也；河圖當爲大河流域圖，亦即當時之輿地圖〔註1〕。若舍《禹貢》、《山經》、

〔註1〕參見丁山〈鄺學考序目〉，載《史語所集刊》第三本三分，1932年，頁353。

《職方》、《王會》等後人僞托之書，以論吾國輿地學史，固不得不以河圖爲最古。河圖亡矣，其因河圖爲書者，今惟水經在耳。

《水經》三卷，祖禹貢而父山海，凡引天下之水百三十七，江河在焉，然與圖經等耳，其傳以酈注也。道元注書之旨，其《水經注》原序言之頗詳：
〔註 2〕

> 序曰：易稱天以一生水，故氣微于北方，而爲物之先也。玄中記曰：天下之多者水也。浮天載地，高下無所不至，萬物無所不潤，及其氣流居石，精薄膚寸，不崇朝而澤合靈宇者，神莫與並矣。是以達者不能測其淵沖，而盡其鴻深也。昔大禹記著山海，周而不備，地理誌其所錄，簡而不周；尚書本紀與職方俱略；都賦所述，裁不宣意；水經雖精綴津緒，又闕旁通；所謂各言其志，而罕能備其宣導者矣。今尋圖訪蹟者，極聆卅域之說，而涉土遊方者，寡能達其津照，縱彷彿前聞，不能不猶深屏營也。余少無尋山之趣，長違問津之性，識絕深經，道淪要博；進無訪一知二之機，退無觀隅三反之慧；獨學無聞，古人傷其孤陋，捐喪辭書，達士嗟其面牆；默室求深，閉舟問遠，故亦難矣。然毫管闚天，歷筩時昭，飲河酌海，從性斯畢，竊以多暇，空傾歲月，輒述水經，布廣前文。

夫物于天地間，最鉅夥者，莫如水也，其經紀法界，浸溉萬靈，厥功至矣。子長號爲良史，書止河渠，蠡測一勺，庾仲雍之筆江記，偏係一方，匪兼八表；其餘圖誌，多周而不備，裁不宣意。世所憑依。見天地之血脈者，水經一書而已。然其爲書，規綱則舉，節解未彰，讀者病其簡略。道元遂發憤撰注，布廣前文，凡引枝流數千條，其源委之吐納，沿路之所經，纏絡枝煩，條貫系夥，搜渠訪瀆，靡或漏遺，較之本經，不啻什百。實所以粉飾漏闕，銓次疆隅，乃相濟而爲編者也。道元用心，可謂良苦矣。

第二節　山水文學之承衍

一、山水文學義界

夫「山水」一詞，初見於劉勰《文心雕龍・明詩篇》所云：

> 宋初文詠，體有因革，莊老告退，而山水方滋，儷采百字之偶，爭價

〔註 2〕詳見王先謙《合校水經注》，卷首，宮本原序，頁 4。

　　一句之奇，情必極貌以寫物，辭必窮力而追新，此近世之所競也。
劉氏謂山水方滋，正值宋齊之際。當時山水作家，據宋書、歷代學者論述及
詩家存留作品審之，則非謝靈運、鮑照、謝朓等人莫屬；而就諸家山水篇什
之內涵考之，則多屬遊覽或行旅途次觀照所得之作。由是得知，「山水」一詞，
實具特定意義，與遊仙、隱逸、田園諸體有別矣。

　　山水之義，自來界說混淆，然諸家說法皆以「模山範水」之作，乃山水
文學構成之要件。清初王漁洋帶經堂詩話「序論」曰：

　　　　詩三百萬，於興、觀、群、怒之旨，下逮鳥獸草木之名，無弗備矣，
　　　　獨無刻劃山水者。間亦有之，亦不過數篇，篇不過數句，如漢之廣
　　　　矣，終南何有之類而止。漢魏間詩人之作，亦與山水了不相及。迨
　　　　元嘉間，謝康樂出，始創為刻劃山水之詞，務窮幽極渺，抉山谷水
　　　　泉之情狀，昔人所云：「莊老告退，而山水方滋」者也。宋齊以下，
　　　　率以康樂為宗。

王氏所云，今人洪順隆頗贊同之，其所作〈山水詩起源與發展新論〉一文亦
云：〔註3〕

　　　　山水詩是「刻劃山水者」，「窮幽極渺，抉山谷水泉之情狀」的。所
　　　　以山水詩當是以描寫為目的，詩人的意識是集中在山水上的，創作
　　　　是以山水景物為主題，且全詩醞釀的氣氛，是純山水味這的。

林文月之說則謂：〔註4〕

　　　　顧名思義，所謂「山水詩」，應是指「模山範水」（《文心雕龍·物色
　　　　篇》）類的詩而言，為取材於大自然的山山水水，乃至草木花卉鳥獸
　　　　者。換言之，它的內容宜包括大自然的一切現象。

又宮菊芳亦云：〔註5〕

　　　　何謂山水詩？顧名思義，乃是以大自然為素材的詩歌。

而王國瓔於《中國山水詩研究》一書，定義山水文學之範疇，說最精詳，其
言曰：〔註6〕

　　　　所謂「山水詩」，是指寫山水風景的詩。雖然詩中不一定純寫山

〔註3〕參見洪順隆〈山水詩起源與發展新論〉，收入《洪氏六朝詩論》，頁55～88。
〔註4〕參見林文月《山水與古典》，頁23～24。
〔註5〕參見宮菊芳《南北朝山水詩研究》，輔仁大學中文研究所碩士論文，民國65
　　　年，頁1。
〔註6〕參見王國瓔《中國山水詩研究》，緒言，頁1。

水，亦可有其他的輔助母題，但是呈現耳目所及的山水之美，則必
須爲詩人創作的主要目的。在一首山水詩中，並非山和水都得同時
出現，有的只寫山景，有的卻以水景爲主。但不論水光或山色，必
定都是未曾經過詩人知性介入或情緒干擾的山水，也就是山水必須
保持其本來面目。當然，詩中的山水並不局限於荒山野外，其他經
過人工點綴的著名風景區，以及城市近郊、宮苑或莊園的山水亦可
入詩。

綜觀上述，是知歷來論山水文學者，常以一般風景之概念規範之，故凡歌
詠天象、地輿、草木、鳥獸、蟲魚等自然景觀之篇什，悉皆屬之。然則以
「山水」一詞究之，狹義而言，乃指山川日月、雲蒸霞蔚等等自然景象，
亦即「自然地理」；廣義解之，則包括一切人文現象，如寺塔建築、史蹟名
勝、風土傳聞等等之「人文地理」。本文研討之範疇，蓋兼取二義，綜而言
之也。

二、山水文學溯源

山水文學之源起，眾說紛紜，或云始於《詩經》，或謂源於遊仙詩，或曰
起自西晉石崇等金谷園詩，或謂萌於東晉末年庾闡、殷仲文、謝混等山水篇
什。然則，綜觀諸說，就自然景物入詩材而言，當可溯自《詩經》與《楚
辭》也。

《詩經》爲吾國最早之詩歌總集，其描寫景物之處，不過數篇，篇不過
數句，然其可貴者，在《詩經》時代詩人已知藉遊山玩水之記，抒發胸中鬱
悶。例如《詩經・小雅・綿蠻》云：

綿蠻黃鳥，止于丘阿；道之云遠，我勞如何！

綿蠻黃鳥，止于丘隅；豈敢憚行？畏不能趨。

綿蠻黃鳥，止于丘側；豈敢憚行？畏不能極。

此首寫微臣苦於行役，企盼得長官善待之心聲〔註7〕。全詩分三章，每章皆以
兩句自然景物開端。此類辭句，全屬陪襯性質，借以起興、比喻或怨諷之用，
與主題內容，無意義上之關聯，然其襯托或協助主題表露之作用，則功不可
沒矣。又《詩經》詩人對山水景物之鑑賞，每有摹擬形狀之傾向，例如「周

〔註7〕 參見屈萬里《詩經釋義》，〈小雅・綿蠻〉，中國文化大學出版部，1980 年重印，
頁 312。

南關雎」摹寫鳥獸和諧悅耳之鳴聲，曰「關關雎鳩，在河之洲」；〈小雅・四牡〉寫鵝鳩飛翔之狀，謂「翩翩者雛，載飛載下」；〈衛風・碩人〉記河流急湍，水邊捕魚之景象，云「河水洋洋，北流活活，施眾濊濊，鱣鮪發發。葭菼揭揭。」等等，寫意傳神，無不惟妙惟肖。是知《詩經》中作品，已具狀景形物、模山範水之雛型矣。

楚鄉澤國，地處江、漢、沅、湘流域，擁抱九嶷、衡岳、雲夢、洞庭等名山大澤，山林皋壤，崖谷汀洲，疊波曠宇，香草芳木。騷人意深，辭以情發，景勝之作，涓涓細流，例如《楚辭・九章・涉江》：

> 深林杳以冥冥兮，猿狖之所居。
>
> 山峻高而蔽日兮，下幽晦以多雨；
>
> 霰雪紛其無垠兮，雲霏霏而承宇。

全文寫景：山中林深嶺峻，猿狖藏居，幽暗無人，是近景也；山下烏雲密布，雨雪無垠，乃遠景也。騷人或往觀四極，或周流上下，山沓水匝，樹雜雲合，目既往還，心亦吐納。此外〈湘夫人〉、〈漁父〉及〈山鬼〉等，皆為山水小品上乘之作〔註8〕，無怪乎近人王國瓔嘗云：〔註9〕

> 《詩經》之後，在中國文學史上出現了動人心魄的楚辭。……詩人
> 可以就地取材，即景入詩，因此自然界的山水景物在楚辭中占有相
> 當大的分量。但是《楚辭》畢竟只是一些抒情的詩歌，雖然類型繁
> 富，反映的都是詩人的自我形象，其中對山水景物的描寫，是從強
> 烈的抒情氣氛中醞釀出來的。歌詠自然山水景物，並非詩人的最終
> 目的，不過是詩人表現情志的一種手段。這一點和《詩經》詩人並
> 無不同。然而《楚辭》中反映的山水觀，顯示詩人對自然山水有進
> 一步的體認；詩人對山水景物的描寫也較細膩、周詳。《楚辭》比《詩
> 經》向山水詩的形成，更邁進了一步。

蓋《詩經》已稍具山水文學之雛型，而《楚辭》之作，寄情寫物，刻劃入微，則又更進矣。

漢代文學，賦為主流。賦之為體，鋪采摛文，體物寫志，與《詩》三百篇「在心為志，發言為詩」（《詩・大序》）相較，更適於寫景之用。蓋賦家

〔註8〕參見李愚一《袁中郎小品文研究》，高雄師範學院國文研究所碩士論文，民國
　　　75年，頁84。

〔註9〕同註6，第二章，頁29。

為逞其才華，莫不講究誇張堆砌，故其模山範水，比諸楚辭，幅度更巨，細節更精，字雕句琢，形似巧構，秩序謹嚴，已為劉宋山水文學之先驅。例如劉歆〈遂初賦〉：

> 野蕭條以寥廓兮，陵谷錯以盤紆。
> 飄寂寥以荒昒兮，沙埃起之杳冥。
> 迴風育其飄忽兮，迴颮颶之泠泠。
> 薄洄凍之凝滯兮，茀谿谷之清涼。
> 漂積雪之皚皚兮，涉凝露之降霜。
> 揚雹霰之復陸兮，慨原泉之凌陰。
> 激流漸之澩洄兮，窺九淵之潛淋。
> 颯淒愴以慘怛兮，感風漻以冽寒。
> ……

此段寫行旅途中，所見所感，景象淒涼，感今思古，嘆往事，寄己懷，頗有《楚辭‧九辯》之餘味。又如班固之〈終南山賦〉：

> 伊彼終南，歸歸嶙囷；
> 概青宮，觸紫辰；
> 嶔崟鬱律，萃於霞雰；
> 曖曖晻藹，若鬼若神。
> 傍吐飛瀨，上挺修竹；
> 玄泉落落。密陰沈沈；
> 榮朔綺季，此焉恬心。
> 三春之季，孟夏之初；
> 天氣肅清，周覽八隅。
> 皇鸞鷟鷟，鷟乃前驅，爾其珍怪。
> 碧玉挺其阿，蜜房溜其巔；
> 翔鳳哀鳴集其上，清水泌流注其前。
> ……

此篇原為祝頌漢天子長年大福永保江山之作〔註10〕，然文中於終南山水之描

〔註10〕按：〈終南山賦〉佚文中有：「我皇應福以來臻，掃神壇以告誠，薦珍馨以祈仙，嗟茲介福，永鐘億萬年。」詳見《全後漢文》，卷二十四，頁1下。殆為祝頌漢天子長年大福永保江山之作也。

寫，技巧洗練，而山水文學「點景生情」之手法，已初露曙光矣。大體而言，兩漢辭賦，敷陳其事，極盡鋪張，而終歸於諷諫，非專以吟詠自然景物爲目的，固不得與南朝山水詩文並論，僅爲山水文學之濫觴耳。

另外，就文而言，東漢馬第伯〈封禪儀記〉，載光武封泰山事，爲古今雜記中奇偉之作，其寫景之佳，論文者莫不寶之。原書已亡，後人據《續漢志》、《水經注》、《北堂書鈔》、《藝文類聚》、《初學記》、《白孔六帖》、《太平御覽》諸書所引，采緝成編，但以意爲先後，中必有殘闕失次處，故往往難於句讀，然無礙於其文之佳也。其中一段云：〔註11〕

> 至中觀，留馬，去平地二十里。南向極望無不睹，仰望天關，如從谷底仰觀抗峰。其爲高也，如視浮雲；其峻也，石壁窅窱，如無道徑；遙望其人，端端如杆升，或以爲白石，或以爲冰雪，久之，白者移過樹，乃知是人也；殊不可上，四布僵臥石上，有頃復蘇，亦賴齎酒脯，處處有泉水，目輒爲之明，復勉強相將行。

> 到天關，自以巳至也。問道中人，言尚十餘里，其道旁山脅，大者廣八九尺，狹者五六尺；仰觀岩石松樹，鬱鬱蒼蒼，若在雲中。俯視谿谷，碌碌不可見丈尺。遂至天門之下，仰觀天門，窔遼如從穴中視天，直上七里，賴其羊腸逶迤，名曰環道。往往有絚索，可得而登也；兩從者扶掖，前人相牽，後人見前人履底，前人見後人項，如畫重累人矣，所謂磨胸舉石捫天之難也。初上此道，行十餘步一休，稍疲，咽脣焦，五六步一休，蹀蹀據頓地，不避溼闇，前有煥地，目視而兩腳不隨。

其摹寫逼肖處，可視爲南朝山水文學之先驅也。

魏晉六朝，釋道盛行，古刹寺觀，滂山帶江，幽處巖壑，衣冠避難，文人遊翫，多所萃止，目極美景，輒爲詩文，吟詠其意，山水文學，於斯爲盛，例如曹操〈觀滄海〉：

> 東臨碣石，以觀滄海。水河澹澹，山島竦峙。
> 樹木叢生，百草豐茂。秋風蕭瑟，洪波湧起。
> 日月之行，若出其中。星漢燦爛，若出其裏。
> 幸甚至哉，歌以詠志。

〔註11〕引文見《中國古代遊記選》上冊，北京：中國旅遊出版社，1985 年，頁 1。

又曹丕〈芙蓉池〉：

> 乘輦夜行遊，逍遙步西園。雙渠相灌溉，嘉木繞通川。
>
> 卑枝拂羽蓋，修條摩蒼天。驚風扶輪轂，飛鳥翔我前。
>
> 丹霞夾明月，華星出雲間。上天垂光彩，五色一何鮮。
>
> 壽命非松喬，誰能得神仙。遨遊快心意，保己終餘年。

以上二首，就命題、內涵及技巧究之，寄情寫物，巧言切狀，與南朝山水詩，必有淵源矣。此外，直接影響南朝山水詩人之寫作技巧者，當推西晉張景陽寫景諸作，其〈雜詩〉十首之二云：

> 浮陽映翠林，迴飆扇綠竹。
>
> 飛雨灑朝蘭，輕落棲叢菊。
>
> 龍蟄暄氣凝，天高萬物肅。
>
> ……

用辭美麗，意象繁富，寫景細膩，鍾嶸評景陽云：「巧構形似之言」〔註12〕，實為知言。又如〈雜詩〉十首之三云：

> 金風扇素節，丹霞啟陰期。
>
> 騰雲似涌煙，密雨如散絲。
>
> 寒花發黃采，秋草含綠滋。
>
> ……

景陽善於色彩之烘染，使物色鮮明，景物突出，詩品謂謝靈運詩「雜景陽之體」、「故尚巧似」，顏延年詩「尚巧似」，鮑照「善製形狀寫物之詞」，其間影響，昭然明矣。〔註13〕

　　降及東晉，運會所趨，妍華益務，應物象形，隨類傅彩，傳移模寫，情態俱出，山水文學，蔚為大觀。陳鐘凡漢魏六朝文學敘「莊老告退，山水方滋」之由有云：〔註14〕

> 由玄學詩變而為山水詩，這是晉宋之間文學界最好的消息，因為沖淡無味的幾句出世語，說之不休，沒有多少興趣，就進一步而為遊仙詩，將理想的境界，具體寫出，亦是可望而不可即，望梅止渴的空談。當此「亂離瘼矣，奚其適歸」的時候，究有什麼辦法，實現

〔註12〕參見鍾嶸《詩品》，卷上，頁6。

〔註13〕同註12，卷上，頁6；卷中，頁4；卷下，頁5。

〔註14〕參見陳鐘凡《漢魏六朝文學》，頁137。

我們詩人的理想呢？惟有山巔水涯，深林空谷，寒荒寂寞之地，隔
絕人間，比較與我們理想的境界接近些吧了。因此由理想的遊仙詩，
更進而爲山水詩，這亦是必然的趨勢。

蓋宋室承運，國祚雖淺，而文風藁盛，雕蟲之藝勃興，琢詞之風盛行，莊老
告退，而山水方滋，君臣馳騖，情采咸耀，寫景之詩賦日工，而寫景之文亦
日進矣。諸家風格，珠璧交輝，一代特色，百年爲式也。

三、南朝山水作家舉要

晉及南朝，山水詩賦，卓爾可觀，寫景之文，雋永深味，多見風致。於
晉則有盧山諸道人〈游石門詩序〉，全篇反覆吟詠，駢散相輔；宋晉之間，則
陶淵明〈桃花源記〉，號稱獨秀，其文輕逸自然，純乎散文；王羲之〈蘭亭集
序〉，氣格稍散，而其〈與謝安書〉，敘寫蜀中山水，簡短明淨，堪稱山水小
品之佳作；有宋之時，謝公才氣廓落，不遇於世，洩爲詩文，頗見逸韻諧
趣，後人刻劃山水，無不奉爲崑崙墟，鮑照寫景入微，文字精美，如〈登大
雷岸與妹書〉，歷言山川形勝之奇，煙霞變化之妍，運意深婉，鑄詞精緒；此
外梁代陶宏景、吳均之敘景短札，學者稱之，陶氏〈答謝中書書〉，凡六十八
字，敘山川之美，有蕭然出塵之意，吳均文體清拔，時稱吳均體，其〈宋元
思書〉，描繪湖光山色，鳥獸蟲魚，簡潔生動，精彩絕倫，又其〈與顧章書〉，
記途程旅歷，高濟秀麗，令人神往。而江淹〈報袁叔明書〉，丘遲〈與陳伯之
書〉，王僧孺〈與何炯書〉諸文，間或敘景，清麗動人。陳後主之〈與詹事江
總書〉，胸懷自然，不事雕琢。徐陵〈報尹義尚書書〉，慕鄉之情，躍然紙上，
而沈炯〈答張種書〉，微婉綿麗，情文並茂，南朝風光，幾盡其中矣。茲舉南
朝山水作家足爲代表者如后，以見盛況焉。

（一）謝靈運

謝靈運（西元 385～西元 433），小字客兒，陳郡夏陽人（原籍今河南太
康）。以江左貴族，入仕新朝，意殊不愜，遂乃縱情山水。棲心象外，所至輒
爲吟詠，故所作多遊覽行旅之作，感時傷己之篇，自十九首以來，古詩本無
題，後雖有目，然求達意而已，而靈運之製題，如：〈石門新營所住四面高山
迴溪石瀨茂林脩行〉、〈田南樹園激流植援〉、〈南樓望所遲客〉、〈鄰里相送至
方山〉、〈於南山往北山經湖中瞻眺〉、〈遊赤石進帆海〉、〈從斤竹澗越嶺溪行〉、
〈入華子岡是麻源第三谷〉、〈發歸瀨三瀑布望兩溪〉等題，均爲匠心獨運之

作，方湖先生云：「擺落恆徑，絕似酈注。」〔註15〕誠為的評。

謝詩刻劃山水，獨具慧心，文章之美，江左莫逮，試舉其〈登池上樓〉
為例：

> 潛虬媚幽姿，飛鴻響遠音。薄霄愧雲浮，棲川作淵沈。
> 進德智所拙，退耕力不任。徇祿反窮海，臥痾對空林。
> 衾枕昧節候，褰開暫窺臨。傾耳聆波瀾，舉目眺嶇嶔。
> 初景革緒風，新陽改故陰。池塘生春草，園柳變鳴禽。
> 祁祁傷豳歌，萋萋感楚吟。索居易永久，離群難處心。
> 持操豈獨古，無悶徵在今。

靈運山水詩，率皆刻畫入微，客觀寫實，或岩障千里，或溝壑相尋，無不描
寫工細，用詞華美，練字精巧，富艷難蹤。大抵而言，靈運之詩，寫山水而
包名理，首多敘事，繼言景物，而結以情理，故結語多傷感之詞〔註16〕。鍾
嶸《詩品》列謝詩於上品，評云：〔註17〕

> 其源於陳思，雜有景陽之體，故尚巧似，而逸蕩過之，頗以繁蕪為
> 累，嶸謂若人興多才高博，寓目則書，內無乏思，外無遺物，其繁
> 富宜哉！然名章迴句，處處間起，麗典新聲，絡繹奔會，譬猶青松
> 之拔灌木，白玉之映塵沙，未足貶其高潔也。

而《文心雕龍・序》云：「顏謝重葉以鳳采」，沈德潛謂「謝詩追琢而返於自
然。」〔註18〕殆皆稱其極貌寫物之成就焉。故影響所及，近如鮑照、謝朓，
遠如王維、孟浩然、韋應物、柳宗元等名家，悉仿效康樂詩體，靈運為吾國
山水詩之祖，誠無可置疑也。

（二）鮑照

鮑照（西元 414～西元 466），字明遠，東海（今江蘇省灌雲縣）人。出
身貧寒，少有文才，與謝靈運、顏延之等，蔚為元嘉三傑，擅長樂府，亦工
駢文，寫難寫之景，較之康樂，互有專長。觀其〈登廬山〉、〈登廬山望石
門〉、〈從登香爐峰〉、〈從庚中郎遊園山石室〉、〈登翻車峴〉、〈登黃鶴磯〉、

〔註15〕參見王次澄《南朝詩研究》，東吳大學中文研究所博士論文，民國 71 年，頁
151 所引。
〔註16〕按：論謝靈運山水詩之結構，黃節首開其端，見蕭滌非〈錄黃節講稿〉，載《讀
詩三札記》，頁 26。
〔註17〕同註 12，卷上，頁 6。
〔註18〕參見沈德潛《古詩源》，卷十，謝靈運條云，頁 6。

〈登雲陽九里埭〉、〈自礪山東望震澤〉、〈還都至三山望石頭城〉、〈行京口至竹里〉、〈發後渚〉等詩題，亦可想見鮑照喜好山水，勤於登涉之一斑，故其山水篇什，多屬實際觀照所得，並以寫實筆法出之者。茲舉〈上潯陽還都道中〉為例：

> 昨日宿南陵，今旦入蘆洲。客行惜日月，崩波不可留。
>
> 侵星赴早路，畢景逐前儔。鱗鱗夕雲起，獵獵晚風遒。
>
> 騰沙鬱黃霧，翻浪揚白鷗。登艫眺淮甸，掩泣望荊流。
>
> 絕目望平原，時見遠煙浮。倏悲坐還合，俄思甚兼秋。
>
> 未嘗違戶庭，安能千里遊。誰令乏古節，貽此越鄉憂。

此詩，方東樹昭昧詹言評云：「直書即事，起峭促緊健，後來山谷常擬之，以下皆直書即目，直書胸憶，所謂俊逸也。」〔註 19〕鮑照山水詩近三十首，除大小謝外，南朝詩家，難與之抗衡也。惟歷來研究鮑詩者，多重其樂府代擬作品，鍾嶸謂其源出二張〔註 20〕，杜甫〈春日憶李白詩〉讚其俊逸，《文鏡秘府論》稱其麗而氣多〔註 21〕，蓋指〈代東門行〉、〈代白頭吟〉、〈代苦行熱〉、〈擬行路難〉、〈代春日行〉諸作而言，實則鮑照山水諸作，量多質美，境界開闊，氣勢恢宏，遣詞練字，俱見巧思，堪稱大家矣。

　　鮑照駢體，高視六代，所作〈登大雷岸與妹書〉一文，奇峭幽潔，文辭贍逸，非令暉之才思，不足當此文，即李思訓數月之功，亦恐畫所難到，洵山水小品屈指可數之傑構也。茲錄其寫景之一段如下：

> 向因涉頓，憑觀川陸，邀神清渚，流睇方曛，東顧五洲之隔，西眺九派之分，窺地門之絕景，望天際之孤雲，長圖大念，隱心者久矣。南則積山萬狀，爭氣負高，含霞飲景，參差代雄，凌跨長隴，前後相屬，帶天有匝，橫地無窮。東則砥原遠隰，亡端靡際，寒蓬夕卷，古樹雲平，旋風四起，思鳥群歸，靜聽無聞，極視不見。北則陂池潛演，湖脈通連，苧蒿攸積，菰蘆所繁，棲波之鳥，水化之蟲，智吞愚，彊補小，號噪驚聒，紛牣其中。西則迴江永指，長波天合，滔滔何窮，漫漫安竭，創古迄今，舳艫相接，思盡波濤，悲滿潭壑，煙歸八表，終為野塵，而是注集，長寫不測，修靈浩盪，

〔註 19〕參見方東樹《昭昧詹言》，卷六，還都道中條云，頁 9。

〔註 20〕同註 12，卷中，頁 5。

〔註 21〕參見釋遍照《文鏡秘府論》，卷四，頁 13。

知其何故哉？西南望廬山，又特驚異，基壓江湖，峰與辰漢連接，上常積雲霞，雕錦縟，若華夕曜，巖澤氣通，傳明散綵，赫似絳天，左右青靄，表裏紫霄，從嶺而上，氣盡金光，半山以下，純為黛色，信可以神居帝郊，鎮控湘漢者也。若潯洞所積，谿壑所射，鼓怒之所匫擊，涌渡之所宕滌，則上窮荻浦，下至猘洲，南薄鷩𤕚，北極雷澱，削長埠短，可數百里。其中騰波觸天，高浪灌日，吞吐百川，寫泄萬壑，輕煙不流，華鼎振澹，弱草朱靡，洪漣隴蹙，散渙長驚，電透箭疾，穹溢崩聚，坻飛嶺覆，回沫冠山，奔濤空谷，磋石為之摧碎，碕岸為之韲落，仰視大火，俯聽波聲，愁魄脅息，心驚慄矣。

本文為駢體家書，文分三段，除首尾兩段，說明旅途生活，叮嚀寒暄，稍具書信形式外，中間一段，摹山範水，情文駿發，全用漢賦筆法，分門別類，鋪陳敘述，煙雲變幻，奇觀勝景，絡繹不絕，如南則敘山，東為平原，北屬湖澤，西乃江水，西北望廬山，景不雷同，自具姿態，或比或興，委曲婉轉，借景抒懷，情調浪漫，意深旨遠，手足情深，每每流露，而文氣遒麗，鑄詞精美，超絕筆墨蹊徑，誠古今罕有也。彭兆蓀《南北朝文鈔》評曰：「古秀在骨，士龍〈答車茂安書〉，吳均〈與宋元思書〉均不逮也。能彷彿其造句者，《水經注》而外，惟柳州小記近之。」其景仰折服者如此。

（三）謝朓

謝朓（西元 464～西元 499），字玄暉，陳郡陽夏人。少好學，有美名，世稱謝宣城。玄暉密於體法，篇無越思，造情述景，莫不取穩善調，而寓目之際，林木山川，且能役字模形，稍增雋致。大抵玄暉之詩，運思使事，狀物選詞，亦雅亦安，無放無累，篇篇可誦，蔚為大家，在齊、梁誠首傑也。「晚登三山還望京邑」為謝朓名作：

> 灞涘望長安，河陽視京縣。白日麗飛甍，參差皆可見。
> 餘霞散成綺，澄江淨如練。喧鳥覆春洲，雜英滿芳甸。
> 去矣方滯淫，懷哉罷歡宴，佳期悵何許，淚下如流霰。
> 有情知望鄉，誰能鬒不變。

此篇描寫暮春景色，並寄以思鄉之情，「餘霞散成綺」四句，景致如畫，令人陶醉，其寫物抒情，善於掌握由盛轉衰，稍縱即逝之光景，益見其心思細膩，感物敏銳也。故沈德潛嘗謂，玄暉靈心秀口，每誦名句，淵然泠然，覺筆墨

之外，別有一段深情妙理〔註22〕。此外，謝朓較著名之山水篇什，尚有：〈休沐重還丹陽道中〉、〈宣城郡內登望〉、〈和何議曹郊遊二首〉、〈和劉中書〉、〈後齋迴望〉、〈還塗臨渚〉、〈遊山〉、〈之宣城郡出新林浦向板橋〉、〈和劉西曹望海臺〉等等，要皆清麗秀逸，觀察細微，景中頗富情趣之作也。

（四）陶宏景

陶宏景（西元452～西元536），字通明，丹陽秣陵（今江蘇省江寧）人。宋末，曾爲詩王侍讀，梁時隱居句曲山，自號華陽陶隱居，好道術，愛山水，性喜恬淡自然。所作〈答謝中書書〉一文，通篇不及百字，而吐屬雅麗，妙語如珠，極小品文之能事。其全文如下：

> 山川之美，古來共談。高峰入雲，清流見底。兩岸石壁，五色交輝。
>
> 青林翠竹，四時俱備。曉霧將歇，猿鳥亂鳴。夕日欲頹，沈鱗競躍。
>
> 實是欲界之仙都，自康樂以來，未復有能與其奇者。

此篇乃駢文體山水小品，辭清景秀，情趣盎然，瀟洒物外，旨深意暢，較之康樂山水詩，寫景更佳，寥寥數十字，對比襯托，勾勒成畫，筆致倩秀，妍雅自然，妙絕古今。

（五）吳均

吳均（西元 469～西元 520），字叔庠，梁吳興郡故鄣縣（今浙江省安吉縣）人。家世寒微，少好學，有俊才，文體清新秀拔，饒有古氣，時稱「吳均體」。所作〈與宋元思書〉一文〔註23〕，寥寥百餘字，描寫傳神，水魚山樹，泉流蟬鳴，見影見形，有色有聲，峭拔清新，夐夐獨造。其原文如下：

> 風煙俱靜，天山共色，從流飄蕩，任意東西。自富陽至桐廬，一百許里，奇山異水，天下獨絕。水皆縹碧，千丈見底；游魚細石，直視無礙。急湍甚箭，猛浪若奔。夾岸高山，皆生寒樹。負勢竟上，互相軒邈；爭高直指，千百成峰。泉水激石，泠泠作響，好鳥相鳴，嚶嚶成韻。蟬則千轉不窮，猿則百叫無絕。鳶飛戾天者，望峰息心，經綸世務者，窺谷忘反。橫柯上蔽，在晝猶昏；疏條交映，有時見日。

〔註22〕同註18，卷十二，謝朓條云，頁1。

〔註23〕按《六朝文絜箋注》，頁170曰：「宋一作朱，非。按：宋元思字玉山，劉峻有與宋玉山元思書」。

此篇乃駢體短信，詞意活潑，對偶工整，行文自然。作者以淡泊之情懷，歷敘富春江水沿岸之風光，構思精妙，文辭清麗，而風光見懷，景物有情，各饒佳趣。由水及魚，連山帶樹，逐景推移，窺探幽姿，步步神怡，遂漸展畫卷矣。又其〈與顧章書〉一文，亦屬山水小品之佳構，其文如下：

> 僕去月謝病，還覓薜蘿。梅谿之西，有石門山者，森壁爭霞，孤峰限日，幽岫含雲，深谿蓄翠。蟬鳴鶴唳，水響猿啼，英英相雜，綿綿成韻。既素重幽居，遂葺宇其上。幸富菊花，偏饒竹實，山谷所資，於斯已辦，仁智所樂，豈徒語哉？

此篇文字，語言清新，簡澹高素，無艱澀之習，而所記旅歷，胸懷自然，觀察細緻，描寫入微，有疏有密，有動有靜，意境高遠，雋永味深，令人神往，故許槤六朝文絜評此文，「絕去餖飣艱澀之習，吾於六朝心醉此種」，可謂推崇備至矣。

（六）其它

魏晉南北朝，寫景詩文，盛極一時，書札序記，日常小品，屢見不鮮。除上述外，又如陳後主〈與詹事江總書〉中一段云：

> 每清風朗月，美景良辰，對群山之參差，望巨波之混瀁，或翫新花，時觀落葉，既聽春鳥，又聆秋雁，未嘗不促膝舉觴，連情發藻。

徐陵〈報尹義尚書書〉中云：

> 河朔年芳，雖當淹晚，白溝浼浼，春流已清，紫陌依依，長楊稍合，體中何如，豈無鄉思。

沈炯〈答張種書〉中云：

> 若乃三江五湖，洞庭巨麗，寫長洲之茂苑，登九曲之層臺，山高水深，雲蒸露吐，其中之秀異者，實虎丘之靈阜焉。冬桂夏柏，長蘿脩竹，靈源秘洞，轉側超絕，遠澗崖，交羅戶穴。

祖鴻勳〈與陽休之書〉中云：

> 在本縣之西界，有雕山焉，其處閒遠，水石清麗，高巖四匝，良田數頃，……蘿生映宇，泉流遶階，月松風草，緣庭綺合，日葦雲實，旁沼星羅。簷下流煙，共霄氣而舒卷，園中桃李，雜松柏而蔥蒨，時一牽裳涉澗，負杖登峰，心悠悠以孤上，身飄飄而將逝，杳然不復自知在天地間矣。

凡此諸篇，要皆寫景之美文也。影響所及，北朝寫景文章，亦應運而生，其

山水遊記最足稱述者，則唯酈道元《水經注》、楊衒之《洛陽伽藍記》二書是
也。洛書之旨，在舖揚佛宇，而因及人文，著撰園林、歌舞、鬼神、奇怪、
興亡，以寓其褒貶，闡其幽微，實乃佛教爲經，史實、人物、地理、藝文、
風物、民情爲緯。縱橫交錯，巨細靡遺，其文穠麗秀逸，煩而不厭，造詣之
深，內容之富，稱絕古今，著述罕聞。而《水經注》所載，指核希怪，狀寫
物靈，暢探荒極，理驗遷圮，文字優美，風格清新，寫景之佳，古今罕見，
然究其創作淵源，則南朝山水文學啓發最深，近人譚家健〈試論水經注的文
學成就〉一文〔註24〕有云：

> 東晉以後，由于山水田園詩的興起，詩人們唱和之餘，也用散文的
> 形式模山範水，作爲詩篇的序言或說明，……繼而有人在給親朋的
> 書信中也大談山水之美……山水散文日益引起人們的廣泛興趣，逐
> 漸由附庸而蔚爲赫然大國了。《水經注》就是在這樣的文學潮流中產
> 生的。

譚氏復就《水經注》之語言技巧，蓋深受南朝山水詩人之影響，發爲精論
曰：〔註25〕

> 《水經注》的語言技巧，不少地方可以看出是吸收了當時山水詩的
> 最新成就，其中最主要的代表人物，要數謝靈運和吳均。《水經注》
> 中好幾處提到他們的詩文，個別語言甚至直接模仿吳均。其筆調淡
> 雅清綺又和謝朓類似，而意境開闊深邃則與鮑照相通。這種現象說
> 明酈道元善于博采眾長，轉益多師，也是當時南北文化交流的生動
> 體現。

有味乎譚氏之言也。道元以雄偉奇才，馳騁翰林，千山萬水，包舉一編，推
其所自，南朝山水文學之盛行，洵其主因也。

　　《水經注》之作，圖狀山川，影寫雲物，文筆清雋，摹景精微，與陶宏
景、吳均一派爲近，駢多於散者也；而吐屬雅麗，妙語如珠，又似謝靈運、
鮑照之流，善爲刻劃之詞者也。酈氏蹈襲之迹，斑斑可考，近人錢鍾書《管
錐編》一書所論最詳，其言曰：〔註26〕

> 吳均〈與施從事書〉、〈與朱元思書〉、〈與顧章書〉。按前此模山範水

〔註24〕參見譚家健〈試論水經注的文學成就〉，載《文學遺產》，1982 年第四期，頁
　　　　1～2。
〔註25〕同註24，頁 6。
〔註26〕參見錢鍾書《管錐篇》第四冊，《全梁文》，卷六十，頁 1456～1457。

之文，惟馬第伯〈封禪儀記〉、鮑照〈登大雷岸與妹書〉二篇跳出，
其他辭、賦、書、志，佳處偶遭，可惋在碎，復苦板滯。吳之三書
與酈道元《水經注》中寫景各節，輕倩之筆爲刻劃之詞，實柳宗元
以下游記之具體而微。吳少許足比酈多許，才思匹對，嘗鼎一臠，
無須買菜求益也。〈與朱元思書〉：「風煙俱淨，天山共色。」按參觀
論簡文帝「臨秋賦」。「水皆漂碧，千丈見底，游魚細石，直視無礙。」
按參觀《水經注·洧水》：「綠水平潭，清潔澄深，俯視游魚，類若
乘空矣。」又〈夷水〉：「虛映，俯視游魚，如乘空也。」「空」即「無
礙」，而以「空」狀魚之「游」，較以「無礙」狀人之「視」，更進一
解。「夾峰高山，猶生寒樹，負勢競上，互相軒邈，爭高直指，千百
成峰。」按參觀論鮑照〈登大雷岸與妹書〉，《水經注》中乃成熟語，
如〈河水〉：「山峰之上，立石數百丈，亭亭桀豎，競勢爭高。」又
〈灅水〉：「雙峰共秀，競舉群峰之上。」……吳、酈命意鑄詞，不
特抗手，亦每如出一手焉。

酈書之作，造詞命意，方軌前秀，錢氏言之詳矣，而其受南朝山水作家之影
響，至深且鉅，斯可見焉。

第三節　駢文麗辭之影響

　　夫文章體式，隨世推移，興衰存亡，左右文變，此古今至理，百世不二
者也，詩大序云：「治世之音安以樂，其政和；亂世之音怨以怒，其政乖；亡
國之音哀以思，其民困。」不其然乎？蓋國阜民安，則心樂而聲泰，世衰道
微，則思玄而文奇也。是知南風興作於周世，騷賦鬱起於楚國，兩漢騁麗則
之采，正始煽虛玄之風，良有以也。

　　建安以降，篡奪相繼，夷狄交侵，雜亂紛乘，民生窮苦。重以儒家學術
之衰落，道佛思想之流行，人皆厭世，逸樂苟生，俗尚清談，玄虛放誕，浪
漫思潮，於焉氾濫。學者士子，絕意宦途，濶跡五湖，寄情山水，游心藝
文，所謂麗采百字之偶，爭價一句之奇，厥風尚矣。於是文學面貌，煥然一
新，文章作法，廓然丕變，飛文染翰，唯見龍鳳雕形，捶字擬聲，正以音律
調韻；含英咀華，振藻揚葩，浮聲切響，宮商大和，矯情遣物，唯美是崇，
麗辭曼藻，號登極峰。要而言之，此種唯美文學（belles-lettres），風華旖旎，
音韻鏗鏘，辭采紛披，不僅技巧出神入化，亦且將吾國文字形、音、義三者

之美，發揮無遺，最足以表現吾國文學之特色，其價值昭昭，不待言矣。近儒劉師培氏云：〔註27〕

> 儷文律詩，為諸夏所獨有，今與外域文學競長，惟資斯體。

王國維氏亦云：〔註28〕

> 凡一代有一代之文學，楚之騷，漢之賦，六代之駢語，唐之詩，宋之詞，元之曲，皆所謂一代之文學，而後世莫能繼焉者也。

誠精當不易之論也。六朝唯美文學，乃吾國之瑰寶，語其特色，約得五焉：

一、對偶精工

　　昔孔子文言，以立意為宗，而序乾坤之奧，闡四德之名，莫不飾文以達意，敷采以行遠，長人合禮，則句句相銜，雲龍風虎，則字字相儷，是知聖人之妙思，固不廢偶辭也。有晉一代，詞人才子，雲蒸泉湧，所作詩文，編字不隻，捶句皆雙，修短取均，奇偶相配，故《文心雕龍‧麗辭篇》云：「魏晉群材，析句彌密，聯字合趣，剖毫析釐。」沈德潛《說詩晬語》亦云：「士衡詩開排偶一派，西京以來空靈矯健之風不復存矣。」〔註29〕觀陸機等諸子之作，可以知其消息矣。陸機〈演連珠〉中一段云：

> 臣聞遯世之士，非受匏瓜之性，幽居之女，非無懷春之情。是以名勝欲，故偶影之操矜，窮愈達，故凌霄之節厲。

又王羲之〈蘭亭集序〉亦有云：

> 或取諸懷抱，晤言一室之內，或因寄所託，放浪形骸之外。

是知有晉諸子之作，排比屬對，工切流利，較前期作品，則更進矣。

　　下逮南朝，對偶愈工，方法愈細，屬對之篇，觸目皆是。而句法靈動，變化莫測，尤非中朝諸子所能夢見者。三唐四六之文，格律之詩，濬源斯焉，胡應麟《詩藪》有云：〔註30〕

> 晉宋之交，古今詩道之大限乎。魏承漢後，雖寖尚華靡，而淳樸餘風，隱約尚在。……士衡安仁一變，而排偶開矣，靈運延年再變而排偶盛矣，玄暉三變而排偶愈工，淳樸愈散，漢道盡矣。

觀此則南朝詩體，由單趨複，由散而駢之軌跡，乃犖然可尋。今略舉數首於

〔註27〕參見劉師培《中古文學史》，鼎文書局，民國62年2月初版，頁93。
〔註28〕參見王國維《宋元戲曲史‧自序》。
〔註29〕參見沈德潛《說詩晬語》，卷一，頁3。
〔註30〕參見胡應麟《詩藪》，卷二，頁3。

次，以資比較。例如謝靈運〈晚出西射堂詩〉：

> 步出西門城，遙望城西岑。連障疊巘崿，青翠杳深沈。
> 曉霜楓葉舟，夕曛嵐氣陰。節往感不淺，感來念已深。
> 羈雌戀舊侶，迷鳥懷故林。含情尚勞愛，如何離賞心。
> 撫鏡華緇鬢，攬帶緩促衿。安排徒空言，幽獨賴鳴琴。

謝朓〈遊敬亭山詩〉：

> 茲山互百里，合沓與雲齊。隱淪既已託，靈異居然棲。
> 上干蔽白日，下屬帶迴谿。交藤荒且蔓，樛枝聳復低。
> 獨鶴方朝唳，饑鼯此夜啼。渫雲已漫漫，夕雨亦淒淒。
> 我行雖紆組，兼得尋幽蹊。緣源殊未極，歸徑宕如迷。
> 要欲追奇趣，即此陵丹梯。皇恩竟已矣，茲理庶無睽。

沈約〈早發定山詩〉：

> 風齡愛遠壑，晚莅見奇山。標峰綵虹外，置嶺白雲間。
> 傾壁忽斜豎，絕頂復孤圓。歸海流漫漫，出浦水濺濺。
> 野棠開未落，山櫻發欲然。忘歸屬蘭杜，懷祿寄芳荃。
> 眷言採三秀，徘徊望九仙。

此皆南朝山水遊覽之作，其體裁綺密，排偶雕琢，堆砌典故，情喻淵深，若鋪錦列繡，雕繢滿眼，誠富艷極矣。

南朝駢儷之文，自陸機「演連珠」及「豪士賦序」出，而後文章四六句法，日益繁多，惟其作對，不過上句對下句，即偶有間隔作對，亦往往多用四言，至若通篇以四六句間隔作對，則自徐庾始，茲特舉南朝晚期諸子之作，以見大凡。庾信之〈為梁上黃侯世子與婦書〉云：

> 普仙人導引，尚刻三秋，神女將疏，猶期九日。未有龍飛劍匣，鶴別琴臺，其不銜怨而心悲，聞猿而下淚。人非新市，何處尋家，別異邯鄲，那應知路。想鏡中看影，當不含啼，欄外將花，居然俱笑。分杯帳裡，卻扇床前，故是不思，何時能憶。當學海神，逐風而往，勿如織女，待填河而相見。

江總之〈為陳六宮謝表〉文云：

> 鶴籥晨啟，雀釵曉映，恭承盛典，肅荷徽章。步動雲裾，香飄霧縠，媿纏艷粉，無情怫鏡。愁縈巧黛，息意臨窗。妾聞漢水贈珠，人間絕世，洛川拾翠，仙處無雙。或有風流行雨，窈窕初日，聲高一笑，

　　價起兩環。乃可桂殿迎春，蘭房侍寵。借班姬之扇，未掩驚羞，假
　　蔡琰之文，寧披悚戴。

駢文之有徐庾，猶書家之有羲獻，詩家之有李杜，此古今公言也。二子以蓋
世之才，生當駢文全盛之日，濡染家學，祖式前徽，鎔鑄冶鍊，自成一體，
駢偶之文，斯稱絕詣，洵集六朝之大成，導四傑之先路，自古至今，屹然為
四六宗匠者也。約而言之，徐庾二子，精協宮商，頗變舊體，往往聲情並茂，
緝裁巧密，蓋至此而後，極駢體之變矣。

　　至若對仗之法，《文心雕龍・麗辭篇》列舉四對，以為言對為易，事對為
難，反對為優，正對為劣。並舉實例以明之，曰：

　　言對者，雙比空辭者也。事對者，並舉人驗者也。反對者，理殊趣
　　合者也。正對者，事異義同者也。長卿〈上林賦〉云：「修容乎禮園，
　　翱翔乎書圃。」此言對之類也。宋玉〈神女賦〉云：「毛嬙鄣袂，不
　　足程式，西施掩面，比之無色。」此事對之類也。仲宣〈登樓〉云：
　　「鍾儀幽而楚奏，莊舃顯而越吟。」此反對之類也。孟陽〈七哀〉
　　云：「漢祖想枌榆，光武思白水。」此正對之類也。凡偶辭胸臆，言
　　對所以為易也；徵人之學，事對所以為難也；幽顯同志，反對所以
　　為優也；並貴共心，正對所以為劣也。又以事對，各有反正，指類
　　而求，萬條自昭然矣。

按《文心》所言，乃對仗之原則，而非其方法。六朝以降，藝事日精，對仗
之法，愈衍愈多〔註31〕，舉其要者言之，有如下列：

（一）單句對

　　坐視帶長，
　　轉看腰細。（梁元帝〈蕩婦愁思賦〉）

（二）偶句對

　　堯風沖天，潁陽振飲河之談；
　　漢德括地，商陰峻餐芝之氣。（陶宏景〈解官表〉）

（三）當句對

　　三臺妙跡，龍伸蠖屈之書；

〔註31〕按：據《詩苑類格》引，唐上官儀有六對之說，皎然有八對之論，而空海《文
　　　鏡祕府論》且擴為二十九種，洋洋大觀，足眩人目。

五色花牋，河北膠東之紙。（徐陵〈玉臺新詠序〉）

（四）雙聲對

盧龍之徑，於彼新開；

銅駝之街，於我長閉。（徐陵〈與北齊尚書令求還書〉）

按「盧」「龍」雙聲，「銅」「駝」雙聲。

（五）疊韻對

荒林紛沃若；

哀猿相叫嘯。（謝靈運〈七星瀨詩〉）

按「沃」「若」疊韻，「叫」「嘯」疊韻。

（六）疊韻雙聲對

琉璃硯匣，終日隨身；

翡翠筆床，無時離手。（徐陵〈玉臺新詠序〉）

按「琉」「璃」雙聲，「翡」「翠」疊韻。

（七）雙聲疊韻對

飄飆餘雪，入簫管以成歌；

皎潔清冰，對蟾光而寫鏡。（蕭統〈大簇正月啟〉）

按「飄」「飆」疊韻，「皎」「潔」雙聲。

（八）疊字對

日黯黯而將暮；

風騷騷而渡河。（梁元帝〈蕩婦秋思賦〉）

（九）迴文對

春草暮兮秋風驚；

秋風罷兮春草生。（江淹〈恨賦〉）

（十）聯綿對

邈若墜雨；

翩似秋蔕。（謝朓〈拜中軍記室辭隨王牋〉）

（十一）數字對

心契九秋榦；

日玩三春荑。（謝靈運〈登石門最高嶺詩〉）

（十二）彩色對

白雲抱幽石；

綠篠媚清漣。（謝靈運〈過始寧墅詩〉）

二、用典繁富

用典隸事，起源甚古，屈宋諸騷已著先鞭，有漢賦家試用日繁，然多屬意到筆隨之作，非有成竹在胸也。爰逮建安，乃刻意經營，漸趨美備，觀應璩之〈雜詩〉，可知端倪矣：

細微可不慎，隄潰自蟻穴，腠理蚤從事，安復勞鍼石。

哲人睹未形，愚夫闇明白，曲突不見賓，燋爛為上客。

思願獻良規，江海倘不逆，狂言雖寡善，猶有如雞跖。

雞跖食不已，齊王為肥澤。

按第二句語出《淮南子・人間訓》及《韓非子・喻老篇》，第三句出《素問・舉痛論》，五、六兩句出《史記・趙世家》，七、八兩句出《漢書・霍光傳》，十三、十四兩句出《呂氏春秋・用眾篇》及《淮南子說山訓》〔註32〕。寥寥十四句，而用典多達五起，故鍾嶸評其詩曰：「善為古語，指事殷勤，雅意深篤，得詩人激刺之旨。」〔註33〕可謂知言。

太康以後，用典益繁，鋪藻典雅，夸飾精巧，唯美尚文，潘陸二子，導其先路。潘岳之〈西征賦〉，幾於一字一典，古事盈篇；陸機之〈豪士賦序〉、〈弔蔡邕文〉，以至短篇之連珠牋啟，隸事之多，匪惟漢魏所無，抑亦晉文中有數之作。是後風氣一開，作家遞相追逐，其甚者，捃拾細事，爭疏僻典，以一事不知為恥，以字有來歷為高。文章如此，詩歌亦然，率舉數例，列之於后：

周任有遺親，其言明且清。（張華〈答何劭二首〉之二）

感彼雍門言，悽愴哀往古。（張協〈七哀詩二首〉之一）

折衝樽俎間，制勝在兩楹。（張協〈雜詩十首〉之五）

〔註32〕參見張仁青《駢文學》，頁140所云。

〔註33〕參見鍾嶸《詩品》，卷中，頁3。

馮父豈不偉，白首不見招。（左思〈詠史八首〉之一）

荊軻飲燕市，酒酣氣益振。哀歌和漸離，謂若旁無人。（左思〈詠史八首〉之六）

惠連非吾屈，首陽非吾仁。（左思〈招隱二首〉之二）

廉藺門易軌，田竇相奪移。（曹攄〈感舊詩〉）

白登幸曲逆，鴻門賴留侯，重耳任五賢，小白相對鉤。（劉琨〈重贈盧諶〉）

李牧鎮邊城，荒夷懷南懼。趙奢正疆場，秦人折北慮。（盧諶〈贈崔溫〉）

漆園有傲史，萊氏有逸妻。（郭璞〈遊仙詩十四首〉之一）

是知欲於兩晉詩文中，索求白描之篇，已不可多觀矣。

南朝之時，玄學熾盛，清談流行，諸家所作，遂由情韻之表現，轉為事理之鋪陳，顏延謝莊，尤為繁密，于時化之，故大明（劉宋孝武帝年號，西元 457～西元 464）、泰始中（劉宋明帝年號，西元 465～西元 471），文章殆同書抄。而將古詩比興之法，純以用典代之，變其本而新其貌者，則任昉王融也。後進之士，浸以成俗，詞不貴奇，競須新事，遂乃句無虛語，語無虛字，一事無據，不以為高。綿延至於徐庾，隸事之風，彌漫文壇，用典已臻於登峰造極，出神入化之域，而集六朝之大成，導三唐之先路也。試觀以下數聯，可以知之：

楚王宮內，無不推其細腰；衛國佳人，俱言詒其纖手。（徐陵〈玉臺新詠序〉）

畏南山之雨，忽踐秦庭；讓東海之濱，遂餐周粟。（庾信〈哀江南賦序〉）

高臺已傾，稷下有聞琴之泣；壯士一去，燕南有擊筑之悲。（庾信〈思舊銘序〉）

上舉諸聯，神機獨運，妙到毫顛，典雅之筆，古今獨絕，唯美文學至此，令人歎觀止矣。

夫欲求言簡意賅，辭約旨富，則用事博古，勢所必趨，引舊明新，理所難免。雕縟之文，宜戒重覆，綴連之句，務去駢枝，是以或道古語以剴今，或取古事以託喻，意若相類，則語不必出於我，事苟可採，則義無庸起乎今，

所謂「據事以類義，援古以證今」者是也。用典之法，在遠舉人事，引用成辭，茲臚述其法於次：

（一）明用

詩文中徹引典實，或明言其人，或明引其事者，是之。例如徐陵《玉臺新詠・序》中云：

> 寵聞長樂，陳后知而不平；
>
> 畫出天仙，閼氏覽而遙妒。

按上聯見《漢書・外戚傳》。長樂，漢宮名。漢武帝寵愛平陽公主家之歌女衛子夫，陳后聞之，憤憤不平。下聯見桓譚《新論》，事云漢高祖困於平城，用陳平計，畫一絕代美女，使人持示匈奴妻閼氏，謂漢欲將此女獻單于，請求解圍，閼氏見畫，恐此女來，將奪其愛，遂勸軍于解圍一角，高祖遂逃之。又庾信〈哀江南賦序〉云：

> 傅燮之但悲身世，無處求生；
>
> 袁安之每念王室，自然流涕。

按此二聯，典出《後漢書》傅燮傳及袁安傳。傅燮，後漢靈州人，為漢陽太守，金城賊圍漢陽，城中兵少食盡，燮猶固守，子幹勸其棄郡歸里，招募豪傑，就有道而事之，以匡天子，燮慨然歎曰，世亂不能養浩然之志，食祿又欲避其難乎，必死於地。袁安。字邵公，後漢汝陽人，累官司徒，和帝時竇后兄憲擅權，安以天子幼弱，外戚擅權，每朝會進見，言國家事，未嘗不噫鳴流涕。作者明用二事，以自譬況，蓋歲星運行，猶有旋歸之日，物類窮極，亦有剝復之機，惟梁室之衰，一敗塗地，孤臣孽子，縈懷往事，但有身世王室之悲也。

（二）暗用

徵引典實，雖暗用故事，而文中渾化，不顯痕迹也。使博雅者見之，知文中尚有玄機，而腹儉者讀之，亦能望文而生義。此為詞章家行文之妙法，亦為運典之最高境界也。例如庾信〈哀江南賦序〉中云：

> 宰衡以干戈為兒戲；
>
> 縉紳以清談為廟略。

按此二句，上聯暗用《漢書》卷四十〈周亞夫傳事〉，云漢文帝時，匈奴犯邊，上自勞軍，至霸上及棘門軍，直馳日，將以下騎出入送迎，無防敵之心也；

已而之細柳軍，軍士被甲執刃，戒備森嚴，天子先驅不得入，文帝稱善，謂霸上棘門如兒戲耳，至於亞夫之守細柳，不可犯也。下聯暗用《晉書》卷四十三〈王衍傳事〉，云衍盛才美貌，妙善玄言，累居顯職，後進之士，選舉登朝，皆以為稱首，及越薨，眾共推為元帥，衍以賊寇鋒起，懼不敢當。庾氏用此二事，譏朱异龡寇誤國，致召侯景之亂也。

（三）反用

文家隸事運典，有直用其事者，有反其意而用之者。前者謂之正用，亦曰明用，後者謂之反用，與「翻案法」略同，最為奇警。例如庾信〈哀江南賦序〉中云：

> 畏南山之雨，忽踐秦庭；
>
> 讓東海之濱，遂餐周粟。

按下聯反用夷齊事。《史記》卷六十一〈伯夷傳事〉，云伯夷叔齊，孤竹君之二子，公欲立叔齊，及父卒，叔齊讓伯夷，伯夷曰父命也，遂逃去，叔齊亦不肯立而逃之。周武王伐紂，伯夷叔齊叩馬而諫，及平殷亂，天下宗周，而伯夷叔齊恥之，遂隱於首陽山。庾氏之言，謂己本梁臣，出使西魏之時，魏軍南犯，遂留長安。及魏禪位於周，己又仕之，未若夷齊之高蹈首陽，而竟餐周粟，自愧無節也。

（四）借用

文家使事，借用古人語，而不用其意，謂之借用。與修辭學上之「比喻」及「影射」，有異曲同工之妙。例如庾信〈小園賦〉中云：

> 坐帳無鶴；
>
> 支床有龜。

按上句借用三國介象成仙事，以喻己思歸無術。葛洪《神仙傳》載，會稽人介象，吳王徵至武昌，甚敬之，遺黃金千鎰，從象學隱形之術，後告言病，帝以美梨一奩賜之，象食便死，帝埋葬之，與立廟，躬往祭之，常有白鶴來集座上。庾氏此言，謂己羈絏異邦，無介象之仙術，以回建康。時梁都建康，故國故都，蓋未嘗一日忘情也。

下句借用龜支床足事，以喻己久羈長安。《史記》褚先生補〈龜策列傳〉云：「南方老人用龜支床足，行二十餘歲，老人死，移床，龜尚不死。」〔註34〕

〔註34〕參見張仁青《駢文學》，頁 159 所引。

言己久仕北朝，直若支床之龜矣。

（五）活用

使事運典，貴能靈活變化，若能自出己意，借事以相發明，變態錯出，則用事雖多，亦何所妨。故運典之巧，雖死事死句，亦可活用之，以極盡出神入化之能事，而達雅俗共賞之目的。例如徐陵〈玉臺新詠序〉中云：

> 鸞鸞冶袖，時飄韓掾之香；
>
> 飛燕長裙，宜結陳王之佩。

按上聯合袁宏賦「舞迴鸞以紆袖」，及《世說新語》卷下第三十五〈惑溺篇〉韓壽偷香事為一。下聯第三句指趙飛燕，《西京雜記》卷一：「趙飛燕立為皇后，其弟合德上遺織成裙。」第四句指曹植，曹植〈洛神賦〉：「願誠素之先達兮，解玉佩以要之。」趙飛燕與曹植相距二百餘年，本不相涉，而作者用「宜」字以縮合，最為妙法，洵令人歎為觀止矣。

三、聲律諧美

夫琴瑟專壹，不能為聽，語言哽介，不能達懷，故絲竹有高下之均，宣唱貴清英之響。然則文詞之用，以代語言，或流絃管，焉能廢斯樂語，求諸鄙言，以調喉娛耳為非，以謇吃冗長為是哉？故天下至文，所以歌詠情志，闡明事理，必情采兼備，聲韻和諧，耀華采於朱藍，結雅韻於宮商，以通心靈之聲氣，曉生民之耳目者也。且夫吾國文字，孤立單音，孤立故可作麗偶之辭，單音故能務宮商之律也，故詞章家摛文賦詩，講求聲律諧美，口吻調利，以助詩文之唱歎，期能騰播眾口，飲譽千秋也。

建安以降，曹植屬意佛經，深愛聲律，李登復著聲類，音別清濁，韻判宮商。自是而後，詩文韻律，日益諧美。晉太康年間，陸機特起，其〈文賦〉云：

> 其為物也多姿，其為體也屢遷，其會意也尚巧，其遣言也貴妍。暨音聲之迭代，若五色之相宣，雖逝止之無常，因崎錡而難便。苟達變而識次，猶開流以納泉。如失機而後會，恆操末以續顛，謬玄黃之袟敘，故淟涊而不鮮。

言行文次序，有如樂曲，音調組織，力求悅耳，始臻和諧之音樂美矣。而兩晉作手如潘岳、張協、左思之倫，下逮劉琨、郭璞、孫綽諸子，其詩賦駢體，莫不比響聯詞，精協宮商，極抑揚頓挫之致。元嘉之時，靈運山水諸作，刻

意雕琢，用典詠物，援古證今，尤為隸事之翹楚。今觀其詩，除富顏色美，圖案美外，尤饒聲音之美，下舉各詩乃絕佳之佐驗矣：

> 潛虬媚幽姿，飛鴻響遠音。(〈登池上樓〉)

> 活活夕流馳，噭噭夜猿啼。(〈登石門最高頂〉)

> 清霄颺浮煙，空林響法鼓。(〈過瞿溪山飯僧〉)

> 秋泉鳴北澗，哀猿響南巒。(〈登臨海嶠〉)

> 嚶鳴已悅豫，幽居猶鬱陶。(〈酬從弟惠連〉)

> 蘋萍泛沈深，菰蒲冒清淺。(〈從斤竹澗越嶺溪行〉)

> 昏旦變氣候，山水含清暉，清暉能娛人，遊子憺忘歸。(〈石壁精舍還湖中作〉)

詩中多描摹大自然風、鳥、猿、禽之幽淒聲響，是以更靈活運用雙聲、疊韻字，重疊詞、聯邊字等等，使句韻嘹亮，增加聲律效果。餘若顏延之、鮑照、謝莊之作，亦皆瓌詞雄響，音節高亮，與大謝同。

下逮南齊永明之世，佛經轉讀之風日熾，切音辨字，亦日趨精密焉。沈約、謝朓、王融以聲氣相通，而周顒善識音律。王融始以四聲為詩，沈約繼之，遂啟唐律，謝朓尤多唐音，大為古近詩體衍變之樞，一時號永明宮商之論。自是而後，音學大昌，通國上下，競尚新裁，凡所創作，清濁分明，平仄協暢，綺章繪句，振藻揚葩，文學面目煥然一新，文格日趨嚴密，遂變自然為人工矣。劉師培《中古文學史》亦云：[註35]

> 音律由疏而密，實本自然，非由強致。試即南朝之文審之，四六之
> 體，粗備於范曄、謝莊，成於王融、謝朓。而王謝詩亦復漸開律體，
> 影響所及，迄於隋唐，文則悉成四六，詩則別為近體，不可謂非聲
> 律論開其先也。又四六之體既成，則屬對日工，篇幅益趨於恢廣，
> 此亦必然之理。試以齊梁之文上較晉末，陳隋之文上較齊梁，其異
> 同之跡，固可比較而知也。

是知當日唯美文學趨於全盛，聲律說之昌明，實具有決定性之因素焉。

降及梁陳，文風大盛，駢文變為四六，古詩變為新體，一切雜文小品，無不趨於聲律化，駢偶化，唯美文學，浪潮洶湧，莫之能禦矣。在詩方面，若蕭綱之「折楊柳」，何遜之「慈姥磯」，徐陵之「別毛永嘉」，庾信之「詠畫

〔註35〕參見劉師培《中古文學史》，宋齊梁陳文學概略，頁100。

屏風詩」，陰鏗之「晚泊五洲」諸篇，已儼然唐律面目。駢文方面，徐庾二子，成就最大，巍然為四六宗師，《四庫提要》所謂「集六朝之大成，導四傑之先路」者，要非漫言，今各舉一例，以見其體。徐陵〈玉臺新詠序〉：

> 仄 平 仄 平 仄
> 九日登高，時有緣情之作；

> 平 仄 平 仄 平
> 萬年公主，非無誄德之辭。

庾信〈謝滕王集序啟〉：

> 平 仄 平 仄 平
> 蒲桃繞館，新開碣石之宮；

> 仄 平 仄 平 仄
> 修竹夾池，始作睢陽之苑。

徐陵、庾信極力推揚聲律之波，競以「馬蹄韻」行文，且以四六句平仄相間作對，世因稱之為「徐庾體」，駢文至此，逐漸定型矣。

四、辭藻華麗

昔賢之作，豔采隨情思而發；古體之美，麗藻依神理而對；故屈宋洞風騷之情，枚賈開辭賦之疆，皆華而不墜其實。至馬揚繁類而成豔，張蔡宏富而增華，騁詞之風，於斯肇焉。建安以下，追逐綺縟，纂組藻采，遷蛻之由，可得而說，如魏曹丕〈典論論文〉云：

> 詩賦欲麗。

晉陸機〈文賦〉曰：

> 詩緣情而綺靡，賦體物而瀏亮。

> 其會意也尚巧，其遣言也貴妍，暨音聲之迭代，若五色之相宣。

> 藻思綺合，清麗芊眠，炳若縟繡，悽若繁絃。

梁蕭統《文選·序》云：

> 若夫椎輪為大輅之始，大輅寧有椎輪之質，增冰為積水所成，積水
> 曾微增冰之凜，何哉。蓋踵其事而增華，變其本而加厲，物既有之，
> 文亦宜然。

> 若其讚論之綜緝辭采，序述之錯比文華，事出於沈思，義歸乎翰藻，
> 故與夫篇什，雜而集之。

梁蕭繹《金樓子·立言篇》：

　　至如文者，惟須綺縠紛披，宮徵靡曼，脣吻遒會，情靈搖蕩。
夫文學之由樸而華，由平淡而絢爛，亦猶人事之由簡而繁，物質之由粗而精，
爲自然之趨勢，進化之公例，蕭統所論，是其明證。而蕭繹更具體言之，謂
惟有色、音、情三者俱全，始能稱爲文學。易詞言之，文學除表情達意外，
尚須有藻采，協聲律，始克畢其能事，亦即今日所稱之純文學也。

　　六朝文士，刻意逞才，鏤心敷藻，逐景承流，蔚爲風尚，著其先鞭者，
厥爲建安諸子。其中麗辭華彩，視前人爲繁者，又當推王粲、曹植。例如王
粲〈神女賦〉：

> 髮似玄鑒，鬢類刻成，質素純皓，粉黛不加。朱顏熙曜，曄若春華。
> 口譬含丹，目若瀾波，美姿巧笑，靨輔奇葩。戴金羽之首飾，珥照
> 夜之珠璫，襲羅綺之籍衣，曳縟繡之華裳，錯繽紛以襍佩。袿燿爚
> 而焜煌，退變容而改服，冀致態以相移。

辭藻妍練，情意纏綿，妃青儷白，切響協音，已非東京舊觀矣。又如曹植之
〈洛神賦〉，亦以穠麗詞句，刻畫神女，楚楚動人，千載以下，人所樂誦，茲
迻載一段，俾見大凡：

> 雲髻峨峨，修眉聯娟，丹脣外朗，皓齒內鮮，明眸善睞，靨輔承
> 權。瓌姿豔逸，儀靜體閑，柔情綽態，媚於語言，奇服曠世，骨像
> 應圖。披羅衣之璀粲兮，珥瑤碧之華琚，戴金翠之首飾，綴明珠以
> 耀軀。踐遠游之文履，曳霧綃之輕裾，微幽蘭之芳藹兮，步踟躕於
> 山隅。

此作悱惻纏綿，哀感頑豔，美人香草，上繼屈宋比興之思，儷字駢音，下肇
江鮑綺繢之習。而造語之精，敷采之麗，匪惟漢代所無，抑亦魏文之冠，鍾
嶸評其詩曰：「骨氣奇高，詞采華茂，情兼怨雅，體被文質。」〔註36〕推掖曹
氏，亦云至矣。

　　晉世尚文，潘陸特秀，律異班賈，體變曹王，縟旨星稠，繁文綺合，綴
平臺之逸響，采南皮之高韻，遺風餘烈，事極江右。茲舉潘岳〈寡婦賦〉之
一段爲例，藉覘其概。

> 顧葛藟之蔓延兮，託微莖於樛木，懼身微而施重兮，若履冰而臨
> 谷。遵義方之明訓兮，憲女史之典戒，奉蒸嘗以效順兮，供灑掃以
> 彌載，彼詩人之攸歎兮，徒願言而心痗，何遭命之奇薄兮，遘天禍

〔註36〕參見鍾嶸《詩品》，卷上，頁4。

之未悔。榮華燁其始茂兮，良人忽以捐背，靜闥門以窮居兮，塊甇
獨而靡依。

此篇麗句繽紛，側重心理之摹寫，哀怨愁情，躍然紙上。潘岳駢賦，固足以
高視一代，而哀誄文字，尤擅勝場，如〈世祖武皇帝〉、〈楊荊州〉、〈楊武仲〉、
〈皇女〉諸誄，以及〈悲邢生辭〉、〈金鹿哀辭〉、〈傷弱子辭〉等篇，皆清綺
絕世，悽惻動人，上承建安之遺風，下開齊梁之格局，譚復堂評曰：「清空一
氣，破漢魏之整栗，成晉宋之運轉。」〔註 37〕諒哉斯言也。姑錄〈夏侯常侍
誄〉之一段，以示隅反。

淵哉若人，縱心條暢。傑操明達，困而彌亮。樞輅既祖，容體長
歸。存亡永訣，逝者不追。望子舊車，覽爾遺衣。悃抑失聲，迸涕
交揮。非子為慟，吞慟為誰。嗚呼哀哉。日往月來，暑退寒襲。零
露沾凝，勁風淒急。慘爾其傷，念我良執。適子素館，撫孤相泣。
前思未殄，後感仍集。積悲滅懷，逝矣安及。嗚呼哀哉。

後世文家，凡為哀誄，莫不采擷其英華，斟酌其情韻，謝混稱其「爛若舒錦，
無處不佳」者〔註38〕，豈不然乎。陸機之文，固以纂組輝華，宮商協暢見長，
而措語短長相間，竟下開四六之體，觀乎〈文賦〉、〈演連珠〉、〈豪士賦序〉
諸篇，可以信也。至其抒情之作，除瓊章麗句，充牣滿紙，足以秀掩潘岳外，
又能反覆重疊，伸喻引證，使文理透闢，辭情顯豁，茲舉其〈弔魏武帝文〉
以明之：

夫日食由乎交分，山崩起於朽壤，亦云數而已矣。然百姓怪焉者，
豈不以資高明之質，而不免卑濁之累，居常安之勢，而終嬰傾離之
患故乎。夫以迴天倒日之力，而不能振形骸之內，濟世夷難之智，
而受困魏闕之下。已而格乎上下者，藏於區區之木，光乎四表者，
翳乎蕞爾之土。雄心摧於弱情，壯圖終於哀志，長算屈於短日，遠
跡頓於促路。嗚呼，豈特瞽史之異闕景，黔黎之怪頹岸乎。

此段文字，抑塞悲怨，言愈斂而情愈張，其文法純從太史公來，而讀者領略
其文境，恍如身入九曲珠中蟻行之路，趣味淵永，靡有窮時。大抵陸氏之文，
才高辭贍，舉體淳美，雖偶傷其多，貽人以蕪蔓之譏。然其饜飫膏澤，咀嚼
英華，妙句新聲，追蹤漢魏，駢四儷六，垂範齊梁，實文章之淵泉，藝苑之

〔註37〕參見譚復堂《駢體文鈔》，卷二十六，頁 7 按語。
〔註38〕參見鍾嶸《詩品》，卷上，頁 6 所引。

崑鄧也。

　　降及劉宋，風貌又變，氣變而韶，句變而琢，鑄詞益麗，塗澤益濃，若傅亮之〈為宋公修張良廟記〉、〈為宋公至洛陽謁五陵表〉，謝惠連之〈雪賦〉、〈祭古塚文〉，顏延之之〈三月三日曲水詩序〉，謝靈運之山水詩，鮑照之樂府詩等，莫不錯采鏤金，琳瑯滿目，美不勝收矣。其中以鮑顏謝三家，發唱驚挺，操調險急，雕藻淫豔，最號雄傑。試略舉顏鮑文章之美者，以榷論之。顏延之〈祭屈原文〉云：

> 維有宋五年月日，湘州刺史吳郡張郡，恭承帝命，建旟舊楚，訪懷沙之淵，得捐珮之浦，弭節羅潭，艤舟汨渚。乃遣戶曹掾某，敬祭故楚三閭大夫屈君之靈：
>
> 蘭薰而摧，玉縝則折。物忌堅芳，人諱明絜。曰若先生，逢辰之缺。溫風怠時，飛霜急節。贏華遘紛，昭懷不端。謀折儀尚，貞蔑椒蘭。身絕郢闕。跡遍湘干。比物荃蓀，連類龍鸞。聲溢金石，志華日月。如彼樹芳，實穎實發。望汨心欷，瞻羅思越，藉用可塵，昭忠難闕。

此篇為吾國最早之駢體祭文，凡用四韻，節短音長，詞旨研鍊，簡重而沈鬱，元嘉時代，工雅之章，當以斯篇為弁冕。又如鮑照〈凌煙樓銘序〉之一段云：

> 伏見所製凌煙樓，樓置崇迥，延眺平寂，即秀神皋，因基地勢。東臨吳甸，西眺楚關，奔江永瀉，鱗嶺相茸。重樹窮天，通原盡目，悲積陳古，賞絕舊年。誠可以暉曠高明，藻撤遠心矣。

總要而言，鮑照文辭贍逸，蒼勁峻潔，義尚光大，工於騁勢，斯篇之作，峭直刻深，麗而有骨，以視蘭成，如驂之靳矣。

　　齊梁而降，迄於陳亡，百年之間，對偶愈工，音律愈細，辭采愈華，上有好者，下必景從，是以綺縠紛披，文光普被，鼎盛之況，堪謂空前矣。其中以江淹、劉勰、沈約、劉峻、蕭綱、蕭繹、徐陵、庾信、江總等人，刻鏤之細，纂組之工，摛辭之美，並皆超軼前代，號稱大家。而徐庾二子，集六朝之大成，導四傑之先路，自古迄今，屹然為四六宗匠，茲各舉一例，繫之如后。徐陵〈梁禪陳詔〉中一段云：

> 五運更始，三正迭代，司牧黎庶，是屬聖賢。用能經緯乾坤，彌綸區宇，大庇黔首，闡揚鴻烈。革晦以明，積代同軌，哲王踵武，咸由此則。梁德湮微，禍亂薦發，太清云始，見困長蛇，承聖之季，

> 又罹封豕。爰立天成，重竊神器，三光亙沈，七廟乏祀，含生已泯，
> 鼎命斯墜。我武元之祚，有如綴旒，靜惟屯剝，夕惕載懷。

此文典重矞皇，纂組輝華，環辭博練，上達廟堂文學之絕詣，盛唐以後臺閣
文字，蓋濬源於此也。庾信儷體，詞藻紛綸，文采煒燁之作，若〈春賦〉、〈鏡
賦〉、〈燈賦〉、〈七夕賦〉、〈對燭賦〉、〈鴛鴦賦〉，與夫〈行雨山〉、〈玉帳山〉、
〈望美人山〉、〈明月山〉諸銘，皆居南朝所為。此類作品，辭藻音律，均極
美妙，而其中〈鏡賦〉一篇，精雕細琢，織錦成文，有美皆備，無麗不臻，
洵集儷體之大成，江河萬古，信為不朽矣。茲舉一段以明之：

> 宿鬟尚捲，殘粧已薄，無復脣珠，纔餘眉萼，靨上星稀，黃中月
> 落。鏡臺銀帶，本出魏宮，能橫卻月，巧挂迴風，龍垂匣外，鳳倚
> 花中。鏡迺照膽照心，難逢難值，鏤五色之蟠龍，刻千年之古字。
> 山雞看而獨舞，海鳥見而孤鳴，臨水則池中月出，照日則壁上菱
> 生。暫設裝奩，還抽鏡屜，競學生情，爭憐今世，鬢齊故略，眉平
> 猶剃。飛花磚子，次第須安，朱開錦蹹。黛醮油檀，脂和甲煎，澤
> 漬香蘭。

選聲鍊色，此造極巔，綺語閒情，紛葳相引，令人心醉目炫矣。他如〈小園〉、
〈竹杖〉、〈枯樹〉、〈傷心〉諸賦，與夫〈擬連珠〉、〈思舊〉諸銘，皆庾氏入
北以後之作，屈體魏周，賦境大變，所作無不託物興懷，寄慨遙深，而尤以
〈哀江南賦〉一文，句句有所指喻，字字加以錘練，表現技巧，爐火純青，
出神入化，橫絕古今，可謂唯美之典型也。今錄〈哀江南賦〉中最悲壯之一
段如左：

> 傅燮之但悲身世，無處求生；袁安之每念王室，自然流涕。昔桓君
> 山之志士，杜元凱之平生，並有著書，咸能自序。……豈知山嶽闇
> 然，江湖潛沸？漁陽有閭左戍卒，離石有將兵都尉。天子方刪詩書，
> 定禮樂，設重雲之講，開士林之學，談劫燼之灰飛，辨常星之夜落。
> 地平魚齒，城危獸角，臥刁斗於滎陽，絆龍媒於平樂，宰衡以干戈
> 為兒戲，縉紳以清談為廟略，乘漬水以膠船，馭奔駒以朽索，小人
> 則將及水火，君子則方成猿鶴，敝箄不能救鹽池之鹹，阿膠不能止
> 黃河之濁。既而鯨魚頰尾，四郊多壘，殿狎江鷗，宮鳴野雉，湛盧
> 去國，艅艎失水，見被於伊川，知百年而為戎矣！

庾信之文，雕章琢句，揮翰雲蒸，綺縠紛披，情靈搖蕩，觀其賦序，即可瞭

然。周滕王序其集，深致推服，而曰：「信降山嶽之靈，縕煙霞之秀，器量侔瑚璉，志性甚松筠。妙善文詞，尤工詩賦，窮緣情之綺靡，盡體物之瀏亮。誄奪安仁之美，碑有伯喈之情，箴似揚雄，書同阮籍。」〔註39〕蓋深知庾氏者也。

五、鍊字奇特

夫人之立言，因字而生句，積句而成章，積章而成篇，是以善爲文者，宜用心鍊字。六朝文士，愛美重藝，掏筆摛文，千錘而出，修詞練字，窮力追新，或顛倒文句，回互而不常；或琢鍊辭采，捶堅而難移；至於義類相似之字，互代以避陳翻新；偏旁同出之文，聯邊以驚心醒目；更有回文以見意，新變以逗奇者。率好詭巧，躍躍競奇，雖乏漢魏古樸之風，實極六朝奇特之美也。今分述之如下：

（一）愛奇

　　　孤臣危涕，孽子墜心。（江淹〈恨賦〉）

按《文選》李善注：「心當云危，涕當云墜，江氏愛奇，故互文以見義。」

　　　月入歌扇，花承節鼓。（庾信〈春賦〉）

按此用班婕妤〈怨歌行〉：「裁爲合歡扇，團團似明月。」用「似」則熟，用「入」則奇。庾氏此用，在取新奇也。六朝文士率以艱深爲矜貴，以平易爲凡庸，殆即劉勰所謂「意翻空而易奇，文徵實而難工」歟。《文心雕龍‧通變篇》曰：「宋初訛而新。」〈定勢篇〉亦詳言之曰：「自近代辭人，率好詭巧，原其爲體，訛勢所變，厭黷舊式。故穿鑿取新，察其訛意，似難而實無他術也，反正而已。故文反正爲乏，辭反正爲奇，效奇之法，必顛倒文句，上字而抑下，中辭而出外，回互不常，則新色耳。」觀此，則知訛之爲用，在取新奇，而奇之爲用，在取新色也。

（二）鍊字

　　　榮采曜中林，流馨入綺羅。（張華〈雜詩〉）
　　　歸鳥映蘭畤，游魚動圓波。（潘岳〈河陽縣作詩〉）
　　　丹泉漂朱沫，黑水鼓玄濤。（郭璞〈遊仙詩〉）
　　　神淵寫時雨，晨色奏景風。（陶潛〈和戴主簿詩〉）

〔註39〕參見《庾開府集》，序文。

> 瓊樹落晨紅，瑤塘水初漾。（王融〈淥水曲〉）
>
> 隨風飄岸葉，行雨暗江流。（何遜〈送八五城聯〉）
>
> 鶯隨入戶樹，花逐下山風。（陰鏗〈開善寺詩〉）
>
> 卷簾天自高，海水搖空綠。（梁武帝〈西洲曲〉）
>
> 靈浸山扉月，霜開石路煙。（江總〈贈袁朗別詩〉）

按以上詩句，語其特色，在能巧妙運用動詞，而使句法活潑靈動，後人所謂「句眼」、「詩眼」，或即指此。

（三）代字

> 日薄星迴，穹天所以紀物，山盈川沖，后土所以播氣。（陸機〈演連珠〉）

按代字法者，舉文字中同義同類之字以代本字，乃避陳翻新之道，亦修辭之一法也。李善《文選注》：「沖，虛也。播，散也。」此以「沖」代「虛」，以「播」代「散」。

> 頹莖素罴，并柯共穗之瑞，史不絕書。（顏延之〈三月三日曲水詩序〉）

按此以「頹莖」代「朱草」，「素罴」代「白虎」，「并柯」代「連理」，「共穗」代「嘉禾」，詳見《文選》李善注。蓋六朝文士，多精小學，喜用新字，錘鑄新詞，放言落紙，運用假借或同義字詞，以期化直為曲，易逕成迂，避陳翻新，自覺典雅。

（四）聯邊

> 征夫心多懷，悽愴令吾悲。（王粲〈從軍詩〉）
>
> 崢嶸玄圃深，嵯峨天嶺峭。（張協〈遊仙詩〉）
>
> 感物情悽惻，慷慨遺安愈。（陸機〈赴洛詩〉）
>
> 拊膺攜客泣，掩淚敘溫涼。（陸機〈門有車馬客行〉）
>
> 瀾漫潭洞波，合沓嵤嶂雲。（鮑照〈自勵山東震澤詩〉）
>
> 悽悽聲中情，慊慊增下俚。（鮑照〈代門有車馬客行〉）

按聯邊字乃利用文字構造之基本原理，以加強詩文意象，及情緒感受。如上舉六例，偏旁重疊，半字同文，以摹景抒情，使讀者味之，意趣盎然，娓娓忘倦矣。

（五）回文

春草暮兮秋風驚，秋風罷兮春草生。（江淹〈恨賦〉）

秋何月而不清，月何秋而不明。（梁元帝〈蕩婦秋思賦〉）

枝分柳塞北，葉暗榆關東，垂條逐絮轉，落蕊教花叢。池蓮照曉月，慢錦拂朝風，低吹雜綸羽，薄粉豔妝紅，離情隔遠道，歎結深閨中。（王融〈春遊回文詩〉）

按：回文者，義有廣狹，廣之則僅須詞意回環，而無須往復成句，如前舉二例是也。狹之則須詩中字句，回環往復，使讀之無不可通者，如上舉王融〈春遊詩〉是也。狹義之回文對，駢文絕難產生。

（六）新變

白雲抱幽石，綠篠媚清漣。（謝靈運〈過始寧墅詩〉）

池塘生春草，園柳變鳴禽。（謝靈運〈登池上樓詩〉）

木落江渡寒，雁還風送秋。（鮑照〈登黃鶴磯詩〉）

餘霞散成綺，澄江靜如練。（謝朓〈晚登三山還望京邑詩〉）

零雨送秋，輕寒迎節，江楓曉落，林葉初黃。（蕭綱〈與蕭臨川書〉）

暮春三月，江南草長，雜花生樹，群鶯亂飛。（丘遲〈與陳伯之書〉）

江南燠熱，橘柚冬青，渭北沍寒，楊榆晚葉。（周弘讓〈與王少保書〉）

按六朝文士率皆絞盡腦汁，追「新」與「變」，故文章風貌，迥異兩京。上舉諸文，無論寫景抒情，皆非漢人所能想像。緣其成因，蓋文體通行既久，染指逾多，自成習套，豪傑之士，難出新意，遂遁而作他體。況尚新求變，乃人之常情，兩漢樸質之風，相沿既久，令人生厭，六朝群彥競起，忽焉丕變，排除膚語，洗盡庸音，極貌寫物，窮力追新，此實文學解脫之道，藝苑通變之則也。

觀夫善長之為人，志氣剛毅，故起例謹嚴，博覽群書，故馳詞絢發。其寫景之文，片言隻字，妙絕古今，譚家健於〈試論水經注的文學成就〉一文嘗云：〔註40〕

對《水經注》寫景語言影響最深的是山水詩，其中最突出的表現即

〔註40〕同註24。

在於講求準確精練和寫意傳神。有些句子幾乎詩化了。洗鍊簡潔，精巧雋永，每個字都經過反復錘鍊和推敲，像「林淵錦鏡，綴日新眺」，幾層意思只用八個字概括，「雲臺風觀，纓鸞帶阜」，不用形容詞、動詞，直接把兩個名詞聯結一起，就組成了修飾性極強的短語，「青崖翠發」，「奇峰霞舉」，不用通常的詞序，而故意顛倒，這樣練句顯然是詩歌才有的現象。

左松超亦贊云：〔註41〕

（酈道元）作者擅長用簡潔的語句，刻畫山水的形貌，非常精工，顯然受到自謝靈運以來的山水文學和駢文修辭精細的影響。他在描繪山水景物的時候，喜歡用整齊的四言句法，雜以長短不等的散句，增加了文字參差錯綜之美，似乎更能與外在的環境相配合。

道元為文，駢散兼收，儒雅雍容，萬流仰鏡，其撰作技巧，修辭妙訣，詳見本論文第五章所云，此無庸喋述矣。然則其詩化散文，四字短句，屬對工麗，駢散合一，要之，殆亦受六朝時風，「儷采百字之偶，爭價一句之奇，情必極貌以寫物，辭必窮力而追新」之濡染浸深矣。

第四節　山川地記之流行

　　吾國輿地之學，發達甚早。《禹貢》記方域、地質、物產、貢賦、政治，實一人文地理也。《山海經》載山川、形勢、土性、物怪、古蹟，以及道里之遠近，物產之大概，實一地文地理也。《周官》宗伯之屬，外史所掌，此其濫觴。考之周制：司會於郊野縣都，掌其書契版圖之貳；黨正屬民讀法，書其德行道藝，閭胥比眾，書其敬敏任恤；誦訓掌道方志，以詔觀事，掌道方慝，以詔避忌，以知地俗；小史掌邦國之志，奠系世，辨昭穆；訓方掌道四方之政事，與其上下之志，誦四方之傳道；形方掌邦國之地域，而正其封疆；山師川師，各掌山林川澤之名，辨物與其利害：原師掌四方之地名，辨其邱陵墳衍原隰之名。是於鄉遂都鄙之間，山川、風俗、物產、人倫，已鉅細靡遺。沿及周末，其書益多，孟子所稱晉乘、楚檮杌、魯春秋，墨子所稱燕宋齊周等春秋〔註42〕及百國春秋〔註43〕，孔子所見百二十國寶書〔註44〕，

〔註41〕參見《中國文學史初稿》，第三編第五章第四節〈南北朝的散文〉。
〔註42〕參見《墨子・明鬼》下。

皆周外史所掌四方之志也。左氏傳援志甚多，九丘杜氏亦指為九州之書，他如：繫以地，則有周志鄭書，繫以人，則有仲虺之志與史佚之志，皆一國之典也。

　　蓋三代以來，九州之表，國有其史，家有其書，疆理天下，若指諸掌，越絕書先記山川、城郭、冢墓，次以紀傳，獨傳於今，後世方志，實昉於此。泊秦罷封建，為郡縣，亦有圖志以具述。漢祖入關，諸將爭走金帛之府，惟蕭何收秦圖籍，備知天下阨塞，戶口虛實；武帝時計書猶上太史，郡國之志，殆亦在焉。魏晉以降，政治腐敗，篡亂相乘，兵戎迭起，中國版圖，半淪胡統。南北朝時，門第制度鼎盛，受當時門第郡望觀念之影響，《世說新語》有王濟、孫楚爭辨各自地望人物之美一則〔註45〕，又有王中郎之令伏玄度、習鑿齒論青楚人物一則〔註46〕，皆時人各誇其鄉土先賢之證；復以對外貿易，商胡賈客，日奔塞下，異國文化傳入，地理知識風吹草偃，地理著作乃應運而生焉。誠如張大可〈談水經注〉一文所云：〔註47〕

　　　　《水經注》的產生也不是偶然的，除了酈道元本身的諸多條件以外，
　　　　還有更為重要的社會歷史條件。魏晉以來，盡管戰亂頻仍，分裂代
　　　　替統一，但南北地區的經濟仍在戰爭的間隙中有所恢復，有所發展。
　　　　東晉南朝時期，加強了對南方的開發，荊、揚、益、廣地區尤為顯
　　　　著。北方受戰亂破壞嚴重，但北魏統一北方廣大地區後，經濟依舊
　　　　有所恢復，特別是北魏孝文帝實行漢化，遷都洛陽，推行均田制後，
　　　　經濟更有較大發展，分裂並未斷絕南北之間的經濟交流。南北方的
　　　　對外貿易也超過前代，……隨著外國商隊的到來，印度、中亞的佛
　　　　教僧侶也從海陸來到中國，傳播佛教文化。外商、胡僧還把異國的
　　　　風土人情、地理知識帶到中國，從而擴大了人們的視野。伴隨著經
　　　　濟、文化、交通的發展，地理著作便應運而生。

《隋書‧經籍志》載當時地理記之書，凡得一百三十九部，一千四百三十二卷，汗牛充棟，蓋亦博矣。茲略述漢隋間山川圖記之作如下，以見盛況焉。

〔註43〕參見《史通‧六家篇》引墨子佚文。
〔註44〕參見《公羊疏》引閔因語。
〔註45〕參見《世說新語》，文學第四，頁16。
〔註46〕參見《世說新語》，言語第二，頁41。
〔註47〕參見張大可〈談水經注〉，載《文史知識》，1981年六期。

一、山水圖志

魏晉以降，釋道盛行，寺觀多在山林之中，加以老莊思想亦風行當時，文人學士多傾向於自然風景之欣賞，以是兩晉時描述山水之作尤夥。此後山川寺觀志之作，蓋濫觴於此時焉。計當時記山之作，見於舊籍者，晉宋之際，有釋慧遠之〈廬山記〉。

> 丁國鈞《補晉書・藝文志》卷二：「《廬山記略》一卷，釋慧遠。謹按，見唐志，原本書鈔百五十一雨類，兩引是記，無略字。白帖卷五，兩引此記，亦無略字。」

> 文廷式《補晉書・藝文志》卷三：「《釋慧遠廬山記》一卷，群書所引稱《廬山記》，今存本名《廬山紀略》。」

> 《四庫全書提要・地理類》：「《廬山記》三卷，附《廬山紀略》一卷，釋慧遠《廬山紀略》一卷，舊載此本（按即指陳舜俞《廬山記》）之末，不知何人所附入，今亦并錄之。」

而王彪之、劉遺民、張野、宗測、周景式，均有〈廬山記〉之作：

> 文廷式《補晉書・藝文志》卷三：「王彪之〈廬山記〉。《書鈔》一百五十八王彪之〈廬山記〉曰：『若乃飄颻高崖，迢遞峻峰，箕風吐穴而蓬勃，暈雲出岫而鬱蓊。』」又「劉遺民〈廬山記〉，《書鈔》一百五十一引劉遺民〈廬山記〉云白氣映嶺下。」又「張野〈廬山記〉。《藝文類聚》卷七張野〈廬山記〉曰，廬山天將雨，則有白雲，或冠峰岫，或互中嶺，俗謂之山帶，不出三日必雨。《御覽》四十一亦引之，陳舜俞〈廬山記〉卷一引之。按〈陶潛傳〉有鄉親張野，即其人。《世說・文學門》注，引張野遠法師銘。《永樂大典》六千三百三十九引〈江州志〉曰：張野字萊民，詮族也。徙家柴桑，與陶潛通姻。學兼華竺。……入惠遠蓮社。遠之葬，謝靈運作銘，野序焉。年六十九卒。有〈廬山記〉行於世。」

> 陳述補《南齊書・藝文志》卷二：「〈廬山記〉，卷無考，宗測撰。據《南齊書》本傳，今佚。〈初學記〉州郡，《太平御覽》地部，引〈廬山記〉，未審是否此書。」

> 章宗源《隋書・經籍志考證》卷六：「〈廬山記〉卷亡，周景式撰。不著錄。《藝文類聚》山部，周景式《廬山記》曰：匡俗，周威王時，生而神靈，廬於此山，世稱廬君，故山取號焉。」

伏滔又有〈遊廬山序〉。

　　文廷式《補晉書・藝文志》卷三：「伏滔〈遊廬山序〉。《類聚》卷七伏滔〈遊廬山序〉曰：廬山者，江陽之名嶽，其地形也，背岷流，面彭蠡，蟠根所據，互數百里，重嶺桀嶂，仰插雲日，俯瞰川湖之流焉。陳舜俞《廬山記》亦引之。」

其關於羅浮山者，有袁宏之《羅浮山記》，與竺法眞之〈登羅山疏〉。

　　丁國鈞《補晉書・藝文志》卷二：「《羅浮山記》，袁宏。謹按《元和郡縣志》，嶺南道引。《御覽》引作羅山疏，蓋誤以竺法眞書當之也。」又「〈登羅山疏〉，竺法眞。謹按《御覽》地部、香部、獸部、豸部、竹部，均引。白帖卷五山類，引作表袁彥伯〈羅浮山疏〉，蓋誤竺書爲袁書。」

　　文廷式《補晉書・藝文志》卷三：「袁宏《羅浮山記》。《元和郡縣志》卷三十四云：博羅縣羅浮山在縣西北二十八里。羅山之西有浮山，蓋益蓬萊之一阜，浮海而至與羅山並體，故曰羅浮，高三百六十丈，周迴三百二十七里，峻天之峰四百三十有二焉，事具袁彥伯記。《晉書》藝術單道開傳：袁宏爲南海太守，與弟穎叔，及沙門支法防共登羅浮山。《藝文類聚》卷七引作袁彥伯羅浮山疏。《御覽》七百五十九袁彥伯羅山疏曰善道開戶，在石室北壁下，形體朽壞，止有白骨在，昔成都識此道人聞之，使人惻然。」又「竺法眞登羅山疏。《類聚》山部，菓部；《御覽》香部，竹部，並引之。」

關於虎邱者，有王珣之《虎邱記》，與顧凱之之〈虎邱山序〉。

　　文廷式《補晉書・藝文志》卷三：「王珣《虎邱記》。《類聚》卷八，王珣《虎邱記》曰：山大勢，四面周嶺，南則是山，迤兩面壁立交林，上合谿路，下通升降，窈窕亦不卒至。又〈虎邱山銘〉曰：晉司徒東亭獻公王珣撰曰：虎邱山先名海涌山。」又「顧愷之〈虎邱山序〉。《類聚》卷八，晉顧凱之〈虎邱山序〉曰：吳城西北有虎邱山者，合莫藏古，體虛窮玄，隱嶙陵堆之中，望形不出常阜，至乃嵒崿絕於華峰。《御覽》四十六引首二語。」

關於衡山者，有徐靈期《南嶽記》，及宋居士之《衡山記》。

　　《隋書・經籍志》：「《衡山記》一卷，宋居士撰」。《章宗源考證》卷六：「《南齊書・高逸傳》：宗測字敬微，宗徵士炳孫也。測少靜退，

辟徵不就，嘗遊衡山，著《衡山記》。」又「《南嶽記》，卷亡，徐靈
期撰，不著錄。《藝文類聚》居處部……服飾部……，《太平御覽》
地部……，並引徐靈期《南嶽記》。」

逢元《補晉書・藝文志》卷二：「《南嶽記》，徐靈期撰。見《初學記》
五，《類聚》六十四，又七十，《御覽》三十九，又一百八十五，又
七百十，《輿地紀勝》五十五。元案宋陳田夫《南嶽總勝集》卷中衡
嶽觀條，有晉太康八年吳人徐靈期。又上清宮條云：吳人徐靈期眞
人修行之所，採訪山洞巖谷，作《南嶽記》，敘其洞府靈異。」

此外則袁山松有《勾將山記》。

文廷式《補晉書・藝文志》卷三：「袁山松《勾將山記》。章宗源曰：
《寰宇記》山南東道，登勾將山，北見高筐山，巍然半天。《御覽》
地部卷四十九，堯時大水，此山不沒，如筐，因名焉。並引袁山松
《勾將山記》。按《御覽》四十九又引此記，敘勾將山特詳，章氏未
檢。又《初學記》卷八，《勾將山記》曰縣去四十里，別從狼尾灘，
下南崖，不題袁山松名。」

葛洪有《幔阜山記》。

文廷式《補晉書・藝文志》卷三：「葛洪《幔阜山記》一卷。《太平
寰宇記》一百六分寧幔阜山，在縣西二百九十里。晉葛洪著山記一
卷。《書錄解題》云：《幔阜山記》一卷，葛洪撰。其山在豫章。」

盧元明有《嵩山記》。

章宗源《隋志考證》卷六：「《嵩山記》，卷亡，盧元明撰。不著錄。
《太平寰宇記》河南道，盧元明《嵩山記》曰漢有王彥者，隱於侯
山。《水經注》〈禹貢山水釋地〉……，《文選》〈洛神賦注〉……，
並引《嵩山記》，不著撰名。」

賀循有《石簣山記》（《御覽》引）。而支遁之《天台山圖》（見《文選・天台山
賦注》），則爲一山之圖，最早見於記載者，其他有不知撰人之《太山記》，

章宗源《隋志考證》：「《太山記》，卷亡，不著錄。《史記・趙世家》
正義……，《藝文類聚》木部……，並引太山記。《太平御覽》地部，
引太山天門，日觀，秦觀，吳觀，周觀諸山語，與漢官儀同。」

《鄒山記》，

章宗源《隋志考證》：「《鄒山記》，卷亡，不著錄。《水經・汶水注》

......，《史記·夏本紀》正義......，並引鄔山記。」

及《羊頭山記》。

> 文廷式《補晉書·藝文志》卷三：「《羊頭山記》。《御覽》一百七十六引三條，記漢石經，石虎，聖壽堂，原城，萬歲樓三事，疑晉人書也。」

凡此諸記，皆專志一山，大抵篇幅甚短，或不過如記序之文章而已。至如支遁之〈天台山銘序〉（《文選·遊天台山賦注》引），以及傅玄之〈華嶽銘序〉（《藝文類聚》卷七引）之類，則固碑記之文，尤不足以為地志。惟此等文字之撰人，多為釋氏，或與釋道有關者耳。若其所記不止一山，或專記某地山水者，則以文人學士居多，如袁山松之《宜都山川記》，

> 丁國鈞《補晉志》卷二：「《宜都山川記》，袁山松。謹按，是書原本書鈔，《藝文類聚》、《初學記》、《御覽均引》，或省作《宜都記》，蓋山松曾守宜都，本傳失載。此其在郡時所著。《藝文類聚》嘯類，載桓玄與袁宜都書，即山松。」

羅含之《湘中山水記》，

> 《崇文總目》卷二：「《湘中山水記》三卷，羅含撰。盧拯注。繹（錢繹）按，《通志略》作盧拯撰。誤。」

> 《直齋書錄解題》：「《湘中山水記》三卷，晉耒陽羅含君章撰，范陽羅拯注。其書頗及隋唐以後事，則亦後人附益也。」

> 丁國鈞《補晉書·藝文志》卷二：「《湘中山水記》三卷，羅含，謹按是書《水經注》、《白帖》、《御覽》均引作《湘中記》。」

張玄之之《吳興山墟名》，

> 章宗源《隋志考證》：「《吳興山墟名》，卷亡，張充之撰，不著錄。《太平寰宇記》江南東道引張充之吳興山墟名......。《輿地碑記目》：《吳興山墟名》，張元之作，又云晉吳興太守王韶之撰。」

> 文廷式《補晉志》卷三：「張元之《吳興山墟名》，一卷。葉夢得《玉澗雜書》曰：張玄之，晉吳興太守，嘗為《吳興山墟名》一卷。」

> 繆荃孫《吳興山墟名輯本序》（雲自在龕叢書）：《「吳興山墟名」，卷亡。《隋書·經籍志》，新舊唐書未著錄。宋王象之《輿地紀勝》云張元之作。又云：晉吳興太守王韶之撰。按《談鑰吳興志》云：吳興山墟名，張元之作，見統記，撰引不一。《吳興郡疏》一卷，宋太

守王韶之撰。是元之，韶之所撰，截然兩書。象之合爲一，誤甚。

　　《晉書·謝安傳》：張元之，字祖希，吳郡人，少以學顯。武帝時吳興太守與會稽內史謝元之，同年之郡，論者以爲南北之望，時稱二元。《寰宇記》引作玄之，章氏宗源考證誤作充之。嚴氏可均以爲作前溪曲之沈充，亦誤。」

殷武之《名山記》（見《太平御覽》），謝靈運之《遊名山志》與《居名山志》。

　　《隋書·經籍志》：「《遊名山志》一卷，謝靈運撰。」又「《居名山志》一卷，謝靈運撰。」

　　《宋書·謝靈運傳》：「出爲永嘉太守，郡有名山水，素所愛好。出守，既不得志，遂肆意遊遨，遍歷諸縣，動逾旬朔，民間聽訟，不復關懷。所至輒爲詩詠，以致其意。……靈運父祖並葬始寧縣，并有故宅及墅，遂移籍會稽，修營別業，停山帶江，盡幽居之美。與隱士王弘之，孔淳之等，縱放爲娛，有終焉之志。……作『山居賦』，并自注以言其事。……（姚振宗《隋志考證》：『案山居賦，當在是志。賦及注多至六七千言。』）坐以免官，是歲元嘉五年。靈運既東還，與族弟惠連，東海何長瑜，穎川荀雍，太山羊璿之，以文章會賞，共爲山澤之遊，時人謂之四友。」按此則所謂遊名山志，疑即永嘉山水遊記，而居名山志，則似在會稽，或即所謂山居賦。蓋當時地志之爲賦體而加注者，固不一而足也。

更有黃閔之《神壤記》與王韶之之《神境記》，同記滎陽山水，不知孰先孰後。

　　《隋書·經籍志》：「《神壤記》一卷，記滎陽山水，黃閔撰。」章宗源隋志考證：「《神境記》，卷亡，王韶之撰，不著錄。《太平御覽》地部，滎陽縣蘭巖山……，人事部滎陽有靈源山……，並引王韶之《神境記》。」

而《王演山記》，則大抵亦爲越中一地方之山記。

　　文廷式《補晉志》卷三：「《王演山記》。《初學記》地肺山者，王演山記謂之木榴山，一名地肺。」

惟其綜全國名山之圖志，則除《山海經》與國家一統圖籍，或兼繪山川外，大抵以戴勃之《九州名山圖》爲最早見於記錄者（見《歷代名畫記》）。然其圖恐甚簡略，又疑與支遁之《天台山圖》，同爲山水畫性質。蓋其圖如按山

逐一分繪，則與後世之名勝圖記相類也。至於陶弘景之《山圖》（《太平寰宇記》淮南道引），則不知其所繪記之地域範圍如何也。

二、水道圖記

山水圖記之外，尚有專記水道之圖記，則爲地理圖志性質，與前述圖記之淵源於釋道與名勝之欣賞者，系統有別。原此典籍，除《山海經》、《禹貢》兼記水道外，其專敘水道者，自以《水經》爲最早。魏晉以降，水道圖記之見於古籍者，有虞仲翔之《川瀆記》。

> 章宗源《隋志考證》：「《川瀆記》，卷亡，虞仲翔撰，不著錄。寰宇記江南東道，虞仲翔川瀆記曰：太湖東道長洲松江水，南通烏程霅溪水，西通義興荊溪水，北通晉陵滆湖水，東連嘉興韭溪水，凡五通，謂之五湖。」

> 姚振宗《三國‧藝文志》：「案李氏兆洛地理今釋，晉陵郡縣始於南京，非吳時所當有。又吳大帝以立太子和改禾興爲嘉興，事在赤烏五年。時翻已前卒，亦非翻所及知。此或爲樂史改稱，或別有虞仲翔其人，今姑過而存之。」

庾仲雍之《江記》與《漢水記》。

> 《隋書‧經籍志》：「《江記》五卷，庾仲雍撰，《漢水記》五卷，庾仲雍撰。」（按新舊唐志同）

> 章宗源《隋志考證》：「水經江水注……並引庾仲雍《江水記》。《文選》殷仲文南州桓公九井詩注……，鮑明遠還都道中詩注……，此題庾仲雍《江圖》。」又「《初學記》地部……，《藝文類聚》水部，……《史記》夏本紀正義……並引庾仲雍《漢水記》，《水經‧沔水注》……稱仲雍漢中記，《寰宇記》山南西道興道七女池事，亦稱《漢中記》，不著仲雍名。」

> 《舊唐書‧經籍志》：「《尋江源記》五卷，庾仲雍撰。」

> 姚振宗《隋志考證》：「按《尋江源記》，似即江記之異名。」

張須元之《江圖》與劉氏之《江圖》。

> 《隋書‧經籍志》：「《江圖》一卷，張氏撰。《江圖》二卷，劉氏撰。」

> 章宗源《隋志考證》：「《尚書》《禹貢》正義張須《緣江圖》云……。
> 陸氏《釋文》亦稱張須元《緣江圖》。《通典》州郡門注稱張須元《緣

江圖》。……《史記》夏本記索隱，稱張湞《九江圖》，湞與須字以
相似而訛。……按此當即所稱張氏《江圖》。又《文選‧簫賦》註……，
陶淵明夜行塗口詩注……，《寰宇記》劍南西道……，並引《江圖》，
不著撰名。《唐志》有《江圖》二卷，亦無撰名。張彥遠《歷代名畫
記》曰，《江圖》，劉氏三，張氏一。」

文廷式《補晉書‧藝文志》卷三：「張須無《九江圖》一卷，豫章十
代文獻略云；《宋書‧胡蕃傳》有張須無，不詳何許人，《南史‧張
孝秀傳》云：曾祖須無，南陽宛人，徙居尋陽，世為江州別駕從事。
所撰《九江圖》，羅泌路史引之。《史記正義》九江孔殷注，張鎮《九
江圖》，疑即此書。」

又有釋道安之《江圖》，與《四海百川水源記》。

《隋書‧經籍志》：「四海百川水源記一卷，釋道安撰。」

《通志‧圖譜略》：「僧道安江圖。」

凡此諸圖記，除四海百川水源記，為總記水源外，其他大抵為晉世關於長江
流域之述作，是殆北人南徙與長江流域漸趨繁盛之反映。其後道元之撰注水
經，因歷史久遠，時空隔閡，對於北方水道較詳，而關於江域者，當亦得此
類圖籍，以資參考也。

三、州郡地志

魏晉以降，不僅有異物志，山水記之興起，各地方地記之作尤盛，且亦
以長江流域及其南各州郡為多。其內容則大抵為風土記與風俗傳性質，或重
史傳，或重地理物產，頗不一致。茲略按省份地域，列述如次。關於河北省
者，有盧毓之《冀州論》，

《太平御覽》經史圖書綱目：「盧毓《冀州論》。」

《大典》輯本，據《大典》二萬四百二十五：二質（黍稷）引盧毓
《冀州論》一條。

何晏之《冀州論》，

《太平御覽》經史圖書綱目：「何晏《冀州論》。」

而裴秀、荀綽、喬潭又均有《冀州記》之作，

丁國鈞《補晉書‧藝文志》卷二：「《冀州記》，裴秀，謹按見《史記》
索隱，原本北堂書鈔亦引。」又「《冀州記》，荀綽，謹按見世說注，

文選注亦引。」

章宗源《隋書・經籍志考證》卷六：「《冀州記》，卷亡，裴秀撰，不著錄。《史記》封禪書索隱，顧氏按裴秀《冀州記》曰，緜山仙人廟者，昔有王喬，犍爲武陽人，爲柏人令，於此得仙，非王子喬也。」又「《冀州記》，卷亡，荀綽撰，不著錄。《世說・言語篇》注，滿奮字武秋，高平人，性清平有識，又裴頠稽古善言名理。賞譽篇注，楊喬清朗有遠意，楊髦清平有貴識，並爲後出之儁，又閭邱沖清平有鑒識，博學有文義，並引荀綽《冀州記》。」文廷式《補晉書・藝文志》卷二：「喬潭，《冀州記》。《書鈔》六十五、喬潭《冀州記》云：裴康，字仲預，楷字叔則，並爲名士，仕至太子衛率。按《御覽》二百四十七，引荀綽《冀州記》與此文同。」

陽休之有《幽州古今人物志》，

《唐書・經籍志》上：「《幽州古今人物志》十三卷，陽休之撰。」

按陽休之，字子烈，《北齊書》有傳。

李公緒之《趙記》，

章宗源《隋書・經籍志考證》卷六：「《趙記》十卷，脫撰名，《北齊書・李公緒傳》，父緒字穆叔，撰趙語（語當作記）十三卷。《太平御覽》州郡部，李公緒趙記曰，趙孝成王造壇臺之宮爲趙都，朝諸侯，故曰信都。《寰宇記》河東道，李穆叔趙記曰，轑陽東北有五指山，嶺石孤聳，上有一手一足之跡，其大如箕，指數俱全。」

又有張曜之《中山記》。

文廷式《補晉書・藝文志》卷二：「張曜《中山記》。」

章宗源《隋書・經籍志考證》卷六：「《中山記》，卷亡，張曜撰，不著錄。水經滱水注，多引中山記，其言城中有山，故曰中山，通典州郡門注取之。《太平御覽》州郡部、《寰宇記》河北道，並稱張曜中山記。」

按：漢晉之中山國，乃清定州直隸州，今地爲河北省定縣。

其關於山西省者，則有王遵業之《三晉記》，

張鵬一《隋書・經籍志》補卷二引之。按：三晉，韓、趙、魏，今山西韓趙地居多，曰三晉者，亦概言之。王遵業，後魏太原晉陽人，見《北史・王慧龍傳》。

又有不知撰人之《上黨記》。

> 章宗源《隋書‧經籍志考證》卷六：「《上黨記》，卷亡，不著錄。續漢郡國志注，令孤徵君隱城東山中，即壺關三老令孤茂上書訟戾太子者也。水經沁水注，長平城在郡之南，秦壘在城西。元和郡縣志河東道，曹公之圍壺關，起土山於城西北角，穿地道於城西，內築界城以遮之。史記趙世家集解，馮亭冢在壺關城西五里，並引上黨記。」

> 按：魏晉上黨郡，宋元潞州，清潞安府，府治長治縣。今地屬山西省長治市。

其關於陝西省者，有裴秀之《雍州記》，

> 《太平御覽》卷一八五：「居處部齋引《雍州記》一條。」

> 《太平寰宇記》卷三十又三十一：「鳳翔府盩厔縣澤望仙、雲陽縣金泉，引《雍州記》二條。」

潘岳、葛洪均有《關中記》，

> 文廷式《補晉書‧藝文志》卷二：「《潘岳關中記》一卷，水經渭水注，《文選》卷二十二、二十七注並引之。

> 眞誥握眞輔第一錄此書十條，《初學記》卷三潘岳關中記曰，桂宮一名甘泉，又作迎風觀寒露臺以避暑，卷七潘岳關中記曰，昆明漢武習水戰也，中有露沼神池，云堯時理水記，停舟此池。又曰漢武作昆明池，人釣魚綸絕而去，薦於帝，求去其鉤。御覽五十七引三則。」

> 丁國鈞《補晉書‧藝文志》卷四：「《關中記》，葛洪，附錄存疑，謹按崇文書目、中興書目、通考、宋志均著錄。家大人曰，疑是潘岳，誤屬之洪也。列此俟更詳之。」

又有薛寊之《西京記》。

> 章宗源《隋書‧經籍志考證》卷六：「《西京記》三卷，脫撰名，按後《周書‧薛寊傳》，寊撰西京記，引據賅洽，世稱其博聞焉，唐志作薛冥。」

其關於甘肅省，有阮籍之《秦記》，

> 丁國鈞《補晉書‧藝文志》卷二：「《秦記》，阮籍，謹按御覽卷四百七十四引。」

郭仲產之《秦州記》，

章宗源《隋書·經籍志考證》卷六：「《秦州記》，卷亡，郭仲產撰，不著錄。《後漢書·隗囂傳》注，隴山在隴州汧源縣西。《太平御覽》州郡部，仇池山一名仇維山，上有池，似覆壺，前志云，是縣以山得名。《寰宇記》山南西道云，山有池，似覆壺，有瀑布，望之如舒布，並引郭仲產秦州記。續漢郡國志注，中平五年，分置南安郡；《水經·河水注》，河峽崖旁唐述窟；文選四愁詩注，隴坂九曲，不知高幾里。並引秦州記，不著撰名。」

而段國有《沙州記》之作，

章宗源《隋書·經籍志考證》卷六：「《沙州記》，卷亡，段國撰，不著錄。《藝文類聚》地部，龍涸北四十里有白馬關。《初學記》地部，吐谷渾於河上作橋，謂之河厲。《太平御覽》地部，羊鶻山多石少樹木，甚似魯國鄒山。人事部，國人年五十以上，齒皆落，將囚地寒多障氣也。《寰宇記》隴右道，三危山有鳥鼠同穴。並引段國《沙州記》。《水經·河水注》，洮水與墊江水俱出強臺山，山南即墊江源，山東則洮水源，又從東洮至西洮，百二十里。此引《沙州記》，不著撰名。」

劉景有《敦煌實錄》。

奉榮光《補晉書·藝文志》卷二：「《雜史》，《敦煌實錄》二十卷。」

章宗源《隋書·經籍志考證》卷四：「《敦煌實錄》十卷，劉景撰。宋書大且渠傳，元嘉十四年，茂虔表獻燉煌實錄十卷。《後魏書·劉昞傳》，昞著《敦煌實錄》二十卷。《續漢五行志》注……白帖卷三十……《太平寰宇記》……。共引《敦煌實錄》十六事。」

姚振宗《隋書·經籍志考證》卷十四：「《敦煌實錄》十卷，劉景即劉昞，《史通·雜說篇》，交阯遠居南裔，越裳之俗也，燉煌辟處西域，昆戎之鄉也，求諸人物，自古闕載。蓋由地居下國，路絕上京，史官注記所不能及也。即而士爕著錄，劉昞裁書，則磊落英才，粲然盈矚者。」

其關於山東省者，有荀綽之《兗州記》，

丁國鈞《補晉書·藝文志》卷二：「《兗州記》，荀綽。謹按是書，世說注、原本書鈔、《藝文類聚》，御覽均引。」

章宗源《隋書·經籍志考證》卷六：「《兗州記》，卷亡，荀綽撰，不著錄。世說文學篇注，袁準有俊才，太始中位給事中。此引荀綽兗

州記。」

按晉兗州，治廩邱，統陳留、濮陽、濟陽、高平、任城、東平、濟
北、泰山等郡國八，屬今地山東省西南部，河南省東部。

不知撰人之《三齊略記》，

> 文廷式《補晉書·藝文志》卷二：「《三齊略記》，《水經·河水注》，
> 濡水注並引之，當是晉人書。」

> 章宗源《隋書·經籍志考證》卷六：「《三齊略記》，卷亡，不著錄。
> 續漢郡國志注，鬲城東蒲臺。牟平惌侯國南有犬蹲山，又南山康成
> 書帶草。水經濡水注，始皇於海中作石橋，海神為之豎社。《初學記》
> 地理部，始皇作石橋，有神人驅石下海，鞭流血。《後漢書·蔡邕傳》
> 注，寗戚扣牛角歌詞，並引三齊略記，或省略字。」

伏琛有《齊記》之作，

> 章宗源《隋書·經籍志考證》卷六：「《齊記》，卷亡，伏琛撰，不著
> 錄。水經濟水注，博昌城西，有南北二城。《後漢書·耿弇傳》注，
> 小城內有漢景王祠。《初學記》天部，安丑城南電都泉出電。《太平
> 御覽》禮儀部，朱虎城東，有魏獨行君子管寧墓碑，魏徵士邴原墓
> 碑。《寰宇記》河南道，堯山南有二水，名東西丹水。並引伏琛齊記。
> 御覽居處部，瑯琊臺始皇碑，稱伏滔地記。」

而晏謨、解道康均有《齊地記》，

> 丁國鈞《補晉書·藝文志》卷二：「《齊地記》二卷，晏謨。謹按見
> 《新唐志》，《御覽》四十二引作晏謀，誤。《太平寰宇記》引此，或
> 作《三齊記》，或作《齊記》，實一書也。」

> 章宗源《隋書·經籍志考證》卷六：「《齊地記》，卷亡。解道康撰，
> 不著錄。《太平御覽》天部，解道康《齊地記》曰，齊有不夜城，蓋
> 古者有日夜中燃於東境，故萊子立此城，以不夜為名。《史記·封禪
> 書》索隱，臨淄天齊五泉，稱解道彪《齊地記》。」

> 近人張國淦《中國古方志考》按云，解道康未詳。《太平御覽》引
> 作解道康《齊地記》，又引作解道《虎齊記》，又引作解道《虔齊
> 記》。于欽齊乘四，引作《解道虎》，《御覽》引有黃初三年，當是魏
> 以後書。〔註48〕

〔註48〕參見張國淦《中國古方志考》，《齊地記》按語，頁187。

崔慰祖之《海岱志》，

> 章宗源《隋書・經籍志考證》卷十三：「《海岱志》二十卷，齊前將軍記室崔慰祖撰。《齊書》文學傳慰祖著《海岱志》，起太公記西晉人物，爲四十卷，半未成。臨卒，與從弟緯書云，海岱志良未周悉，可寫數本，付護軍諸從事人一通，及友人任昉、徐寅，劉洋、裴揆。」

> 按《禹貢》「海岱惟青州」，海岱及淮惟徐州，今山東省東部西南部地。〔註49〕

另有仲長毅之《山陽先賢傳》，

> 文廷式《補晉書・藝文志》卷二：「雜傳，《長仲穀先賢傳》，山陽人。元和姓纂卷五，晉太宰參軍長仲穀著《山陽先賢傳》。案長仲穀無考，姓纂以仲長統爲長仲穀，此亦當是誤例。《隋志》別集類有仲長敖集，疑即此人，敖穀形近而譌。《舊唐志》有仲長統兗州山陽先賢讚一卷。《新唐志》無袞州二字，按仲長統，統字亦誤，疑即姓纂所稱也。」

白褒之《魯國先賢傳》。

> 姚振宗《隋書・經籍志考證》卷二十：「《魯國先賢傳》二卷，晉大司農白褒撰。」

> 章宗源《隋書・經籍志考證》卷十三：「《魯國先賢傳》二卷，晉大司農白褒撰。通志氏族略曰，晉有白褒。兩唐志十四卷，《舊唐志》雜傳類總目，稱褒先賢者舊三十九家，乃因白褒而誤，割裂爲書名也。」

其關於江蘇省者，有陸凱之《吳先賢傳》及贊，

> 章宗源《隋書・經籍志考證》卷十三：「雜傳，《吳先賢傳》四卷，吳左丞相陸凱撰。《新唐志》，陸凱《吳國先賢傳》五卷。」

> 侯康補《三國・藝文志》卷三：「雜傳，《陸凱吳國先賢傳》五卷，《初學記》卷十七，引《吳先賢傳》，故揚州別駕從事戴矯讚曰。猗猗茂才，執節雲停，志勵秋霜，冰潔玉清。……據此知是書體例，每傳必有讚也。」

韋昭之《三吳郡國志》，

〔註49〕同註48，海岱志按語，頁188。

章宗源《隋書‧經籍志考證》卷六：「《三吳郡國志》，卷亡，韋昭撰，不著錄。《寰宇記》江南東道，韋昭《三吳郡國志》曰，孔姥墩，昔有孔氏婦，少寡，有子八人，訓以義方，漢哀平間，俱爲郡守，因名之，亦曰八子墩。輿地碑記目曰，吳興錄，韋昭作。」

虞溥之《江表傳》，

章宗源《隋書‧經籍志考證》卷十三：「雜傳，《江表傳》二卷，虞溥撰，不著錄。見唐志，又雜史類重出五卷。《晉書‧虞溥傳》，溥撰江表傳，子勃上於元帝，詔藏於祕書。魏志三少帝紀注云，鄱陽內史虞溥，著江表傳，粗有條貫。」

顧長生之《三吳土地記》，

章宗源《隋書‧經籍志考證》卷六：「《三吳土地記》，卷亡，顧長生撰，不著錄。《太平寰宇記》江南東道，顧長生《三吳土地記》曰，有雲溪水至深者，又曰掩浦者，昔項羽觀秦皇輿曰，可取而代也，項梁掩其口之處，因名之。」

張勃之《吳地記》，

丁國鈞《補晉書‧藝文志》卷二：「《吳地記》一卷，張勃，謹按見兩唐志。家大人曰，《通志》此書外，又載《勃吳都記》一卷，蓋本一書，訛地爲都也，不複列。」

顧夷之《吳郡記》，

章宗源《隋書‧經籍志考證》卷六：「《吳郡記》一卷，顧夷撰。《後漢書‧楚王英傳》注，橫山北有小山，俗謂姑蘇臺，引顧夷《吳地記》。」

王僧虔之《吳郡地理記》，

章宗源《隋書‧經籍志考證》卷六：「《吳郡地理記》，卷亡，王僧虔撰。《太平御覽》逸民部，王僧虔吳郡地理記曰，處士陸著，漢桓靈間，州府交辟不就。臨卒，誡諸子弟云，勿苟仕濁世，子弟遵訓，終身不仕，並有盛名。」

而劉義慶有《徐州先賢傳》及贊、《江左名士傳》之作，

姚振宗《隋書‧經籍志考證》卷二十：「《徐州先賢傳》一卷，徐州先賢傳讚九卷，劉義慶撰。……按宋氏漢楚元王之後，世居彭城，後居京口，彭城屬徐州，京口亦曰南徐州，皆宋室之鄉國也，故臨

川王爲是書。

　　章宗源《隋書・經籍志考證》卷十三：「《江左名士傳》一卷，劉義慶撰。《世說・賞譽篇》注，杜乂清標令上，謝鯤通簡有識。〈品藻篇注〉，王承言理比南陽樂廣。又劉眞長曰，杜宏治膚清，衛叔寶神清，容止篇注，杜宏治可方衛玠。共引江左名士傳五事。」

另有劉澄之作《揚州記》。

　　文廷式《補晉書・藝文志》卷二：「《揚州記》，世説言語門注，《揚州記》曰：冶城，吳時鼓鑄之所，吳平猶不廢，王茂弘所治也。」

其關於安徽省者，則有劉澄之《豫州記》。

　　章宗源《隋書・經籍志考證》卷六：「《豫州記》，卷亡，劉澄之撰，不著錄。《初學記》地部、劉澄之豫州記曰，陳縣北有芍陂湖，魏將王浚與吳張休交戰處也，又云，城父縣有巢湖，湖周五里，中有三山，有四鼎山。」

其關於浙江省者，有朱育之《會稽土地記》，

　　姚振宗《三國・藝文志》卷二：「朱育《會稽記》四卷，案吳志虞翻傳注，引會稽典錄，孫亮太平三年，育爲郡門下書佐，對太守濮陽興訪本郡人物及吳會分郡始末，凡千數百言，似即是書之緣起。隋志土地記一卷，兩唐志似合人物土地爲一書，故四卷。又以其書人物爲多，故入傳記類。」

謝承之《會稽先賢傳》，

　　章宗源《隋書・經籍志考證》卷十三：「《會稽先賢傳》七卷，謝承撰。《初學記》人事部，陳業送郡守蕭府君喪，揚波出尸，業兄渡海傾命，骨爛不辨，業割血洒骨。設官部，沈勳拜尚書令，名冠百僚。《太平御覽》職官部，茅開爲督郵，平決厭眾心。人事部，闞澤夢見名字，炳照在月中，又淳于長通年十七，鄉黨號曰聖童。服用部，董昆爲大農孚，坐無完席。並引《會稽先賢傳》，唐志卷同。」

賀氏之《會稽記》、《會稽先賢像贊》，

　　姚振宗《隋書・經籍志考證》卷二十一：「《會稽記》一卷，賀循撰。本志雜傳類，有《會稽先賢像贊》五卷，不著撰人，兩唐志並云賀氏撰，似其舊本與此爲一書，凡六卷，後人分析言地域山川者入此類，遂分屬兩類。又宋書州郡志會稽始寧令下，引賀循《會稽記》，

或循之後別有修纂者，又疑續爲循字之誤，又或續上有循字，循蓋
續朱育之書也。」

虞豫之《會稽典錄》，

秦榮光《補晉書・藝文志》卷二：「傳記，《會稽典錄》二十四卷，
虞預撰，據史通，案預本書有傳。隋志作虞豫，考豫傳，元帝后父，
早卒，不言能文。」

而張玄之與王韶之均有《吳興山墟名》，

文廷式《補晉書・藝文志》卷三：「葉夢得《玉澗雜書》曰，張玄之，
晉吳興太守，嘗爲《吳興山墟名》一卷，其記卞山云，峻極，非清
秋爽月，不見其頂。」

嘉秦《吳興志輯本》卷十八：「事物雜志，吳興山墟名，又云晉吳興
太守王韶之撰《吳興山墟名》二卷。」

此外有山謙之作《吳興記》，

章宗源《隋書・經籍志考證》卷六：「《吳興記》三卷，山謙之撰。《續
漢書・郡國志》注，中平年分故障縣置安吉縣，興平二年分烏程縣
爲永縣。世說言語篇注，於潛縣東有印渚，並引吳興記。」

孔靈符與虞愿均有《會稽記》，

章宗源《隋書・經籍志考證》卷六：「《會稽記》，卷亡，孔靈符撰，
不著錄。《宋書・孔季恭傳》，季恭，會稽山陰人，子靈符，爲會稽
太守。」

徐崇《補南北史・藝文志》：「《會稽記》，虞愿撰，見本傳，齊書同。
《隋書・經籍志》未收。」

另有劉道眞之《錢塘記》，

秦榮光《補晉書・藝文志》卷二：「《錢塘記》，劉道眞撰，據《類聚》
水部。案顏氏漢書敘劉寶字道眞，高平人，何由而記錢塘，俟考。」

吳均之《吳郡錢塘先賢傳》。

章宗源《隋書・經籍志考證》卷十三：「雜傳，《吳郡錢塘先賢傳》
五卷，梁吳均撰，不著錄。見《唐志》、《梁書・吳均傳》均著《錢
塘先賢傳》五卷。」

其關於河南省者，則有佚名之《晉中州記》、《司州記》，

文廷式《補晉書・藝文志》卷二：「《晉中州記》，水經穀水注，《晉

中州記》曰，惠帝爲太子，出聞蝦蟆聲，問人爲是官是私。侍兒賈
充對曰，在官地爲官蝦蟆，在私地爲蝦蟆。」

秦榮光《補晉書‧藝文志》卷二：「《司州記》二卷。」

按：中州爲河南通稱。晉司州，今河南省北部反山西省西南，河北
省南部地屬之。

劉澄之作《司州山川古今記》，

姚振宗《隋書‧經籍志考證》卷二十一：「《司州山川古今記》三卷，
劉澄之撰。案《永初山川古今記》，據《宋書‧州郡志》即《永初郡
國記》，不僅記山川一門也，此三卷殆即前二十卷之佚出者。」

宋孝王之《關東風俗傳》，

張鵬一《隋書‧經籍志補》卷二：「《關東風俗傳》三十卷，《北齊書》
廣平宋孝王見宋世軌傳云，孝王求入文林館不遂，因非毀朝士，撰
別錄二十卷，會平齊，改爲《關東風俗傳》，更廣見聞，勒成三十卷，
上之。」

蘇林與陳長文有《陳留耆舊傳》，

章宗源《隋書‧經籍志考證》卷十三：「《陳留耆舊傳》一卷，魏散
騎侍郎蘇林撰。」

文廷式《補晉書‧藝文志》卷二：「雜傳，陳長文《陳留耆舊》傳，
真誥握真輔第一，楊義書云，陳長文耆舊，亦七十二人。陶弘景注
云：此陳留耆舊也。按隋志陳英宗陳留先賢像贊，未知英索即長文
否。」

又陸機、華延儁、戴延之等均有《洛陽記》，

文廷式《補晉書‧藝文志》卷三：「地志類，陸機《洛陽記》一卷。
章宗源考證得六條，按《後漢書‧鮑永傳注》，引此書曰：上商里
在洛陽東北，本殷頑人所居，故曰上商里宅也。《御覽》一百九十
五，陸機《洛陽記》曰：宮門及城中大道，皆分作三，中央御道，
兩邊築土牆，高四尺餘，外分之。唯公卿尚書章服過從中道，凡人
皆行左右，左入右出，夾道種榆槐樹，此三道四通五達也，此其所
遺也。」又「華延儁《洛陽記》，《御覽》一百九十五稱華氏《洛陽
記》，一百七十九稱華延儁《洛中記》。」

丁國鈞《補晉書‧藝文志》卷二：「《洛陽記》一卷，延之即《西征

記》之戴祚，晉末江東人。」

周斐之《汝南先賢傳》。

> 章宗源《隋書・經籍志考證》卷十三：「《汝南先賢傳》五卷，魏周
> 斐撰。《史通・外篇》注，作汝南先賢行狀，《世說》注諸書所引皆
> 稱傳。惟《太平御覽》人事部，引胡定在喪，雪覆其屋事，作行狀。」

其關於湖北省者，則有薛瑩之《荊揚以南異物志》，

> 丁國鈞《補晉書・藝文志》卷二：「《荊揚以南異物志》，薛瑩。謹按
> 見《文選・吳都賦注》。」

> 按：夏周荊州，包有今湖北湖南諸地，春秋時楚，漢武帝復置荊州，
> 魏、宋、齊因之，唐爲荊州江陵郡。

張方之《楚國先賢傳贊》，

> 章宗源《隋書・經籍志考證》卷十三：「《楚國先賢傳贊》，晉張方
> 撰。《新唐志》無贊字，《舊唐志》作先賢志，題楊方撰。愚按文選
> 應璩百一詩注，引應休璉作百篇詩，譏切時事，《藝文類聚》禮部，
> 引先王日祭月享時類歲祀語，並稱張方《楚國先賢傳》，無稱楊方
> 者。」

高範之《荊州先賢傳》，

> 文廷式《補晉書・藝文志》卷二：「高範《荊州先賢傳》三卷，雜傳，
> 北堂書鈔，《太平御覽》諸書並引之。《藝文類聚》六十八，引羅獻
> 事云秦始三年，則晉人也，或作《荊州先德傳》。」

而范注、盛弘之、庾仲雍、郭仲產、劉澄之諸人均有《荊州記》，

> 章宗源《隋書・經籍志考證》卷六：「《荊州記》，卷亡，晉范汪撰，
> 不著錄。」又「《荊州記》三卷，宋臨川侍郎盛弘之撰。」又「《荊
> 州記》，卷亡，庾仲雍撰，不著錄。」又「《荊州記》，卷亡，劉澄之
> 撰，不著錄。」

> 王謨郭仲產《荊州記》輯本：「按《史通》言十六國史內，有宋尚書
> 庫部郎郭仲產追撰石趙事，若此《荊州記》，正從事南郡王時所作，
> 而其先固嘗爲尚書庫部郎，其人亦好述作，故又著有《湘州記》、《秦
> 州記》，亦或以爲仲產作也。」

另有郭仲產、鮑至作《南雍州記》，

> 章宗源《隋書・經籍志考證》卷六：「《南雍州記》，卷亡，郭仲產撰，

不著錄。《太平寰宇記》山南東道，穰縣石橋，水汙爲池，出靈龜，
如金縷；又云，武當山廣三四百里，于霄出霧，學道者常百數，相
繼不絕。並引郭仲產《南雍州記》。」

姚振宗《隋書·經籍志考證》卷二十一：「《南雍州記》六卷，鮑至
撰，《南史·鮑泉傳》，泉，東海人也，時又有鮑行卿，行卿弟客卿，
位南康太守。客卿三子檢、至、正，並才藝知名。」

袁山松之《宜都山川記》。

丁國鈞《補晉書·藝文志》卷二：「《宜都山川記》，袁山松。謹案是
書，原本書鈔，《藝文類聚》、《初學記》、《御覽均引》，或省作宜都
記。蓋山松曾守宜都，此其在郡所著，《藝文類聚》嘯類，載桓玄與
袁宜都書，即山松。」

其關於湖南省者，有楊元鳳之《桂陽記》，

侯康補《三國·藝文志》卷三：「楊元鳳《桂陽記》。《梁書·劉杳
傳》，杳云：桂陽程鄉，有千里酒，飲之至家而醉，任昉曰，吾自當
遺忘，實不憶此，杳云，此楊元鳳所撰置郡事，元鳳是魏代人，此
書仍載其賦云，三重五品，商溪捃里，時即檢楊記，言皆不差。」
按：魏吳桂陽郡，今湖南衡州以南地。

羅含之《湘中山水記》，

丁國鈞《補晉書·藝文志》卷二：「《湘中山水記》三卷，羅含。謹
按是書《水經注》，《白帖》、《御覽》均引作湘中記。此家大人據《崇
文總目》著錄。其書頗及隋唐以後事，蓋後人有所附益，通志誤作
《湘川記》。」

庾仲雍與郭仲產均有《湘洲記》。

文廷式《補晉書·藝文志》卷三：「庾仲雍《湘洲記》二卷，章宗源
考證曰：《初學記》天部，零陵山有石燕，遇風雨則飛，雨止還化爲
石。地理部，應陽縣華子池南有石臼，云是蔡倫紙臼，並引庾仲雍
《湘洲記》。」

《隋書·經籍志》卷二：「《湘洲記》一卷，郭仲彥撰。案此郭仲彥，
當是郭仲產之誤。」

其關於江西省者，則徐整與熊默均有《豫章舊志》之作，

姚振宗《三國·藝文志》卷二：「徐整《豫章舊志》八卷。案《新

唐志・雜傳記》類，徐整《豫章舊志》八卷，又《豫章烈士傳》三
卷。」

章宗源《隋書・經籍志考證》卷十三：「《豫章舊志》三卷，晉會稽
太守熊默撰。」

劉澄之、蕭繹均有《江州記》，

章宗源《隋書・經籍志考證》卷六：「《江州記》，卷亡，劉澄之撰，
不著錄。《初學記》地部，劉澄之《江州記》曰：興平縣蔡子池南有
石穴，深一百許丈，石色青，堪爲書研。」

徐崇《補南北史・藝文志》：「《江州記》，元帝撰，見本紀，《梁書》
同，《隋書・經籍志》未收。」

按：晉置江州，宋齊因之，隋廢州改九江郡，明清南昌、九江、南
康、饒州、吉安、撫州、贛州諸府地。

鄧德明、王韶之均有《南康記》之作。

秦榮光《補晉書・藝文志》卷二：「《南康記》，劉德明撰，據《寰宇
記》引。」又「《南康記》，據《初學記》引，王韶之撰。」

其關於廣東省者，有王範之《交廣二州記》，

丁國鈞《補晉書・藝文志》卷二：「《交廣二州記》一卷，王範，謹
按見《新唐志》，裴松之《吳志注》，引作《交廣二州春秋》，《後漢・
郡國志注》、《水經注》，均引作《交廣春秋》。」

劉欣期、鄧中缶均有《交州記》，

章宗源《隋書・經籍志考證》卷六：「《交州記》，卷亡，劉欣期撰，
不著錄。《水經・葉榆河注》……《文選・吳都賦注》……《太平御
覽》刑法部……並引劉欣期《交州記》。」

文廷式《補晉書・藝文志》卷二：「鄧中缶《交州記》三卷，豫章古
今記云，豫章人，王謨豫章十代文獻略云，按《通志》引豫章書中
作中缶，別無可考，疑亦流寓交州者也。」

此外，顧微、裴淵、劉澄之均有《廣州記》。

文廷式《補晉書・藝文志》卷二：「顧微《廣州記》，《御覽》類聚諸
書多引之。」又「裴淵《廣州記》二卷，左傳宣十二年正義引之。
阮元《廣東通志》云：黃志作二卷，不著年代，謹案酈道元溳水注
已引之，則淵蓋晉人也。」

　　　　章宗源《隋書・經籍志考證》卷六：「《廣州記》，卷亡，劉澄之撰，
　　　　不著錄。」

其關於四川省者，有常寬之《蜀志》，

　　　　丁國鈞《補晉書・藝文志》卷二：「雜史，《蜀後志》，常寬。謹按見
　　　　《華陽國志・寬傳》，《隋志》東京二志一卷，云東京武平太守常寬
　　　　著，即此書。」

常璩之《華陽國志》，

　　　　《四庫全書總目》卷六十六：「載記，《華陽國志》十二卷附錄一卷，
　　　　浙江汪啓叔家藏本，晉常璩撰，璩字道將，江源人，李勢時官至散
　　　　騎常侍，《晉書》載勸勢降桓溫者即璩，蓋亦譙周之流也。」

袁休明之《巴蜀記》，

　　　　文廷式《補晉書・藝文志》卷三：「袁休明《巴蜀記》。」

劉澄之作《梁州記》，

　　　　章宗源《隋書・經籍志考證》卷六：「《梁州記》，卷亡，劉澄之撰，
　　　　不著錄。《初學記》地部，劉澄之《梁州記》曰：關地西南百八十里
　　　　有白水關，昔李固解印綬處。」

而李膺有《益州記》之作。

　　　　章宗源《隋書・經籍志考證》卷六：「《益州記》三卷，李氏撰。《南
　　　　史・梁李膺傳》，膺字公胤，爲益州主簿，使至都，武帝悅之，以爲
　　　　益州別駕，著《益州記》三卷。」

以上所述，除遊記、宮殿簿、古蹟、舊事記之一部分者，未遑備述外，漢隋
間州郡地記之見於著錄者，大半俱此，惟其中誤記、複出、僞託、因襲，以
及內容之分量性質，及時代問題，則尚待詳考。然則，即此觀之，亦可見斯
時地志發達之梗概矣。

四、地理總志

　　漢隋間古方志書，內容包括數省者，有張晏之《地理記》及《土地記》，

　　　　姚振宗《三國・藝文志》卷二：「張晏《地理記》，爾雅釋鳥郭璞注，
　　　　鳥鼠同穴，……郭璞注爾雅，引張氏《地理記》云云，《水經注》即
　　　　作張晏，是張晏所著又有《地理記》，惜不傳。」

　　　　王謨張氏土地記輯本：「案《隋唐志》俱不載此記，而郭璞於注《爾

雅》、《山海經》並引其說，此書必當為漢魏間人撰，如酈道元《水經注》指作張晏，疑爲近之。」

皇甫謐之《地理書》、《郡國記》、《國都城記》，

丁國鈞《補晉書・藝文志》卷二：「皇甫謐地書，謹按見《隋書・崔賾傳》。」

秦榮光《補晉書・藝文志》卷二：「《郡國記》，據《太平寰宇記》卷百五十三引，皇甫謐撰。」又「國都城記，據《初學記》地部引，皇甫謐撰。」

摰虞之《畿服經》，

王謨《畿服經》輯本：「按《隋志》云：晉世摰虞，依禹貢周官作《畿服經》，其州郡及縣分野，封略事業，國邑山陸水泉，鄉亭城道里，土田民物風俗，先賢舊好，靡不具悉，凡一百七十卷，今亡。」

佚名之《太康土地記》、《元康三年地記》、《永寧地誌》、《晉地記》，

丁國鈞《補晉書・藝文志》卷二：「《太康土地記》十卷，謹按見《新唐志》，是書《史記正義》引作《晉太康地記》，索隱引作《太康地理志》，《宋書・州郡志》引作《太康地志》。」又「《元康三年地記》六卷，謹按見《隋志》。《續漢書・郡國志》注，引《元康地道記》，《藝文類聚》地部引《元康地記》，皆即此書。」又「《晉地記》，謹按見《宋書・州郡志》。」又「《永寧地志》，謹按見《宋書・州郡志》，永寧惠帝年號。」

伏滔之《地記》，

丁國鈞《補晉書・藝文志》卷二：「伏滔《地記》，謹按是書，《藝文類聚》百八十五，原本書鈔百六十均引。」

荀綽之《九州記》，

文廷式《補晉書・藝文志》卷二：「荀綽《九州記》，案《魏志・袁渙傳》注，渙子準，荀綽《九州記》稱準有儁才。」

樂資之《九州記》，

章宗源《隋書・經籍志考證》卷六：「《九州記》，卷亡，樂資撰，不著錄。」

陸澄之《地理書》，

章宗源《隋書・經籍志考證》卷六：「《地理書》一百四十九卷，《南

齊書・陸澄傳》，澄撰《地理書》。《唐志》一百五十卷，《隋志》有
錄一卷，《唐志》乃合目錄言之。」

任昉之《地記》，

《隋書・經籍志》卷二：「《地記》二百五十二卷，梁任時增陸澄之
書八十四家，以爲此記。其所增舊書亦多零失，見存別部行者，惟
十二家。」

顧野王之《輿地志》，

徐崇《補南北史・藝文志》：「陳《輿地志》三十卷，顧野王撰，見
本傳，陳書同。」

闞駰之《十三州志》等等。

章宗源《隋書・經籍志考證》卷六：「《十三州志》十卷，闞駰撰。《後
魏書・闞駰傳》，駰撰《十三州志》行於世。《史通・雜述篇》曰，
地理書者，若朱贛所採，浹於九州，闞駰所書，殫於四國，斯則言
皆雅正，事無偏黨。」

若此者多矣。至如《外域記傳》，魏晉之世，因佛教與商業之關係，撰作亦多，
凡此亦足見斯時地理知識之發達矣。

魏晉以降，賞玩山水之美風行，地理方志之作漸興，流風所及，道元乃
博采地記故書，撰注水經，其模山範水，溯流窮源，因水以證地，即地以存
古，遷貿畢陳，故實駢列，周思繢慮，有心立說，遂集斯學之大成焉。近人
譚家健〈試論水經注的文學成就〉一文云：〔註50〕

兩晉南北朝時期的山水散文，首先萌發于地理著作之中。如晉袁山
松《宜都山川記》，晉羅含《湘中記》，晉任豫《益州記》，劉宋盛弘
之《荊州記》，劉宋孔曄《會稽記》等等。同時包孕于從征出訪的記
述之內，如晉郭緣生《述征記》，戴延之《西征記》，伍輯之《從征
記》，釋法顯《佛國記》等等。這些書在主要記錄山河、城邑、關隘、
險徑、宮殿、廟宇的同時，也即興描寫了一些名山勝水的奇特而優
美的景物。……《水經注》就是在這樣的文學潮流中產生的。

道元努力地理之學，嘆《山海經》之不備，《漢書・地理志》之不周，《禹貢》、
《職方》簡陋，都賦所述粗略，退而注《水經》。謂其受時風之影響，足跡所
至，輒留心考察，應山水之靈，成千古之作，譚氏所言，可謂深得其旨矣。

〔註50〕同註24。

第四章　歷代《水經注》刊刻研究概說

　　《水經》始見《隋志》，未提撰人〔註1〕，而後學者論定，固已言人人殊矣。郭璞、桑欽各有所據；唐玄宗《唐六典》始以爲桑欽所作；杜佑《通典》以經中所載地名，有東漢順帝更名者，知出順帝以後；石晉劉煦《舊唐書》始稱《水經》晉郭璞撰；宋景祐間編《崇文總目》，《水經》仍闕著者；歐陽修《新唐書》，並記桑郭而未敢定；其後鄭樵《通志》、晁公武《郡齋讀書志》並主桑欽，欽漢成帝時人也；王應麟《困學記》因《水經》下及魏晉地名，疑《舊唐志》作郭璞者近是；諸家並爲附會之說，不可信也。唯宋姚寬《西溪叢語》以酈氏屢引桑語，遂疑經文非桑氏所撰。降及清代，閻若璩《尚書古文疏證》以郭璞注《山海經》，引《水經》有八，證非郭氏之作；胡渭《禹貢錐指》又考得桑書爲地理志，不名《水經》，證《水經》創自東漢，晉人續成之，非出一時一人之手，而後桑郭著《水經》之說破；又自《水經注》序失而復得，不言經作於桑欽，而桑欽撰《水經》之說亦廢。其後戴震、趙一清、全祖望、楊守敬等推尋字句，釐正經注，編定篇目，考證地名，知《水經》大抵爲三國時人所作，下不逮晉代，證據確鑿，則《水經》作者雖無考，亦無疑義矣。

　　現存單行《水經》，版本頗多，卷數不一，所著作者，並作桑欽，可見者有下列十種：

　　一、清順治三年宛委山堂重刊說郛本号一百八，二卷，漢桑欽作。

　　二、明楊愼刊本，三卷。

　　三、明正德戊寅盛虁據楊本校刊，三卷。

四、明崇禎何允中刻《漢魏叢書》七十六種本，二卷，桑欽作。

五、明嘉靖間何鏜刻《漢魏叢書》，三卷，漢桑欽作。

六、清乾隆五十六年，王謨增訂《漢魏叢書》八十六種本，三卷，漢桑
欽作。

七、清乾隆蘇州書坊刊廣《漢魏叢書》八十種本，二卷。

八、清宣統三年張氏增校，育文書局石印《漢魏叢書》九十六種本，三
卷，漢桑欽作。

九、錦囊小史本，二卷，漢桑欽作。

十、五朝小說大觀本，漢桑欽作，不分卷。

魏晉以來，注《水經》者凡二家：郭璞注三卷，隋志著錄，杜佑作《通
典》時猶見之，原文合《山海經》為《海內經》中之一段，今不復單行，亦
不稱《水經注》矣〔註2〕。而酈道元注四十卷，《北史》、《魏書本傳》並記之，
《隋志》亦著錄，經籍所載，均無異說。然隋唐以來，諸史所記，頗多歧異，
約舉如次：

《隋書‧經籍志》：《水經》三卷郭璞注。《水經》四十卷酈善長注。

《舊唐書‧經籍志》：《水經》三卷郭璞撰，又四十卷酈道元撰。

《新唐書‧藝文志》：桑欽《水經》三卷，一作郭璞撰；酈道元注《水
經》四十卷。

《鄭樵通志藝文略》：《水經》三卷漢桑欽撰，郭璞注。《水經》四十
卷酈道元注。

《晁公武郡齋讀書志》：《水經》四卷，右漢桑欽撰。欽，成帝時人。
《水經》三卷，後魏酈道元注。〔註3〕

〔註2〕畢沅《山海經篇目考》一文云：「沅曰：海內東經篇中自『岷三江首』至『漳
水入章武南』，多有漢郡縣名。據《隋書‧經籍志》云『水經三卷，郭璞注』，
《舊唐書‧經籍志》云『水經二卷，郭璞撰』，此水經，隋唐二志皆次在《山
海經》末，當即海內經中文也。又有《水經》四十卷，酈善長注，乃桑氏之
經。杜佑不知郭注是《海內東經》中《水經》，乃云《水經》郭璞注三卷，後
魏酈道元四十卷，皆不詳所撰者名氏，亦不知何代之書，是以二經為一。又
引經云濟水過壽張云云，而責景純注解疏略，是以郭璞為注桑氏之書，其謬
甚矣。」語出畢沅《山海經新校正‧序文》，頁5。此誠畢氏之篤識，郭氏《水
經注》合于《山海經》，未知始于何時，今不復單行矣。

〔註3〕此條參見《郡齋讀書志》，卷八，頁6。趙一清《水經注釋》附錄下案：《水經》

《崇文總目》:《水經》四十卷,桑欽撰。〔註4〕

《宋史·藝文志》:桑欽《水經注》四十卷,酈道元注。

今酈道元注四十卷行世,遂獨用《水經注》之名稱。酈注成書于何時,考《水經注》原序有云:

竊以多暇,空傾歲月,輒述水經,布廣前文。

是知道元注述《水經》,當在其閒逸多暇之時。按:道元一生,浮沉宦海,而以延昌四年(西元515)遭免,爲時最長;又《水經注》爲書,卷帙浩繁,且經道元訪瀆搜渠,脈其支流之吐納,診其沿路之所躔,緝而綴之,則其書當非一二載可成也。且書中所載最後之官職,即爲延昌四年任東荊州刺史之事。注云:〔註5〕

余以延昌四年,蒙除東荊州刺史,州治比陽縣故城。

而行跡繫以年月者,最晚爲正光年間事(西元520~西元524),如《水經注》卷二十六〈沐水〉「又南過陽都縣東入于沂」條云:〔註6〕

魏正光中,齊王之鎮徐州也。

總計自延昌四年(西元515)至正光中(西元524)止,前後歷時,近十年矣。故劉汝霖東晉南北朝學術編年謂道元注水經,乃正光中事〔註7〕,殆不誤也。

　　以下茲依朝代先後,略敘《水經注》刊刻研究之梗概。文中凡於版本之傳承,開梓之情況,及學者一己之所得,皆不殫繁瑣,務期深入,藉見酈學之大凡焉。而諸家生平行誼,苟有可考,亦必精擇而簡述之。至若民國以來,單篇論文之散見各期刊者,逐附於本論文之參考書目,以省篇幅,此權宜之計也。

第一節　隋唐之《水經注》

　　酈道元字善長。《北史·酈道元傳》附〈酈範列傳〉,《魏書·酈道元傳》

郭璞注三卷,酈注四十卷,歷考史志無云四卷者,晁氏所題誤矣,或是四十卷,脫去十字耳。

〔註4〕按:歐陽玄序《補正水經》,稱此本已亡五卷。胡渭、戴震、趙一清、全祖望並作此說,今《粵雅堂叢書本》,後知不足《齋叢書本》,及《汗筠齋叢書本》並脫此語。

〔註5〕參見王氏《合校水經注》,卷二十九,頁16。

〔註6〕同註5,卷二十六,頁3。

〔註7〕參見劉汝霖《東晉南北朝學術編年》,卷五之下,頁382。

列入〈酷吏傳〉中，二傳並言：

> 道元好學，歷覽奇書，撰注《水經》四十卷，《本志》十三卷，又爲
> 〈七聘〉及諸文，皆行於世。

《水經》酈道元注四十卷，隋志著錄，應見當時通行本，其爲寫本或刊本，今已無可考矣。

有唐一代，《水經注》名不甚著，學者鄙視之，如杜佑《通典》據河源濟瀆二事，訾毀百端，謂爲僻書；劉知幾《史通》亦譏其繁而不窮。《新唐書》卷五十八〈藝文志〉，載李吉甫《刪水經》十卷，其書久佚，不知取捨如何，然李氏著《元和郡縣志》、徐堅《初學記》、歐陽詢《藝文類聚》、李善《文選注》等，引證酈注頗多，而張守節《史記正義》稱引尤富。〔註8〕

第二節　宋代之《水經注》

五代之亂，政綱隳壞，內亂紛乘，《水經注》缺佚多卷，錯簡闕文訛字，不可勝計，宋初所行，已非完帙。錢曾《讀書敏求記·跋水經注》一文有云：〔註9〕

> 昔者陸孟鳧先生有影鈔宋刻《水經注》，與吾家藏本相同，後多宋板
> 題跋一葉，不著名氏，余因錄之，其跋云：「水經舊有三十卷，刊于
> 成都府學官，元祐二年春，運判孫公始得善本于何聖從家，以舊編
> 校之，纔載三分之一耳。乃與運使晏公委官校正，募工鏤板，完缺
> 補漏，比舊本凡益編十有三，共成四十卷，其篇帙大小，次序先後，
> 咸以何氏本爲正。元祐二年八月初一記」。

觀此跋語，則知《水經注》宋初所行，已非足本。宋本之可考者，明清以來，相傳尚有九種，分述如次：

一、崇文館藏本

《崇文總目》稱酈注四十卷，亡其五，則宋仁宗之世（西元 1023～西元 1063），已非完書。其書爲何時刊本，或寫本，今已無考。

〔註8〕按：例如《元和郡縣志》卷十三，河東道三，太原府，廣陽縣；《初學記》卷
　　　　八，關內道第三，芹谷；文選卷二十七，樂府上，謝玄暉《之宣城出新林浦
　　　　向版橋》，李善注等等即是。

〔註9〕語出錢曾《水經注》四十卷·跋，見《讀書敏求記》；又見趙一清之《水經注
　　　　釋》附錄下。

二、蜀刊本

三十卷，吳壽暘《拜經樓藏書題跋記》作二十卷，誤。成都府學官刊行，詳錢曾所引跋語（見前），時通行民間。元歐陽玄《補正水經序》曰：〔註10〕

> 金禮部郎中蔡正甫，作《補正水經》三卷，翰林應奉蘇君伯修購得
> 其書，將版行之，屬余序其篇端。……是書雖因宇文氏之感發，而
> 有以正蜀版遷就之失，其詳於趙代間水，此固景純之所難，若江自
> 潯陽以北，吳淞以東，則又能使道元之無遺恨者也。

歐陽玄序稱蔡珪之書「有以正蜀版遷就之失」，則此本至元時猶傳於世。

三、何聖從本

何郯字聖從，《宋史列傳》卷八十一有傳，本陵州人，徙成都，歷官侍從，提舉玉局觀，以尚書右丞致仕，王荊公有「呈聖從待制詩」，即其人也。何氏本卷數未詳，錢曾引跋語稱較蜀本益編十有三〔註11〕，蓋當時善本也。然何氏本刊于何時，或抄于何人，其源流不可考矣。

四、元祐刊本

元祐刊本四十卷，分二十冊。宋哲宗元祐二年（西元1087），運判孫公與運使晏公委官，用何聖從家本《水經注》校正新刻，完缺補漏，比蜀本凡益編一十有三，共成四十卷，其篇帙大小，次序先後，咸以何本為正，是乃後刻《水經注》之祖本也。全謝山《贈趙東潛校水經序》一文云：〔註12〕

> 據崇文總目，則館閣所儲本亦只三十五卷，據元祐無名氏跋，則蜀
> 本且只三十卷，是以歐陽兌公（修）尚未見四十卷之著錄。及何聖
> 從本，幸復其舊，然已云篇帙不無小失。而以《太平寰宇記》諸書
> 校之，則逸文之不見于今本者，不下數百條。說者以謂原本當有弱、
> 黑、涇、洛、滹沱諸篇，而今不可得見矣，是豈止小失乎哉？

謝山謂成都刻本「幸復其舊」，殆指篇數回復四十卷之舊也。夫復四十卷之舊，自此本始，然經注淆亂，亦自此本始矣。《四庫提要》稱今書仍作四十卷，蓋宋人重刊分析，以足原數，指此。趙一清稱「元祐二年之刻，大氐與今書相

〔註10〕語出歐陽元《補正水經序》，見《元文類》，又見趙一清之《水經注釋》附錄下。

〔註11〕同註9。

〔註12〕語出全祖望〈贈趙東潛校水經序〉，見《鮚埼亭集》，卷三十二，頁410。

仿」〔註13〕，而全祖望亦曰：「又據云爲次少失，則知其校之不精，且一百三十七篇之目，見於《唐六典》所志，今實止一百二十四篇，則仍佚其一十三篇，其非足本，不待言。」〔註14〕全、趙所言，必有所據。

五、宋刊本

此宋刊本，明謝兆申所見，用以校正〈河水〉、〈淇水〉、〈灅水〉、〈江水〉、〈淯水〉諸篇錯簡，又補〈渭水〉脫文，凡八十餘字。明馮夢禎亦曾用此本校過，事詳《愛日精廬藏書志》。

六、影宋本

此影宋本，明柳僉所見，用以校正〈渠水〉、〈潁水〉二篇錯簡，又補〈渭水篇〉脫文，凡四百二十餘字〔註15〕。其後馮舒、孫潛並以柳僉抄本校勘。據《讀書敏求記校證》所云：

> 黃丕烈云：影宋本，顧抱沖曾得一部，蔣鳳藻云影宋本今在甯波馮氏，張芑齋曾經借校一過，欲刊未果。鈺案陸心源又有馮己蒼校本，係崇禎十五年用柳大中影宋本校，復以謝耳伯所見宋本增改，見儀顧堂續跋。

由此可知，影宋本流行頗廣，唯今不知入何人之手矣。

七、宋　本

此宋本，清黃儀所得，用以校正〈渭水篇〉錯簡，尤爲有功。此宋本與以上之宋刊本、影宋本，似各爲一槧，故有得有失，或不相合，至其源流，亦無考矣。

八、宋刊殘本

此宋刊本，傅沅叔家藏，通存卷十有二，其卷次爲卷五至八，卷十六至十九，卷三十四，卷三十八至四十，惟卷五缺前二十六葉，卷十八祇前五葉耳。此本每半葉十一行，行二十字，注低一字。白口雙闌，版心下記刊工姓名，可辨者有吳禮、陳忠、陳高、蔣暉、姚宏、胡端、洪新、朱諒、洪乘、洪茂、方擇、方成、洪先、尤先、施宏、李榮、施蘊、胡瑞諸人。宋諱「殷

〔註13〕語出趙一清之《水經注釋》附錄下。
〔註14〕語出全祖望〈校水經注題辭〉，見《全校水經注》附錄上。
〔註15〕事詳全祖望〈柳氏水經校本跋〉，見《全校水經注》附錄上。

弘玄敬匡貞極」，均缺末筆，然殘本「桓」、「構」二字，有避，有不避，如：「桓」字每作「栢」，惟卷十九葉五作「桓譚」，同卷葉十三有「以節桓之心爲博」；其避「構」字，而卷十九葉四作「基構」，卷六葉十三「搆」作「構」，殆或爲宋南渡初梓耳。

　　傅沅叔〈宋刊殘本水經注書後〉記此諸卷，跋之曰：〔註16〕

　　　　考《水經注》一書，舉世未聞以宋刻著錄者。錢遵王言陸孟鳧有影
　　　　鈔本，黃蕘圃言顧抱沖得影宋本，全謝山言柳大中手鈔宋本，皆未
　　　　嘗親見宋刻也。惟陸存齋藏馮已蒼校本，言先以柳大中影宋本校，
　　　　復以謝耳伯所見宋本增改，然亦不詳宋刻之款式及爲何人所藏也。
　　　　明代嘉靖之黃省曾刻本，萬曆之朱謀㙔刻本，其自序咸不言得見宋
　　　　本。卷中所稱宋本云云者，大率皆影宋本耳。此本舊藏內閣大庫，
　　　　故外間無由得見。然以叢積數百年無人釐整，蟲傷水泡，殘損已甚，
　　　　所存各卷黴濕薰染，紙冊膠凝，堅實如餅。曝之蒸之，差可觸手，
　　　　乃揭之使開，裝背成冊，聊便披覽，而文字斷欄，求一葉之完者，
　　　　已不可得，洵可謂碩果之僅存者矣。

夫各本之誤，得大典本可爲證，大典本之誤，或待宋刻以糾正也。此本舊藏內閣大庫，故外間無由得見。自宋殘本出，保存宋刻之眞跡，學者得藉之以辨識宋刻本，其價值昭昭，胡適言之詳矣，其言曰：〔註17〕

　　　　殘宋本十一卷有零，在《水經注》版本史上所以有絕大價值者，只
　　　　因爲此本殘存各卷，可以使我們知道眞正宋刻本是個什麼樣子。換
　　　　句話說，這些殘卷給了我們一個辨認《水經注》宋刻本的可靠標準。
　　　　有了這個標準，我們才可以判斷永樂大典本的底本是宋刻本，孫潛
　　　　校的柳大中鈔本的底本是宋刻本，常熟瞿氏藏的明抄本的底本是宋
　　　　刻本，海鹽朱氏藏的明抄本的祖本也是宋刻本，五硯樓袁氏校的抄
　　　　本的祖本也是宋刻本。

　　　　有了這個標準，我們又可以判斷黃省曾刻本的底本，是兩個有錯葉
　　　　有脫葉，又有錯誤的抄宋本。用這個標準，我們還可以判斷朱謀㙔
　　　　用的謝兆申的「宋本」，大概是一個不完整的鈔宋本，如朱箋卷十八
　　　　仍脫一整葉，便是鐵證。

〔註16〕語出傅增湘〈宋刊殘本水經注書後〉，載《圖書季刊》新二卷二期，頁171。
〔註17〕語出胡適〈水經注版本考〉，見《胡適手稿》第四集，宋刻本，頁35～37。

是知宋刊本之價值，尚不在字句之末，明以來抄刻諸本之源流，得此始可瞭然，蓋三百年來人間未見此祕籍矣。

九、宋校本

宋校本四十卷，十四冊，海源閣宋元祕本書著錄〔註18〕，但未詳校者姓名，又未詳以何本校之也。

宋人頗重酈書，學者著述，引用極多，如洪适之《隸釋》卷二十，凡考《水經注》碑版文百一十有四〔註19〕；又如李昉《太平御覽》、樂史《太平寰宇記》、宋敏求《長安志》、王存《元豐九域志》、王應麟《玉海》、胡三省《資治通鑑注》等等，皆其著者，唯時尚乏專門研究之作也。歸納言之，北宋時人所見《水經注》之卷數，殆有三焉：

> （一）慶曆元年（宋仁宗，西元 1041），政府四館所藏寫本《水經注》四十卷，亡其五。
>
> （二）元祐（宋哲宗，西元 1086）以前，流行于成都之刻本《水經注》，三十卷。
>
> （三）元祐二年（宋哲宗，西元 1087），成都新刻何聖從家本《水經注》，四十卷。

元祐二年蜀新刻本，即後行《水注經》刻本之祖本，雖號稱四十卷，其實亦非完本，故《元和郡縣志》、《太平寰宇記》引《水經注·滹沱河》、〈涇水〉、〈洛水〉諸篇文字，今本皆無，云四十卷者，蓋後人所分，以傅合其卷數。是知酈書遺漏缺佚，北宋已然，惟賴諸家稱引，存其逸文之鱗爪耳。

第三節　金元之《水經注》

宋本《水經注》，傳世已少，金元刊本，所見更稀。《金史》卷一二五蔡珪附見其文列傳稱，珪有《補正水經》五篇，珪著述時，其書猶存。珪字正甫，生卒年不詳，其本傳曰：

> 珪之文有《補正水經》五篇，合沈約、蕭子顯、魏收宋、齊、北魏志作《南北史志》三十卷，《續金石遺文跋尾》十卷，《晉陽志》十二卷，《文集》五十五卷。《補正水經》、《晉陽志》、《文集》今存，

〔註18〕參見《海源閣宋元秘本書目》。

〔註19〕參見《石刻史料新編》，卷九，洪适《隸釋》，卷二十，頁1～32。

餘皆亡。

《補三史藝文志》所記同。而《元史・藝文志》作三卷，又稱一作《水經補亡》四十篇，《補遼金元藝文志》亦作《水經補亡》三卷。而元遺山《中州集》亦稱《水經補亡》四十篇，蘇伯修購得其書，釐爲三卷，其〈題補正水經後〉爲之序曰：〔註20〕

> 《補正水經》者，金禮部郎中蔡公珪所述也。蔡氏世家眞定，父祖皆仕於金，公生長富貴，雅好著述，予自蚤歲訪公遺書，得其文集五十五卷。《晉陽志》十二卷，《燕王墓辨》一卷，《補正水經》三卷，其他《補南北史志》六十卷，《古器類編》三十卷，《續歐陽父金石遺文》六十卷，並《跋尾》十卷，皆已不存，而《文集》乃高丞相汝礪模本，《晉陽志》、《墓辨》、《水經》皆寫本也。至順三年春，予爲江南行臺御史，彙《水經》將板行之，適奉紹錄囚湖北，七月歸至岳陽，與郡教授于欽止覽觀山川，欽止言洞庭西北爲華容，而縣尹楊舟方校水經，念其文多訛闕，予因以補正示之，今所刻者是也。

蘇氏所刻蔡珪《補正水經》，于元至順三年（西元 1332），刊行於世，歐陽玄爲之序，謂可以正蜀板遷就之失〔註21〕，亦作三卷，金史本傳作五篇，誤矣。蔡氏補正，蓋補酈注之亡，乃今所見專門研究《水經注》之始，惜書久佚，未知其補亡何如也。

第四節　明代之《水經注》

　　明儒好古，酷愛酈注，點編校刊，不遺餘力。永樂（明成祖，西元 1043～西元 1424）之後，學者相率考究，惜以方法未精，尚不能闢荊棘，以臻完善。茲將明代抄刻研究酈書之成績，分述如次：

一、永樂大典本

　　《永樂大典》本《水經注》，合抄十五卷，分八冊，引《水經注》全部及酈序，爲他本所鮮見。前四冊（《永樂大典》卷 11127 至 11134），涵芬樓藏；後四冊（《永樂大典》卷 11135 至 11141），高陽李玄伯原藏，今歸北京大學圖

〔註20〕語出蘇天爵〈題補正水經後〉，見《滋溪文集》。又見趙一清《水經注釋》附錄下，頁 18。
〔註21〕同註 10。

書館。

《永樂大典》有稿本、正本及副本三種〔註22〕。明永樂六年（西元1408）初次寫成，重錄本有「重錄總校官侍郎臣高拱」諸人銜名，高拱爲侍郎，時在嘉靖四十一年至四十四年（明世宗，西元1562～西元1565）間，後升尚書，故《大典》重寫，殆於嘉靖四十一年至四十四年間。此八冊，民國二十四年十二月由上海商務印書館借印補完，已爲合浦之珠，爲《續古逸叢書》之四十三，末尾附海鹽張元濟〈水經跋〉，略敘大典本《水經注》之梗概，其言曰：〔註23〕

> 是爲嘉靖重錄之本，全書收入賄韻水字中，起卷一萬一千一百二十七，終一萬一千一百四十一，凡十五卷，此蓋依《大典》全書篇帙之多寡，定卷冊之厚薄，故與原書分卷不同，嘉靖迄今，四百餘年，幾經兵燹，而煌煌巨冊，猶在人間，首尾完善，一無殘逸，不可謂非藝林盛事。《四庫總目》謂原出宋槧善本，戴震以朱謀㙔本校上是書，補其闕漏者二千一百二十八字，刪其妄增者一千四百四十八字，正其臆改者三千七百一十五字，雖訛奪倒互隨在皆有，而善長遺籍，得藉是以還舊觀，抑亦世間鴻寶矣。戴校定本自聚珍版印行，舉世奉爲圭臬，同時有趙一清《水經注釋》，大旨相合，四庫亦著於錄，提要於其注中有注，雙行夾寫之說，甚有微詞，趙氏成書在前而出書在後，戴氏反之，於是二家爭端以起。袒戴者謂依據《大典》原本，經注分別之三例，爲戴氏所發明；袒趙者，謂分經分注見於全

〔註22〕按：明初，秘府所儲典籍遠承宋元兩代之遺，元以燕京爲大都，開國之初，伯顏席捲臨安圖籍，北致於燕，及明興，徐達入北京，封其府庫圖籍寶物，復輸之於南，且詔求四方遺書，設秘書丞，尋改翰林典籍以掌之，是以姚福有言：「前代藏書之富，無過本朝，永樂辛丑，北京大內新成，敕翰林院：『凡南京文淵閣所貯，自一部至百部，各檢一部，送至北京。餘悉封識如故』。時修撰陳循如數取進得一百櫃，督舟十艘，載以赴京。」（見《清溪暇筆》）觀姚氏此言，足見當日南京文淵閣儲藏之宏富，故全祖望謂《永樂大典》所引書，悉出文淵閣儲藏本（見全氏鈔《永樂大典記》）。永樂五年，大典修成，凡二萬二千九百三十七卷，內目錄並凡例六十卷，裝一萬一千九百九十五冊，並御製序以冠之。此書用韻以統字，用字以繫事，以《洪武正韻》爲綱，全如韻府之體，其每字之下，詳列各種書體，亦用顏真卿《韻海鏡源》之例，書高一尺六寸，廣九寸六分，以粗黃絹連腦包裹，硬面宣紙，朱絲欄，半頁八行，行大字十五，小字倍之，硃書書名，硃圈句讀。嘉靖四十一年，禁中火，世宗亟命救出，旋敕儒臣照式摹鈔。

〔註23〕語出《永樂大典》本《水經注》，冊八書尾張元濟跋。

氏之七校本，而趙氏因之，戴氏竊據潤飾，偽託《大典》以掩其跡。
主前說者，有孔氏繼涵段氏玉裁程氏易疇；主後說者，有魏氏源張
氏穆楊氏守敬；而調停其間者為王氏先謙。聚訟紛紜，幾為士林一
大疑案，今何幸異書特出，百數十年之癥結，渙然冰釋，是書之幸，
亦讀者之幸也。高宗親題謂雖多割裂，按目稽核，全文具存，又曰：
永樂大典所載之書，散入各韻，分析破碎，殊無體例，是亦其一。
余誦其言，初疑必以一水名，分列一韻，今睹是本，乃知不然。於
此益信為學之道之不可耳食矣。

大典本《水經》末卷「右禹貢山水澤地所在凡六十」之下，並附鈔《玉海》
論《水經》諸條，凡七百餘字，雜鈔而已，無編排次序，蓋《大典》編纂者
附加之參考資料耳。

　　《四庫提要》稱《大典》本所據，猶屬宋槧善本，楊守敬極駁此說，
其言曰：〔註24〕

若謂《大典》本是宋刊善本，故多與趙訂相同，此亦不然，此書宋
本，明代謝耳伯見之，孫潛見之，國朝錢遵王藏之，乾隆間沈大成
亦見之，若果有與趙氏所訂同者，何以謝耳伯、孫潛等所校之字，
不過百一，而亦未與大典本同。尤可證者，曹石倉藏書最富，所撰
名勝志，幾以《水經注》全部彙入，其所訂為趙氏所不收者，尚千
數百字，而其沿誤，與朱本同亦不少。若謂曹氏見宋本耶？何以不
能與趙戴同耶，乃知大典本與朱本，實不甚有異同。

有清一代，魏源、張穆曾親校之〔註25〕，知其與明代通行本無甚大異。今以
原序校勘之，亦知《大典》本與宋本實不同也。

　　胡適嘗比較殘宋本、《永樂大典》本二本，謂《大典》本《水經注》校刻
之精，洵勝于殘宋本，其例證曰：〔註26〕

（一）卷一一一二九，葉一下十一行，「戶口如故」，殘宋本作「戶
　　　口和故」，黃省曾本也作「戶口和故」。

（二）同上卷葉二上十二行，「逕濕陰縣北」，殘宋本作「溫陰縣」，
　　　此是濕字，古寫作濕，故誤為溫。黃省曾本亦作「溫陰」，吳

〔註24〕語出楊守敬《水經注疏要刪》，凡例，頁 5。

〔註25〕參見趙校《水經注跋》，載《思益堂集日札》；全校《水經注》辨証。見全
　　　　校刊本。

〔註26〕同註 17，頁 45～46。

琯本同。朱謀㙔本正文亦作「溫陰」。箋云,「溫陰宋本作漯
陰。」譚元春、項絪、黃晟諸本皆同朱本,這一個字可以使
我們明白,黃省曾本與殘宋本的底本,至少有一部分同一系
統,而《大典》本的祖本別是一個宋刻本。(殘宋本此條下文
引應劭語,作「漯陰」,不誤。)

（三）同上卷葉八下一行:古文瓚語曰,晉平父與齊景公乘,至于
澮上,見乘白驂八駟以來,有大,貍身而狐尾,隨平公之車。
公問師曠,對,首陽之神有大,貍身狐尾,其名曰(闕)者,
飲酒得福則徼之。

殘宋本此處有殘缺,其款式如下:□□□語曰,晉平公與齊景父乘,
至于澮□□□□□□□以來,有大,貍身而狐尾,隨平公□□□
□□□首陽之神有□貍身狐尾其名□□□□□□□則徼之。

此條「古文瓚語」是「古文瑣語」之誤。兩個「有大」都是「有犬」
之誤。但大典本「其名曰」之下空一字,旁注一個「闕」字,故「其
名曰□者飲酒得福則徼之」,共佔十二個字的地位。殘宋本「其名」
之下,「徼之」之上,只有七個字的地位,故我們可以知道殘宋本作
「其名曰者」,曰字下不空,亦不注「闕」字。黃省曾本作「其名曰
者」,海鹽朱氏藏明抄宋本亦作「其名曰者」。《太平御覽》卷四十引
此文,「其名曰」之下,「者」字之上,空五個字的地位。此可證大
典本「曰」字下注「闕」字爲最合理,而黃本與明抄本與殘宋本同
作「其名曰者」,爲同一個來源。

胡適因謂由此可證,《大典》之底本別出于一校刻更精之宋本,與殘宋本異,
其淵源系統如下:

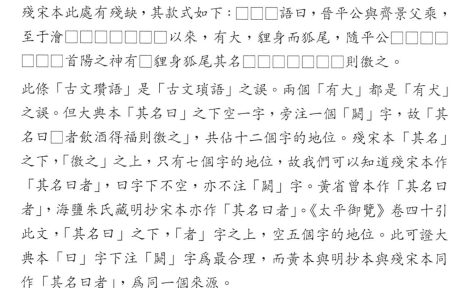

甲本 → 《永樂大典》初寫本 → 《永樂大典》重錄本

乙本（殘宋本之原本）──┬── 黃省曾刻本所用祖本之一
　　　　　　　　　　　　└── 海鹽朱氏藏明抄宋本

現存《大典》本乃嘉靖重錄本,鈔寫舛誤頗多,茲舉數例以明之:
（一）卷一一一二九葉三下十一行「釋曰」,殘宋本作「釋名曰」。
黃省曾本亦作「釋名曰」。

（二）同卷葉十三上五行，「南流注于河濟有鄧津之名矣」。殘宋本與黃本「河」字下有「故河」二字，《大典》誤脱。

（三）同卷葉十四上十行，經文「東出滎陽北」，注文「釋名曰，濟，濟也。源出過河北，濟河而南也。」此處經文「滎陽」上誤脱「過」字，而注文「河北」上誤衍「過」字。殘宋本與黃本均不誤。

（四）卷一一一三〇葉五上二行，「城内有高臺上曰」，臺字下誤脱，「春秋昭公二十二年，齊景公飲于臺」十四字。殘宋本此處殘缺，只存前八字。黃本有此十四字。

若此者多矣，凡此皆宜用殘宋本、明抄宋本或黃省曾本校補訂正，以恢復宋刻本之原貌。

二、黃省曾校刻本

　　黃省曾（西元1490～西元1540），字勉之。校《水經注》四十卷，明嘉靖十三年（西元1534）刻，首有黃省曾刻《水經》序及目錄，後附《山海經》，或稱《山水經》，合三函二十四冊。其底本爲兩種舊刻本或舊鈔本湊合而成，其一，每半葉十一行，行二十字，款式與殘宋本及朱氏藏明本同；其一，每半葉十二行，行二十字，與現存各古本之款式皆異。黃校刻本，今書肆猶有出售，規制裝潢甚精，然校讎欠精，誤字苦多，改動原本之處亦夥，試舉其最甚之例如下：

（一）卷十〈濁漳水〉引左傳昭十五年鼓人一節。

（二）汶水（西元24）「其爲高」一段。

（三）江水（西元34）「江水又東逕陸抗故城北」，黃于經文刪「陸抗」二字，而于注文增「所謂陸抗城也」六字。

胡適嘗言黃本有十大缺陷焉：〔註27〕

（一）無酈道元自序。

（二）卷一互錯一葉：從「兩峰雙立」至「佛於尼拘律樹下方石上東向坐」，字計四百一十八，合一整葉，錯於後文「即是佛外祖」之下。

（三）卷二互錯一葉：從「爲書記也」至「或云懸缶盧」，連所謂

〔註27〕參見胡適〈關於宋明刊本水經注〉一文，載《大陸雜誌》七卷六期。

「經文」，行計二十二，合一整葉，錯於後文「俗與子合同」之下。

（四）卷九與卷十三各互錯兩整葉：卷九〈淇水篇〉，從「水有二源」至「水流上下更相通注河清」，字計九百一十二，錯於卷十三〈灅水篇〉；卷十三〈灅水篇〉，從「洛陽八風谷之緇石也」之「石」字起，至「盡北道之宿焉藍天」止，字計九百一十二，兩整葉錯於卷九〈淇水篇〉。

（五）卷二十二〈潁水〉爲互錯一葉：從三葉上六行「東歷罡」下，錯接一葉（指從「臺臨水方百步」起，至葉四上六行「水受大濴」止）。此葉本應置葉八上九行「又東逕公路」之下。

（六）卷二十二〈渠水篇〉互錯一葉：從葉十三下十一行「其猶春秋之竣誅漢氏之儀」下，錯接一整葉（指從「其水又東北逕中牟縣南」起，至葉十四下十行「楚東有沙水謂此水也」止），此葉與下一葉（從「竣渠乎無佗也」至「所謂東汜者也」止），互相倒錯。

（七）卷三十〈淮水篇〉互錯一葉：從葉一下九行「義陽郡治也……闞駰言」之下，錯接一葉（指從「江國也」起。至葉二下七行「東北逕光淹城而北逕青山」止）。此葉與下一葉（從「晉太始中」起，至「淮水又東逕安陽縣故城南」止），互相倒錯。

（八）卷三十一〈渭水篇〉脫一葉，錯於卷三十三〈江水〉上篇，〈清水篇〉與〈灅水篇〉之間一葉，錯於卷三十三〈江水〉上篇葉十七下一行「常璩曰縣有山也」之下，從第二行「清水（黃本洧水改爲『清水』）又東南」起，至葉十八上十行「時人謂」止。

（九）卷十八〈渭水中篇〉脫第二葉，在「長安人劉終于崩」之下，「志也」（黃省曾改爲「忘也」）之上。此一整葉，由「所得白玉方一尺」起，至「余謂崔駰及皇覽謬」止，字計四百一十有八。

（十）卷十八〈渭水中篇〉脫末葉五行：即經文「又東，芒水被南來流注之」之酈注。

黃刻本缺失甚多，學者頗有補正，朱謀㙔據謝兆申鈔宋本補正一過，降及清

代，全祖望、趙一清復補正之，所據爲孫潛校柳僉本，戴震亦曾據《永樂大典》補正黃刻本。而近代沈曾植、王國維各手校並跋，其原本今藏中央圖書館，首有藏書家印四，凡分六冊。

三、楊愼刊本

楊愼（西元1488～西元1559），字用修，號升菴，原籍四川新都（今四川省新都縣）。升菴著錄《水經補注》，未分卷數，其別行《水經》三卷，則明武宗正德戊寅（西元1518）盛歟刊本也。楊氏〈序水經〉曰：〔註28〕

> 漢桑欽《水經》，舊錄凡三卷，紀天下諸水，首何終斥江，凡一百十有一，曰出，曰過，曰逕，曰合，曰分，曰屈，曰注，曰入，此其八澤也，而水道如指掌矣。……若酈氏注衍爲四十卷，厭其枝蔓太繁，頗無關涉，首注河水二字，汎引佛經怪誕之說，幾數千言，亦贅已。今之史傳類文引用，例稱爲道元《水經》，遂使欽之用心，與其名姓，俱泯焉，試可嘅夫，亦猶習禮者汰儀禮，而反任曲禮之傳爲經，說春秋者不知據經以按傳，而反因傳以疑經，皆貴諷說賤本始，是末師，而非往古，可重嘅者類此，故特去之而詳著其說焉。

楊氏發酈書「日出日過日逕日合日分日屈日注日入」八例，此外別無發明。今本注目起河水迄斥江水，百十有六，較唐六典注所稱，亡二十一篇，楊子云凡一百十有一，是于書錄之明白易曉者，舛戾若是，悠悠之口，烏足信乎？而所載酈注，遺漏尚多，又拾杜佑唾餘〔註29〕，偏與酈氏爲難，以水經單刻流傳，議者譏之。

楊氏嘗抄《水經注》碑目，編成一帙，《四庫提要》〔註30〕及《孫氏祠堂書目》〔註31〕並錄之，乃其孫宗吾爲之節錄梓行者。有宋之時，洪适作《隸釋》，嘗以《水經注》所載諸碑，類爲三卷，升菴偶然未檢，遂復著此編，未免爲床上之床，且精密亦不及适。其中梵經仙笈，荒邈難稽，如〈阿育王巴達佛邑大塔石柱銘〉、〈泥犁城師子柱銘〉、〈王母崑崙銅銘〉等，皆不見採錄，是固傳信之道，然〈覆釜山金簡玉字書〉，豈果有遺刻可徵，楊氏自亂其例可

〔註28〕語出楊愼〈水經序〉，見《升庵外集》冊四，卷四十九，頁7。又見《水經注釋》附錄下。
〔註29〕按：杜佑《通典》謂酈書嘗毀百端，識者已極辨其非矣。
〔註30〕參見《四庫全書總目》，卷八十七〈史部〉，目錄類存目，頁13。
〔註31〕參見《孫氏祠堂書目》，外編卷三，金石第八，頁4。

知也。又其他註中所有而遺漏者甚多，即以河水一論而論，海門口〈大禹祠三石碑〉，夏陽城西北〈司馬遷廟二碑〉，郃陽城南〈文母廟碑〉，臨洮〈金狄胸碑〉，陝縣〈五戶祠銘〉，洛陽縣北〈河平侯祠碑〉，黎陽縣南〈黎山碑〉，涼城縣〈伍子胥廟碑〉，濮陽城南〈鄧艾廟碑〉，一概闕如，何所見而刪之邪？至每條下所註，忽有標識，忽用酈道元語，如〈郎山君碑〉云，在今保定府，是慎語也，而〈盧龍九崢山刊石碑〉稱，其銘尚存，是道元本文矣。其書混淆不分，亦無體例，而云撮取其目而考評之，殆虛語耳，《四庫提要》評語「論說考證，往往恃其強識，不及檢核原書，致多疏舛，又恃氣求勝，每說有礙，輒造古書以實之」〔註32〕，即指此也。

四、歸有光抄本

歸有光（西元 1506～西元 1571），字熙甫，又字開甫，號震川，又號項脊生。嘗抄《水經注》，為歸氏家藏，清何焯曾見之，其佳處全入何氏校本矣。

五、柳僉校本

柳僉字大中，生卒年不詳，吳之隱君子也。明武宗正德間（西元 1506～西元 1521），據宋槧手抄《水經注》，詳為校正，改訂錯簡，如〈潁水〉、〈渠水〉、〈灅水〉諸篇，又補〈渭水〉篇脫文，凡四百二十餘字，首有功於酈書。張慕騫毛春翔《館藏善本書題識》一文曰：〔註33〕

> 自明以來，刻本如楊慎、黃省曾……六七家，抄本如柳大中影宋鈔本，歸有光舊鈔本，趙琦美三校本，朱之臣補正本，全氏雙韭山房三世校本，馮夢禎勘定本，錢曾依宋刻校本，黃宗羲芝本，孫潛再校本，何焯再校本，沈炳巽集釋本。顧炎武校本，黃儀校本，劉獻廷注疏本，姜宸英校本，全祖望七校本，十五六家，其中以柳氏正德中舊宋抄宋本為最精。

柳抄本自來評價甚佳〔註34〕。夫斯時也，楊用修、王慎中之本尚未出，大中

〔註32〕參見《四庫提要》，卷一一九，子部，雜家類三，頁 1，丹鉛餘錄十七卷提要。

〔註33〕語出張慕騫毛春翔〈館藏善本書題識〉一文，載《浙江圖書館館刊》三卷六期。

〔註34〕按：《胡適手稿》第四集，頁 209 曰：「柳僉依據的底本，是一部很精美的宋刻本，其優勝處可比《永樂大典》本。……柳本是影抄本，應該比《大典》之一抄再抄更可靠。」

隱約衡門，世莫之知，歷朱鬱儀、吳中珩諸人所開雕，皆未及問之。其書藏洞庭葉石君家〔註35〕，蓋兩百餘年，至清康熙（西元 1662～西元 1722）初始出，後歸揚州馬氏小玲瓏山館。今柳氏校本雖闕而不全，顧別本皆無之，吉光片羽，洵希世之珍也。是書趙一清撰《水經注釋》時，集本二十餘，猶未之見，眞本似已不可得矣。

六、謝兆申校本

謝兆申（生卒年不詳），字保元，號耳伯，又號太弋山樵。以宋本校正《水經注》之〈河水〉、〈淇水〉、〈灅水〉、〈江水〉、〈淯水〉諸篇錯簡，又補〈渭水〉篇脫文，凡八十餘字，後朱謀㙔悉引入其《水經注箋》中，遂大行於世。〔註36〕

七、趙琦美三校本

趙琦美（西元 1563～西元 1624），字元度，號清常道人。性好讀書，用功頗勤，藏書極富，其三校《水經注》，孫潛夫稱爲最佳本〔註37〕。趙氏三校本之傳承，全祖望爲之敘曰：〔註38〕

清常道人《水經》：一校於萬曆丙午，再校於己酉，三校於庚戌，蓋

〔註35〕按：葉石君者，隱君子也，明萬曆年間生。性嗜書，世居洞庭山中，嘗游虞山，樂其山水，因家焉。所至必多聚書，嘗損衣食之需以購書，多至數千卷。會鼎革兵燹，盡亡其貲財，獨身走還洞庭，其鄉人相與勞苦，石君顰蹙曰：貲財無足言，獨惜我書耳。已復居虞山，益購書，倍多於前。石君所好書，與世異，每遇宋元鈔本，收藏古帙，雖零缺單卷，必重購之，世所常行者，勿貴也。其所得書，條別部居，精辨眞膺，手識其所由來，識者皆以爲當。詳《胡適手稿》第四集所錄憺園集卷三十四。

〔註36〕按：《胡適手稿》第四集，頁 120 曰：「柳僉本可補黃省曾刻本的十大缺陷。謝兆申所見『宋本』大概是不完全的，也許是一部很不高明的抄宋本，故只能幫助朱謀㙔補正黃刻本六處大缺陷：
卷一錯簡一葉。
卷二錯簡一葉。
卷九與卷十三各互錯兩葉。
卷三十錯簡一葉。
卷三十一脫一葉，錯於卷三十三。
卷十八之尾脫一葉。
其餘四大缺陷，謝兆申所見本也有同樣缺陷。」

〔註37〕語出全祖望〈趙琦美水經三校本跋〉，見《全校水經注》附錄上，又載《鮚埼亭集》外編卷三十二，頁 1113。

〔註38〕同註37。

以宋本、謝本、黃本分勘之，其所謂別鈔本者，則歸太僕家本也。惜其失去第九卷至第十五卷，觀其校於燕邸，於直沽，於中州，於留臺，用功亦勤矣。清常藏弆最富，身後多歸於錢遵王，而是書之傳，則葉石君之力也。今歸於揚之馬氏小玲瓏山館。

是知其書之傳，亦賴葉石君之保存也。

八、吳琯校刊本

吳琯（西元 1054～西元 1114），字彥律。其校刊《水經注》四十卷，與《山海經》合刻，原題《合刻山海經水經》，明神宗萬曆十三年（西元 1585）刊行，有王世懋、方沆諸序，首有「吳竹屏藏書記」、「鐵如意齋」、「清次次侯讀書」、「季振宜藏書」印，又每冊首有「德蕃藏書」印，記男爵毛利元功所獻。方沆序曰：

> 明興，合刻稱善本者，則始于吳郡黃省曾氏。惜剞劂終緒，考訂未遑，往往有豕魚之誤。故郪吳生琯謀復刻之金陵，乃與江都陸生弼，
> 吳郡俞生策，後先校讎，不遺餘力，其書完好，視舊本特甚。

吳氏篤愛酈注，鑒于黃本校讎之未精，亥豕時混，乃延陸弼重為校刊者也。

吳本之缺失，在改訂文字時，皆不記來源出處。然頗能依據《水經注》所引用之古志，如《史記》、《漢書》及《法顯佛國記》之類，以校改黃本，甚可取也。茲舉二例，說明吳琯校改黃省曾刻本之成績：卷一記阿難從摩竭國向毗舍離一段：

> ……阿難思惟，前則阿闍世王致恨，卻則梨車復怨。
> 即於中河入火光三昧燒身，而般泥洹。……

黃本原作「即於中河入火光三昧燒具兩般泥洹」，與《大典》本同。吳本依據《法顯傳》，改「具兩」為「身而」，此句始文從字順矣；其後朱謀㙔以下各本，皆從吳改本。降至有清，經學大師每不熟諳佛教經典，戴震官本與自刻本又依大典本，改回「具兩」，重蹈黃本覆轍焉。

卷十三原有卷九〈淇水篇〉錯簡兩葉，吳本未加改正，然其中肥泉一段，黃本引釋文作：

> 釋名曰：本同出時所浸潤水所歸枝散而多似肥者也。

《大典》本與黃本同，而吳琯刻本則剗改此段作：

> 釋名曰：本同出時所浸潤少，所歸各枝散而多，似肥者也。

而明代翻南宋刻本《釋名·釋水》篇，原文如下：

　　　　所出同，所歸異，曰肥泉。本同出時所浸潤少，所歸各枝散而多，
　　　　似肥者也。

由此可知，吳琯陸弼諸人實能依據《水經注》引用之古書現存本，以校改黃
本，此其可貴之處。唯吳本亦每憑主觀，臆改黃本原文，如卷八葉二十二下
八行「范巨卿冢石柱猶存」，瞿本朱本與大典本皆作「名件猶存」，南宋洪适
《隸釋》引此文〔註39〕，亦作「名件猶存」，吳琯刻本臆改作「石柱猶存」，
朱箋以下，項絪、黃晟、趙一清諸本從之，殊不知「名件」乃一名詞，至今
徽州尚通行，本不誤，吳本妄改，貽笑大方，可見一斑焉。

　　新安吳琯刊《山水經》合刻本，原本今存中央圖書館者有四部，分六、
八、十四、十六冊等等，又國立故宮博物院藏一部三十冊，乃裝訂之異也，
其書裝潢甚精，惜校勘未當，無甚發明。

九、朱之臣刪本

　　朱之臣字無易，生卒年不詳，作《水經注刪》八卷。此書自序題明萬曆
戊午年（西元1618）刊成，今藏北京大學圖書館。之臣校《水經注》，引辛氏
《三秦記》補〈渭水篇〉，學者稱之。

　　趙一清早年校本《水經注》，曾引朱無易兩條：
　　　　（一）〈汶水注〉引《馬第伯書》條（見《朱本》卷五，頁10）。
　　　　（二）〈渭水注〉麗山溫泉條引《三秦記》「始皇與神女唾之生瘡」，
　　　　　　　朱氏引《三秦記》補訂爲「始皇與神女遊而忤其旨，神女唾
　　　　　　　之，則生瘡」（見《朱本》卷四，頁12）。
趙氏所記兩條，後定本僅收「神女」一條。〔註40〕

十、陳仁錫校刊本

　　陳仁錫（西元1581～西元1636），字明卿，長洲人。其校刊《水經注》，
時在明神宗萬曆年間（西元1573～西元1619）。陳氏校刊本，趙一清及全祖
望曾見之。

十一、朱謀㙔箋本

　　朱謀㙔字鬱儀，生卒年不詳。所撰《水經注》箋四十卷，乃其生平力學

〔註39〕同註19，洪适《隸釋》，卷二十，頁5。
〔註40〕參見《水經注釋》參校諸本。按：參校諸本於「朱氏之臣本」之下，注云：「字
　　　　無易，蜀人，引辛氏《三秦記》補〈渭水篇〉神女唾瘡事，義門稱之」。

之驗，明萬曆四十三年（西元 1615）刻成，南州朱謀㙔箋，孫汝�、李克家同校。卷首有黃省曾序，朱氏自序，每頁二十行，行二十字，板心下方記寫刻工姓名，收藏有金吉金印、范昶私印、李惺王弘嘉印諸印。謀㙔以吳琯本為底，而以宋本黃本校注于上，又與友人謝兆申、孫汝登輩商榷校讎，李長庚序而刻之，箋文作細注，穿插行間，其為朱氏箋者，則注㙔云，或不注，其為孫李箋者，則均註明，義例頗嚴謹。

朱氏之書，自明以來，褒貶互見，顧炎武推為三百年來一部書〔註41〕，張慕騫、毛春翔謂聚珍本未出以前，要當以朱氏箋本差為完善耳〔註42〕，胡適亦稱朱箋考訂史實，徵引史書及類書，不妄改底本，方法謹嚴，成就可觀〔註43〕；而毀之者如馮定遠則云：朱本直以俗本為據，意所不安，惟小注云宋板作某字耳，何尤乎不學之小生〔註44〕。黃太沖亦云：鬱儀毛舉一二傳寫之誤，無所發明〔註45〕，殆可謂切中其弊矣。然則朱箋較諸黃氏吳中之刻，吳氏白下之編，大不侔也。平心而論，其考訂誠為未精，唯能引證故實，以輔注文，實有大功於酈書，洵不應一筆抹殺之也。

今存朱箋，善本有四，分八、十二、十六、二十冊等等，裝訂有異，內容實同，八冊本藏國立故宮博物院，餘藏國立中央圖書館。

十二、馮夢禎校本

馮夢禎（西元 1548～西元 1605），名舒，字開之。明神宗萬曆年間（西元 1573～西元 1619），馮氏校《水經注》，以經注混淆，間用朱墨分句也。邵亭《知見傳本書目》稱，昭文張氏有此本〔註46〕，蓋據柳僉影寫宋本校者，又以朱箋及謝兆申所見宋本補校之。

陸心源《儀顧堂續跋》卷八，記馮氏本如下：〔註47〕

（一）明藍格抄本，每葉二十行，行二十一字，經頂格，注低一格。

（二）崇禎十五年（西元 1642）馮已蒼用柳僉大中影宋抄本校正。

後以謝耳伯所見宋本增改。每卷以朱筆藍筆記校畢年月。間

〔註41〕參見閻若璩《尚書古文疏證》，卷六下，頁3。

〔註42〕同註33。

〔註43〕同註34。

〔註44〕參見王國維〈朱謀㙔水經注箋跋〉一文，載《觀堂集林》，卷十二，頁572。

〔註45〕同註13。

〔註46〕參見邵亭《知見傳本書目》，卷五〈史部〉，頁19。

〔註47〕同註34，頁115～117。

有小印如「已蒼父」、「馮舒之印」等。

（三）道元自序「不能不猶」下，注明「缺二百二十字」。餘與《大
　　　典》本同。

（四）卷十八「長安人劉終于崩」下，較諸本多四百餘字，已蒼于
　　　卷末題云，「卷中一葉，各本俱無，獨此完善」。

此本，趙一清聞自古老，而未見之也。

十三、周嬰析酈篇

　　周嬰字方叔，福建莆田（今福建省莆田縣）人，生卒年待考，約明神宗
萬曆（西元 1573～西元 1619）中葉至明思宗崇禎（西元 1628～西元 1644）
年間在世。方叔弱冠負才名，博極群書，著述甚豐，然今所知者惟《巵林》、
《遠遊篇》、《綿史》三書而已。《巵林》本文十卷，補遺一卷，今傳版本有：
四庫全書本、清嘉慶二十年蕭山陳氏湖海樓叢書本、叢書集成初編本、世界
書局排印本；蕭山陳氏湖海樓叢書本，校刻頗精，間采學者駁正之語，叢書
集成本、世界書局本，即據之排印而成。全書旨在辨證前人之舛誤，凡四十
家，各家或數條，或十數條不等。每條以二字標目，而各引原撰書人之姓名
以繫之。

　　周氏《巵林》卷一〈析酈篇〉者，悉駁析道元《水經注》之誤也。全篇
凡二十三目〔註48〕，細目如下：

1 君子濟	2 絳陽	3 鼇臺	4 丹水	5 壺關三老
6 五公	7 金臺	8 寡婦城	9 捍虎圖	10 牽招
11 茅茨	12 榆檽	13 鼪鼠	14 陽侯	15 龍亢
16 武邱	17 負夏	18 白門	19 沔水	20 黃鵠山
21 程鄉酒	22 赤松	23 恆水		

茲舉數例論之如下，以明其概。

（一）武邱

　　酈道元《水經注》引《魏書・郡國志》以為司馬宣王（司馬懿）軍次邱
頭，王凌面縛水次，故改稱武邱。方叔引《魏志王凌傳》云：

　　嘉平三年王凌陰謀廢立，太傅司馬宣王乘水道討之，大軍奄至百尺，
　　凌窮蹙，乘船出迎。宣王軍到邱頭，凌面縛水次。

─────────────────

〔註48〕參見《叢書集成》新編十三，《巵林》卷一，頁 11～24，析酈，總頁 292。

又引《高貴鄉公紀》云：

> 甘露三年，司馬文王（司馬昭）陷壽春，斬諸葛誕，詔曰：「大將軍
> 親總六戎，營據邱頭，內夷群凶，外殄寇虜，克敵之地，宜有令名，
> 其改邱頭爲武邱，明以武平亂，後世不忘也。」

是知司馬懿雖嘗討王凌至邱頭，而武邱之名則至司馬昭克諸葛誕始改，道元
之注誤也。

（二）沔水

酈道元《水經注》曰：「襄陽城北枕沔水，昔張公遇害，亡劍於是水。」
方叔以張華遇害在洛，安得亡劍沔流？遂引《雷次宗豫章記》云：

> 雷孔章爲豐城令，於獄堀得兩劍，一曰龍淵，一曰太阿，孔章留其
> 一，匣龍淵以進張公，及張遇害，此劍飛入襄城中，孔章亡，其子
> 爽恆以劍自隨，後爲建安從事，經淺瀨，劍忽於腰間躍出，初出猶
> 是劍，入水變爲龍。

又引《郡國志》云：

> 南郡在雒陽南千五百里，有襄陽縣，潁川在雒陽東南五百里，有襄
> 城縣。

是知張華亡劍於襄城水，酈氏蓋誤以襄城水爲襄陽水也。

（三）黃鵠山

酈氏《水經注》謂沙羨縣東之黃鵠山，林澗甚美，譙郡戴仲若（戴顒）
野服居之。方叔引《宋書》云：

> 戴顒，字仲若，譙郡銍人，衡陽王義季鎮京口，長史張邵與顒姻通，
> 迎來，止黃鵠山，山北有竹林精舍，林澗甚美，顒憩此澗，義季亟
> 從之遊，顒服其野服，不改常度，爲義季鼓琴並新聲變曲，太祖每
> 欲見之，常謂張敷曰：「吾東巡日，當讌戴公山也」。

按此，則知仲若所住黃鵠，乃京口之山，非沙羨縣東之黃鵠山也，酈氏誤
焉。

方叔考據謹嚴，徵引該洽，舉正酈書之失，多中肯綮，故能自成一家之
言也。

十四、鍾惺鈔本

鍾惺（西元 1574～西元 1624），字伯敬，竟陵人，有《水經注》鈔本六

卷，爲鍾氏「三注鈔」之一〔註49〕，序題明神宗萬曆四十五年丁巳（西元 1617）刊成。清世祖順治十五年戊戌（西元 1658）趙吉士翻刻本，哈佛大學藏一部。

鍾惺鈔本，以朱箋爲底本，其書卷四頁 12 下「孫權常獵於山下，依夕見一姥」條文，有評語云：

依夕二字妙甚，即傍晚也。俗人改作「依希」，可恨，今正之。

此所謂俗人，即朱謀㙔也。朱箋三十五此條云：「依夕字誤，當作依希。」清趙一清採鍾氏此條所云，並據《太平御覽》引此文正作「依夕」爲助證。平心而論，鍾鈔實無甚發明，不過標取字句之藻飾，供儉腹者諛聞膚受耳。且抄本錯誤百出，以卷十頁 15 特爲尤甚，朱箋《水經注》原文作：「灌水注之，水出松果之上」，此「上」乃「山」字之誤，鍾氏不察，遂密圈「水出松果之上」六字，批云「奇境奇語」，誠誤謬已極，故周嬰詮曰：〔註50〕

《山海經》曰：太華山東六十里，曰松果之山，濩水出焉，北流，注於渭。則灌水當作濩水，而之上當作之山，松果，山名，伯敬評權云然，豈以爲懸泉樹杪，激波木末乎？

鍾氏之誤，誠貽笑大方矣。

十五、譚元春批點本

譚元春（生年不詳，西元 1637 卒），字友夏，刻《水經注》批點四十卷，卷首有譚氏刻水經批點敍，備記端末云：

自《水經》有注，而桑氏書眞爲經矣。……予少時即知好之，聞一名家前輩，歲輒一閱，深歎其勤，求得其書觀之，筆如槁木，無復冥奧，似爲考核醜記而已。私語亡友鍾子曰：如是則是書亦可不著也。頗與鍾子空濛蕭瑟于其中，庶幾想酈子當日作注之意，而蜀朱無易先生者，淵人也，來官我楚，揖我而坐臥于桑酈之間，當是時，師友淵源，通理輔性，外慕等夷，內懷悱發，眞有如雷次宗所云者。

于是有鍾、朱二家之選，而予評遂逸去，不復能自愛惜矣。

明思宗崇禎己巳（西元 1629），是書刊成，嚴忍公代爲開梓也。原刊本中央圖書館藏一部，分八冊。

譚本所錄朱箋，頗有異同，例如卷一頁 3 上「爾雅曰」之下，朱箋云「此

〔註49〕按：鍾惺《三注鈔》爲：裴松之注《三國志》、劉孝標注《世說新語》及酈道元注《水經》。
〔註50〕同註48，《厄林》卷七，詮鍾，「松果」條云，頁214。

下當補河出崑崙墟五字」，譚本正文補此五字，而刪除朱箋原文；又卷一頁 4
上「江河小川」，朱箋云「小，宋本作山」，譚本即改作山川，而刪去箋語；
又卷一頁 4 下「有石鹽白如水精，大段則破而用之」，語本不誤，朱箋云「大
段當作火煆」，譚本即改作「火煆」，而刪去箋語。此外，譚本於朱箋原作「煒
按」之處，每刪「煒」字，其稱「謝兆申云」，則省稱「謝云」。譚本刻於竟
陵，故時人稱爲「竟陵本」朱箋。

十六、夏允彝校本

夏允彝（生年不詳，西元 1676 卒），字彝仲，弱冠舉於鄉，好古博學，
工屬文，于明思宗崇禎年間（西元 1628～西元 1644）校《水經注》，全祖望
曾見之。

十七、瞿氏藏舊抄本

明人抄本，《鐵琴銅劍樓藏書目錄》記此本云：〔註51〕

> 《水經注》四十卷，舊抄本。舊題桑欽撰，酈道元注。此明人抄本，
> 以世所傳趙清常校本與柳大中鈔本覈之，字句悉合。蓋從宋刻鈔出
> 者。酈序雖殘闕，猶存其半也。舊有松江吳氏藏書，卷首有「吳省
> 欽印」、「白華」二朱記。

原刻以藍絲闌鈔寫，每半葉十行，行二十字，或二十二三字，分裝十二冊，
每冊首葉有「海隅」印。

瞿本鈔寫時間，至晚當在明嘉靖萬曆之間（西元 1566～西元 1567），有
酈序殘本，中缺半葉二百二十字，與柳大中鈔宋本同，二本殆同出一源。瞿
本由鈔手數名分鈔，工拙有異，精粗不同，如卷三記酒泉延壽縣南山之石油
一段，瞿本作：

> 《博物志》稱酒泉延壽縣南山出泉水，大如筥，注地爲溝，水有肥，
> 如肉汁。取著器中，始黃後黑，如凝膏。然極明，與膏無異。膏車
> 及水碓缸甚佳。方人謂之不勝。

朱本「注地」誤作「涇地」，「凝膏」誤作「疑膏」，皆不如瞿本，末句朱本作
「方人謂之石石漆」，瞿本不重「石」字，而「漆」字誤作「勝」，則互有優
劣矣，此爲瞿本勝于朱本之處。然瞿本亦有不如朱本者，如卷二十四〈沅水
篇〉，引《馬第伯書》中十四字，《大典》本作：

〔註51〕語出《鐵琴銅劍樓藏書目錄》卷十一，頁 14。

其爲高或以爲小伯石或以爲冰雲。

朱本與《大典》本同。而瞿本作：

其爲高或以爲小伯石或以爲水雪。

作「冰雪」是也。此十四字，黃省曾刻本改作：

其爲高也如視浮雲，其峻石壁宵倏。

此條係依劉昭補註《續漢書·祭祀志》所引，非宋本原文。孫潛校本引柳大
中本，與《大典》及朱本皆同，由此可見，黃刻本之前，古本皆如此，其中
「伯石」乃「白石」之誤也。

十八、朱氏藏明抄本

明抄《水經注》四十卷，二十冊，海鹽朱氏藏，每半葉十一行，行二十
字，注文每行十九字，與宋刊殘本，明柳大中抄本，吳門顧氏所藏明影宋抄
本等，行款並同。王國維曾校此本，跋之曰：〔註52〕

取宋刊殘本校此本，凡佳處誤處與字之別搆一一相同。取《永樂大
典》本，孫潛夫本，袁壽階所校明影宋抄本校之，亦十同八九。蓋
即從宋抄本抄出也。今宋刊本僅存十一卷有奇，《永樂大典》本存二
十卷，孫潛夫袁壽階校本存十五卷，餘如柳大中本，歸震川本，陸
孟鳧錢遵王顧抱沖諸家所藏舊鈔本，今已無可蹤跡，而此本獨首見
完具。今日鄘書舊本不得不推此本爲第一矣。

此書避宋諱不嚴，如卷一頁5，恒水作恒，凡七處，頁7以下，恆字不闕末筆，
唯卷四十恒山仍作恒；卷三十九頁15、16，匡字五見，皆作匡；餘宋諱悉不
闕筆。此本之祖本爲半葉十一行之宋刻本，然幾經傳鈔，鈔手庸劣粗心，故
全書錯誤頗多，試舉卷三頁18記酒泉延壽縣南山之石油一段爲例，此頁第一
行「注地」誤作「涇地」，第二行「凝膏」誤作「疑膏」，第四行「謂之石漆」
誤作「謂之石石漆」。四行之中，誤者凡三，而此三處黃省曾與《大典》本皆
不誤。

此部明抄本頗存校勘學上之價值，其書卷十六〈穀水篇〉記千金堨工程
最詳，黃省曾本此段有言：

後張方入洛，破千金堨，公私賴之。

此句文義不通，故全謝山、趙東潛、戴東原諸家皆參考《太平御覽》及《晉

書》，在「公私賴之」之上，增補李矩、袁宇修復千金堨之文。今檢此本卷十六，頁 6，下一行，此句作：

> 後張方入洛，破千金堨，公私頓之。

此句《永樂大典》亦作「公私頓之」，下文爲「水積年渠堨頹毀，石砌殆盡，遺基見存」，此「水」字，當連上文讀「公私頓之水」，文理本通順，蓋《晉書・惠帝紀》：「張方決千金堨，水碓皆涸，乃發王公奴婢手舂給兵廩」，即記此事，洵毋須增補修堨事矣。

此部明抄本未記卷葉數，故錯葉頗多〔註 53〕，其祖本與黃省曾本同，乃一蝴蝶裝之宋刻本，蓋歷時久遠，騎縫所刻葉數破損，故重訂時，騎縫缺葉數，鈔錄時亦不記葉數。

十九、練湖書院鈔本

天津市立第二圖書館藏，四冊，現存卷二十一至卷二十四，卷二十九至卷四十，計十六卷。全書以藍絲格白棉紙鈔寫，每葉騎縫上刻「水經」二字，下刻「練湖書院鈔」五字，鈔本騎縫皆不記卷葉數，與瞿氏朱氏藏明抄本正同，每半葉九行，行無橫線，故行字數從二十至二十五不等。

胡適謂此部乃明鈔宋本，其證據爲：此本卷二十四〈汶水篇〉經文「屈從縣西南流」下，注文引《馬第伯書》云：

> 南向極望，無不睹，其爲高，或以爲小伯石，或以爲冰雪。

「其爲高」以下，凡十三字，《永樂大典》本、海鹽朱藏明鈔宋本，皆與此本同。唯明嘉靖十三年（西元 1534）黃省曾刻本，依《續漢書・祭祀志》注引馬第伯書，改此句作：

> 其爲高也如視浮雲，其峻石壁窅條。

吳琯刻本依黃刻（唯改「條」爲「窱」），朱謀㙔本從吳琯本，然箋云「峻」下當有「也」字。後譚元春、項絪、黃晟三家刻本，皆從朱箋。而由此十三字，亦可證此本之底本，乃宋本也。〔註 54〕

〔註 53〕按：《胡適手稿》第四集，頁 103，謂此明抄本應重裝如下：葉十六改爲葉三，葉十五改爲葉四，葉十四改爲葉五，葉十三改爲葉六，葉十二改爲葉七，葉十一改爲葉八，葉十改爲葉九，葉九改爲葉十，葉八改爲葉十一，葉七改爲葉十二，葉六改爲葉十三，葉五改爲葉十四，葉四改爲十五，葉三改爲葉十六。

〔註 54〕同註 53，頁 108，跋天津圖書館藏明鈔殘本《水經注》。

明人頗重酈注，刊刻研究，已如上述，而學者稱引其文，無過曹學佺者。學佺藏書甚富，所撰《輿地名勝志》，幾以全部《水經注》編入明代府縣，非用力之深，不及此也。曹書所采，頗多逸文，楊守敬稱其所訂爲趙一清所不收者，尚千數百字，疑其所據，則元祐以前舊本也〔註55〕。惜其書久佚，無從得而校之矣。

第五節　清代之《水經注》

清儒治學，最重考據，頗合科學方法。自顧炎武、黃宗羲、顧祖禹、閻若璩、胡渭而後，治水經者，代不乏人，至全祖望、趙一清、戴震並起，益臻完備，及至清末，王先謙校之于前，楊守敬疏之于後，並爲地圖，遂使千數百年混淆訛漏之古籍，豁然可通。語云：一將功成萬骨枯，今《水經注》可讀，實清儒積年努力之結果，非一代一人所能幸致者也。茲將有清一代學者研讀此書之經過，及酈書版本之變遷，分述如下：

一、黃宗羲刪本

黃宗羲（西元 1610～西元 1695），字太沖，號黎洲，浙江餘姚人，學者稱南雷先生。明亡，太沖舉義師謀匡復，終不成，奉母里門，畢力著述，卒年八十有六，門生私謚曰文孝云。

宗羲譏《水經注》泛濫爲誤，乃奮刪酈注之無豫《水經》者，蓋欲復唐李吉甫刪《水經》之舊也。又作《今水經》一卷，以補酈注之未備，是書前列諸水之名，共爲一表，皆以入海者爲主，而來會者以次附之，如汴入河濱鄭入汴京入鄭索入京之類，自下流記其委也。後各自爲說，分南北二條，皆以發源者爲主，而所受之水，以次附之，如衛河出輝縣蘇門山，逕衛輝府北，東流，淇水來注之，又過濬縣內黃界，漳水入焉之類，自上流記其源也。其所說諸水，用今道不用故道，用今地名不用古地名，創例本皆有法，而表不用方行斜上之體，但直下書之，某入海，某入某某，又入某，頗不便檢尋；又渭入河，漳清汧涇沮入渭，洛入河瀍澗，伊入洛之類，皆分條；淇漳汶滹桑入衛，清入淇沙，易入滹，溫義入易，洋入桑之類，又合條，則排纂未善也。其書作於明末，西嘉峪，東山海，北喜峰古北居庸，皆不能踰越一步，

〔註55〕同註24，頁9。

宗義生於餘姚，又未親歷北方，故河源尙勦元史之說，而灤河之類，亦沿《明一統志》之舊，松花黑龍鴨綠混同諸江，尤傳聞彷彿，不盡可據〔註56〕。書收錄於《黎洲遺書》中，前有太沖自序云：

> 《水經》之作，亦《禹貢》之遺意也。酈善長注也，補其所未備，可謂有功於是書矣。然開章河水二字，注以數千言，援引釋氏無稽，於事實何當，已失作者之意。余越人也，以越水證之，以曹娥江爲浦陽江，以姚江爲大江之奇分。苕水出山陰縣，具區在餘姚縣，沔水至餘姚入海，皆錯誤之大者，以是而概，百三十有七水，能必其不似此與？歐陽原功謂郭璞作經，酈善長作注，璞南人，善長北人，當時南北分裂，故聞見有所不逮。余以爲不然，璞既南人，而習南水矣，其南水又不應錯誤至此。後之爲水經之學者，蔡正甫補正水經惜不獲見，朱鬱儀《水經注》箋毛舉一二傳寫之誤，無所發明，馮開之以經傳相淆，間用朱墨分勾乙，未曾卒素，若鍾伯敬《水經注鈔》，所謂割裂以爲詞章之用者也。余讀《水經注》，參考之以諸圖志，多不相合，是書不異汲冢斷簡，空言而無事實，其所以作者之意，豈如是哉，乃不襲前作，條貫諸水，名之曰今水經。

黃氏詆毀酈書「空言而無事實」，洵甚矣乎。《今水經》刊行，無甚精彩，而刪《水經》之志，則未竟成也。

二、孫潛再校本

孫潛，生卒年不詳，字潛夫，一字節菴，又字知節君，又字菽園，吳人。清康熙丁未戊申間（西元1667～西元1668），校《水經注》，從葉石君處借琦美本及柳僉本校過。此本校于朱謀㙔《水經注》箋之上，半頁十一行，行二十字，孫校用硃。每卷之末，孫潛自記用趙、柳本校勘之日期，並錄趙氏每卷之題記。全書目錄之前，有孫潛自抄酈道元序首半葉，中間空白半葉，續抄「洞潏決瀆」以下四行。卷一首頁有「孫潛之印」，李長庚序；卷四十之尾頁有「潛夫」印，及袁又愷記云：

> 此書澗蘋得於揚州，今歸與我。乙丑九月望，廷壽記。

故此本有「顧澗蘋藏書」印記數處。

〔註56〕參見《四庫全書總目提要》，史部，地理類存目四，頁418。

王國維〈孫潛夫校水經注殘本跋〉一文，謂此本價值極高，其言曰：〔註57〕

全謝山先生所見《水經注》舊抄校本凡三：曰柳大中鈔本，曰趙清常三校本，曰孫潛夫校本。三本時均在揚州馬氏小玲瓏山館，而潛夫本即以柳趙二本校於朱王孫本上，實兼有二本之勝。其書當嘉慶初，顧千里得之揚州，以歸袁氏五硯樓。袁壽階復以顧氏小讀書堆所藏景宋抄本校之。

今柳僉本、琦美本、景宋本並佚，唯賴此書存其所校也。惜收藏失慎，僅存卷一至卷五，卷九至卷十六（其中卷十二、自第二頁起），卷三十八至卷四十，已非完帙，良可惜也。今藏傅沅叔家。

三、顧炎武校本

顧炎武（西元 1613～西元 1682），初名絳，字寧人，居亭林鎮，號亭林，故學者稱亭林先生，江蘇崑山人。所校《水經注》，何焯曾見之，後失傳焉。《水經注釋》參校諸本曰：

顧氏炎武本。亭林著《肇域志》、《天下郡國利病書》、《日知錄》、《昌平山水說》，辨正《水經注》極多。義門云：丙子九月二十四日，得見先生改正者，又改定二十餘字。

四、姜宸英校本

姜宸英（西元 1628～西元 1699），字西溟，浙江慈谿人。生平讀書，以經為根本，於注疏務窮精蘊，自二十一史及百家諸子之說，靡弗披閱，績學勤苦，至老猶篤。所校《水經注》一書，全祖望家藏，趙一清曾見之，今佚。

五、顧祖禹校本

顧祖禹（西元 1631～西元 1692），字景范，又字端五，號宛溪子，江蘇無錫人。少承家訓，經史背誦如流。所校《水經注》，今已失傳，然所著《讀史方輿紀要》，引用酈注，多所補正，學者取之。

六、胡渭校本

胡渭（西元 1633～西元 1714），初名渭生，字朏明，一字東樵，浙江德清人。渭校《水經注》，未傳，然所著《禹貢錐指》二十卷，悉本《水經》，

〔註57〕語出王國維〈孫潛夫校水經注殘本跋〉，載《觀堂集林》，卷十二，頁573。

援古證今，證據旁出，〈渭水〉、〈沔水〉二篇，是其釐定。又以《地理志》引桑欽者七，證欽所撰名《地理志》，不名《水經》，可稱卓論，學者從之。茲錄其說如下：〔註58〕

> 《地理志》引桑欽者七：上黨屯留下云：桑欽言緯水出西南，東入海。平原高唐下云：桑欽言漯水所出。泰山萊蕪下云：禹貢汶水出西南入泲，桑欽所言。丹陽陵陽下云：桑欽言淮水出東南，北入大江。張掖刪丹下云：桑欽以爲導弱水自此西至酒泉合黎。敦煌效穀下云本魚澤障也，桑欽說孝武元封六年，濟南崔不意爲魚澤尉，教力田，以勤效得穀，因立爲縣名。中山北新城下云：桑欽言易水出西北，東入滱。今按儒林傳言塗惲授河南桑欽君長古文尚書，欽成帝時人，班氏與劉歆皆崇古學，故有取焉。《隋書‧經籍志》有兩水經：一、三卷郭璞注，一、四十卷酈善長注，皆不著撰人名氏。《舊唐書》始云郭璞作，《新唐志》遂謂漢桑欽作《水經》，一云郭璞作，今人云桑欽者本此也。先儒以其所稱多東漢三國時地名，疑非欽作。而愚更有一切證：酈注於漯水引桑欽《地理志》，又於易水濁漳水並引桑欽，其說與漢書無異，乃知固所引，即地理志，初無《水經》之名。《水經》不知何人所作，注中每舉本文，必尊之曰經，使此經果出於欽，無直斥其名之理，或曰欽作於前，郭酈附益於後，或曰漢後地名，乃注混於經，並非。蓋欽所撰名《地理志》，不名《水經》，《水經》創自東漢，而魏晉人續成之，非一時一手作，故往往有漢後地名，而首尾或不相應，不盡由經注混淆也。

此誠胡氏之篤論。自此說出，而後桑欽著《水經》之說亦破矣。

七、閻若璩校本

閻若璩（西元1636～西元1704），字百詩，別署濟邱居士，山西太原人，世居淮安。精於地理之學，山川形勢，州群沿革，瞭若指掌。所校《水經注》，未傳，然其作《尚書古文疏證》及《潛邱箚記》等書，援引酈注，精義多前人所未發，如證《水經》非郭氏所作，即是也。茲舉其原文如下：〔註59〕

> 《通典》以《水經》所載地名，有東漢順帝更名者，知出順帝以後纂序，王伯厚又因而廣之，下及魏晉地名，疑《舊唐志》作郭璞撰

〔註58〕語出胡渭《禹貢錐指》，例略。
〔註59〕語出閻若璩《尚書古文疏證》，卷三，頁12。

者近是。余請一言以折之曰，璞注《山海經》引水經者八，此豈經
出璞手哉，即酈氏於濟水引郭景純曰，又云經言，固亦判而二之。
趙一清按，郭璞注《山海經》引《水經》者八：南山經青邱之山，
註云亦有青邱國在海外，《水經》云：即〈上林賦〉云秋田於青邱。西山經積石之山，
註云《水經》引《山海經》云，積石山在鄧林山東，河所入也。北山經碣石
之山，註云《水經》曰碣石山，今在遼西臨渝縣南水中，或曰在右北平驪成
縣海邊山。中山經未山，未山出馬，北流注於沒，註云水經作沫。《海內東經》
漢水出鮒魚之山，註云書曰嶓冢導漾，東流為漢，按《水經》出武都沮縣東
狼谷，經漢中魏興，至南鄉，東經襄陽至江夏安陸縣入江，別為沔水，又東
為滄浪之水。又沅水註云，《水經》曰：沅水出牂柯且蘭縣，又東北至鐔成縣
為沅水，又東過臨沅縣南，又東至長沙下雋縣。又洛水註云：書云導洛自熊
耳，按水經洛水今出上洛冢嶺山東北，經宏農至河南鞏縣入河，成皋縣亦屬
河南也。又濟水下註云：諸水所出，又與水經違錯，以為凡山水，或有同實
而異名，或一實而數名，似是而非，似非而是，且歷代久遠，古今變易，語
有楚夏，名號不同，未得詳也。凡此八條，濟水下云云，係郭自撰述，中惟
沅水碣石二條，合於水經耳。他如青邱之文，今本脫亡，疑是注，非經也。
漢水所引，錯舉大略，南鄉魏興之名，又非桑氏所知，蓋後來經注混淆之故。
洛水下引水經云出上洛冢嶺山，今考水經云：出京兆上洛縣讙舉山，酈注乃
云冢嶺山耳。東北經宏農之文，亦不見經。至於積石末水一在四十卷《禹貢》
山水澤地所在注中，一在二十二卷渠出滎陽北河注中，其為酈注無疑，而景
純引之。景純以晉明帝大寧二年為王敦所害，下迨拓跋孝昌之朝，幾二百餘
載，太氏容有竄入之辭，非其舊矣〔註60〕。是知《水經》創自東漢，晉人續
成之，非一時一人之作，而後郭璞著《水經》之說破。

八、黃儀校本

黃儀（西元 1636 生，卒年不詳），字子鴻，江蘇常熟人。篤信古學，於
經史中地理及各家輿地書，靡不究心，嘗謂班志所載諸川，第言其所出入，
而中間經歷之地，不可得而聞，唯《水經注》備具之。乃即《水經注》所
著之水，每水各為一圖，如某水出某縣，向某方流，經某縣某方，至某縣，
合某水，某縣入某水，出自手摹，兩岸翼帶支流，精細絕倫，參伍錯綜，條

〔註60〕同註 13，附錄上。

理明晰，閻若璩曾見之，愛不釋手，曰子鴻者，酈道元千古以下第一知己
也〔註61〕。惜無傳焉。而其手校《水經注》，傳歸新城王氏池北書庫，趙東潛
猶及見之。今獨〈渭水〉、〈沔水〉二篇行於世。其釐正〈渭水篇〉，特爲詳細，
學者從之。

九、劉獻廷疏本

劉獻廷（西元 1648～西元 1695），字君賢，別號廣陽子，直隸大興人。
擅輿地之學，每有所得。與黃儀友善，嘗欲取酈注從而疏之，魏以後沿革事
蹟，一一補之，有關於水利農田攻守者，必考訂其所以而論之，以二十一史
爲主，而附以諸家之說，以至於今日，後有興西北水利者，使有考正焉。
蓋獻廷之意，在于實用，其志甚偉，然卒以所撰著之運量，皆非一人一時所
能成，故雖言之甚殷，而終其身未見有成書。門人黃宗夏輯其涉筆漫錄之作，
成廣陽雜記數卷傳世。

十、項絪刊本

項絪，歙人，生平不詳，於清康熙甲午年（西元 1714）寫刊《水經注》，
蓋據朱箋復刻而略加刪節。初爲群玉堂刻，後又有玉淵堂刻本。共同參校者，
尙有長洲顧藹、嘉定趙虹等人。項氏自跋曰：

> 近得吳本於長洲故家，其卷尾署云「虞山錢曾據宋本校定」，蓋緯雲
> 舊物也。

黃省曾刻本付梓蘇州，故稱「吳本」，而項氏所見朱箋，實乃竟陵譚元春批點
刪節之朱箋，故錯誤百出，不可勝數，試舉一例以明之。南昌原刻朱箋本卷
十一〈易水篇〉葉八注文云：

> 闞駰稱：太子子丹遣荊軻刺秦王，與賓客知謀者，祖道于易水上，
> 燕太子稱荊入秦，太子與知謀者皆素衣冠，送之於易水之上。

此是黃省曾本原文，「燕太子稱」乃「燕丹子稱」之誤，燕丹子，書名也，
〔註62〕「荊入秦」當作「荊軻入秦」（《永樂大典》與黃本全同）。朱謀㙔箋云：

〔註61〕參見支偉成《清代樸學大師列傳》，卷十六，頁 445。
〔註62〕按：燕丹子，書名也。燕太子丹撰，丹，燕王喜太子，《隋志》作一卷，《唐
志》《宋志》文獻通考並作三卷。《四庫》存《永樂大典》本，併三卷爲一卷。
其書係割裂諸書燕丹荊軻事，集綴而成。今彙刻百子，平津館叢書，問經堂，
初刻問經堂，百子全書，《四部備要》並刊行。

謝兆申云，宋本無「燕太子稱」以下十三字，當刪之。

此處所稱「宋本」，乃謝兆申之妄說，朱謀㙔引謝說，而不改原文。然譚元春誤信謝說，竟將「燕太子稱荊入秦太子與知謀者」十三字全予刪去，項絪不察，仍依譚本之誤。後人未加比勘譚本與項本之關係，往往過責項氏，如趙一清曰：

> 同時鍾伯敬譚友夏亦開梓是書（按：指朱氏《水經注》箋），兼爲評點，不過標取字句之藻飾，供儉腹者之謏聞膚受耳。近年眞州重又鏤板，頗稱工緻，然竊朱箋以爲己有，中多刪節，尤乖旨趣。俗學疑焉，故表出之。

蓋項氏不曾訪得朱箋原刻爲底本，故受譚元春之牽累也。然項本確有校正朱箋之處，例如朱箋卷十三，頁16，上四行云：

> 濕水又東遷三臺北。

「濕水」之下，黃省曾本與吳琯本皆作「又東逕高邑亭北」七字，朱箋、譚本脫此七字，而項刻本則有之，足見其確曾以黃刻本校過，故能補正此句之脫文。其書刊刻極精，紙本闊大，書肆猶有出售，後附《山海經》，合名山水二經。

十一、何焯三校本

何焯（西元 1661～西元 1722），字屺瞻，號茶仙，江蘇長洲人。先世曾以「義門」旌，學者稱義門先生。生平好學，精于校書，凡有評讞，必洞徹其表裡，通核其時勢，藏書家得何氏校本，以爲至寶。

清康熙間（西元 1694～西元 1718），何焯三校《水經注》。初據鍾譚評點本，校于甲戌（西元 1694），未見所學，猶不免竟陵習氣也；再校本以丙子（西元 1696），據顧炎武本校，所訂進矣；三校本以戊戌（西元 1718），據朱箋、《隸釋》及《通鑑》諸本校，則更精進矣。何氏嘗入翰林官，多觀古籍，世稱博洽，其所核定，頗可依據，學者從之。

何氏三校本，校在朱謀㙔注箋之上，何氏親筆，字以朱筆作楷書，體近歐米，瘦勁秀整。其書流傳甚廣，校《水經注》者多曾見之。原本今藏國立中央圖書館。

十二、楊椿廣釋

楊椿（西元 1676～西元 1753），字農先，武進人。據蕭一山清代學者生

卒及其著述表，楊氏有《水經注》廣釋，未聞刊傳。

十三、沈炳巽集釋訂訛本

沈炳巽（西元 1679～西元 1737），字繹旃，浙江歸安人。著《水經注集釋訂訛》一書，凡從前篇簡脫漏，文字踳駁，首尾顛躓，句讀轉易者，一一正之，復還道元之舊觀。時《大典》本未出，雖不能如趙戴二家之精，全謝山氏則亦嘗取資於是。且其發端，本出東甫，繹旃實竟其緒。篤學嗜古之勤，終不可沒焉。

其書據明嘉靖間黃省曾校本爲主，而以己意校定之，多所釐正。又以道元徵引之書，極爲博贍，傳寫既久，譌誤相仍，因遍檢《史記》、《漢書》表志及諸史各志，取其文字異同者，錄於下方，以備參考，其無他書可校者，則闕之。間附以諸家考訂之說，凡州縣沿革，則悉以今名釋焉。唯中間於地理方位，往往有不能詳審，而漫爲臆度者，《四庫提要》析之頗詳，其言云：〔註63〕

> 如〈漳水注〉稱絳瀆逕九門城南，又東南，逕南宮城北。炳巽釋云：九門城在今藁城縣西北二十里，而不知一在滹沱之南，一在滹沱之北，中隔新河，寧晉、束鹿、晉州，相去甚遠。《水經》：「沁水過穀遠縣東，又南過陭氏縣東」，此陭氏在潞安府屯留縣西南，即北魏之寄氏，陭譌作猗，而炳巽釋云：今屬平陽府，則不知漢志有上黨之陭氏，非即河東之猗氏。他若河水過高唐縣南，道元言「河水於縣，漯水注之」，此下有「《地理志》曰：漯水出東武陽，今漯水上承河水於武陽縣東南，西北逕武陽新城東」云云，炳巽以其重見於此，刪此存彼，不知下文「水自城東北逕東武陽縣故城南，所謂自城者，承武陽新城言也」使如所刪，則自城直接高唐，不可通矣。此類皆爲舛誤。

然炳巽作此書，凡歷九年而成，丹鉛矻矻，手自點定，其初未見朱謀㙔本，後求得之，而所見大略相同，亦可知其用心之勤。蓋是書雖不能盡出前人範圍，而鉤索考證之功，亦未可沒也。浙江巡撫採進如四庫館，總目著錄，則據原寫本抄錄者也。其書久未刊行，然全祖望、趙一清並見之。近商務印書館據文淵閣藏本景印，爲四庫全書珍本初集之一，學者稱便。

〔註63〕參見《四庫全書總目提要》，史部十一，地理類四，〈水經注集釋訂訛〉。

十四、王峻廣注本

王峻（西元 1694～西元 1751），字次山，號艮齋，江蘇常熟人。據蕭一山清代學者生卒及其著述表，王氏有《水經廣注》，未聞刊傳。

十五、杭世駿校本

杭世駿（西元 1696～西元 1772），字大宗，別字堇甫，浙江仁和人。性簡傲通脫，不事修飾。編修手校朱箋《水經注》，趙一清曾見之。

十六、董熄校本

董熄，生卒年不詳，字訥夫，吳興人。所校《水經注》，趙一清、沈炳巽、全祖望並曾見之。

十七、季滄葦校本

季滄葦，生卒年不詳，字振宜。校《水經注》，清乾隆己卯（西元 1819），陶蘅藏之，沈大成借得以校，事見楹書隅錄初編，惟季滄葦藏書目，未言其校水經事。

十八、沈大成校本

沈大成（西元 1710～西元 1781）字瘦客。于乾隆己卯（西元 1759），初據季滄葦《水經注》校本，校寫一過，庚辰（西元 1760）又得何焯本，復校一過，事詳楹書隅錄初編。《大成題記》云：

> 乾隆己卯暮春，從吾友金陵陶蘅湘圃借季滄葦校本寫於蕪郡客舍，匝月而竟。長谷沈大成記。

> 庚辰初夏，從吾友吳中朱文遊奐借何義門先生校本，復校於廣陵，同觀者休甯戴東原震，亦嗜古之士也。大成又記。

此本初《海源閣藏書目》著錄，後編入《楹書隅錄》。《帶經堂書目》有沈大成臨何義門校本，並自參校，則此本也。

十九、齊召南校本

齊召南（西元 1703～西元 1768），字次風，號瓊臺，晚號息園，浙江天台人。所校《水經注》，全祖望、趙一清並曾見之，今已無傳。嘗謂酈氏之注水經，明於西北，而闇於東南，且域外之水道未詳，因撰《水道提綱》三十卷，大而河海，小而溪澗，溯源窮委，一覽可悉。其書稱引弘富，頗可訂酈

注之訛，並補其未備焉。

二十、全祖望七校本

全祖望（西元 1705～西元 1755），字紹衣，號謝山，浙江省鄞縣人。謝山世家，先祖元立，天敍，吾騏三世，並校《水經注》，雙韭山房家藏有舊校本，趙一清曾見之云。

清乾隆己巳十四年（西元 1749），祖望年四十五，始繼先人遺志，續校此書，數年之中，凡七校矣。祖望身後，定本未刊，輾轉流落，未知入何人之手。後世王臒軒有重錄本，王氏去祖望近百年，亦未見原書，其重錄本係據盧友焜所藏稿本十卷，林氏所藏稿本二十八卷，副本十餘卷，參合補綴而成者。清道光（西元 1821～西元 1850）中，楊尚文以王本爲底稿校刊全書，然僅刻百餘頁，並非完書。光緒十四年戊子（西元 1888），無錫薛福成備兵浙東，由董沛孟家得王氏重錄本，復以殷權所藏殘鈔本十二卷及張師亮殘鈔本十五卷校之，殷本又有全氏序目及題辭，遂命董氏總核，以趙戴二本重加校訂，然後刊行，則所謂全氏七校《水經注》是也。此書善本今存中央圖書館，十六冊，板匡 16.9×13 公分，每半頁十行，行二十一字。卷首有薛氏序，董氏例言，參校姓名，酈氏原序，全氏五校本題辭及王楚材之全校《水經注》序目。卷末附補遺一卷，附錄二卷及正誤五葉。

案祖望整理《水經注》，可分四部得之。按地望重次水經篇目，分諸水爲北瀆南瀆，以大水流小水，條理明晰，一也（其改正水經各水次第，詳見二二、戴震校刊本條云）。熟玩文例，發現經文簡，注文繁，簡者必審擇于地望，繁者必詳及於淵源，一爲綱，一爲目；據此義例，定河水經文不過五十三條，而舊以注淆之爲二百五十四條，濟水不過三十三條而舊爲七十條，江水不過二十二條而舊爲一百二十八條，淮水不過八條而舊有二十四條，沔水不過一十八條而舊爲一百二條，二也。離析注中之注，專言水道者爲大注，其兼及於州郡城廓之沿革，雜書之逸事，及詞字音變之詮釋者，並爲小注；大注爲大字，小注爲小字，趙一清從之，後又以大注亞經文一格，小注亞大注一格，讀者便之，三也。補正脫文譌字，據楊愼本，黃省曾本，歸有光本，柳僉本，謝兆申本，朱謀㙔本，趙琦美本，吳琯本，朱之臣本，陳仁錫本，錢曾本，夏允彝本，孫潛本，黃儀本，姜宸英本，沈氏本，何焯本，董燧本，沈炳巽本，齊召南本，趙一清本，全氏先世三校本，以及周嬰、顧炎武、顧祖禹、閻若璩、胡渭祖諸家之說，對于書中羨文，錯簡，脫文，譌字多所校改補正，

四也。凡此四者，皆祖望研究酈書之貢獻，趙一清樂從之于同時，楊守敬亦稱之于後世，其有功于酈書及趙書，洵不可抹殺者也。

全書既出，問題生焉。王先謙合校本《水經注》例略謂林頤山斥其偽造，抉摘罅漏，至數十事，而未言林氏考證見何書，其後楊守敬亦引其說焉。案林氏有《水經注》校本（下詳），疑說出此本也。考薛福成刊書，自序備記底本端末，王氏未見全氏原本重錄之于前，董沛孟又以趙戴參校之于後，其書非全氏七校原本甚明，無庸論辯矣。且全書精華，已見趙書，改訂字句，趙全頗同，惟其中有趙所不載者，又參王氏、董氏諸人見解，雖未必盡妥，然亦不應視如糞土，諱而不言。王氏合校本隻字不錄，殊可惜也。

二一、趙一清校釋本

趙一清（西元 1709～西元 1764），字誠夫，號東潛，浙江上虞人。詩人谷林之子，少學於全祖望，初，祖望嘗以《水經注》傳寫訛謬，絕無善本，雅有審正之志，校七遍矣，而未有卒業，及得先世舊聞，始知道元注中有注，本雙行夾寫，今混作大字，幾不可辨；東潛因本其師說，校釋《水經注》，歷十餘年始成，時清乾隆甲戌十九年（西元 1814）也。

一清世家，藏書數十萬卷，甲於東南。稟其先人之密授，旁引博徵，訂疑辨訛，校正酈書極多。約而言之，一清校釋《水經注》亦可分三部得之：徵引繁富，卷首列所據參校諸本，凡三十種，除朱箋外，尚有版本如下云：

楊氏慎刊本	黃氏省曾刊本	歸氏有光本
柳氏僉本	趙氏綺美三校本	吳氏琯刊本
朱氏之臣本	周氏嬰本	陳氏仁錫刊本
鍾氏惺譚氏元春刊本	全氏雙韭山房舊校本	錢氏曾本
黃氏宗羲刪本	孫氏潛再校本	顧氏炎武本
顧氏祖禹本	閻氏若璩本	黃氏儀本
劉氏獻廷本	胡氏渭本	姜氏宸英本
何氏焯再校本	沈氏本	沈氏炳巽本
董氏熜本	項氏絪本	杭氏世駿本
齊氏召南本	全氏祖望七校本	

誠夫以酈注舊多脫誤，因取明朱謀㙔箋以下，乾隆以前重要版本，參互異同，錄其長而舍其短，其用心如此。又目錄一卷援據《漢志》、《說文》諸

書，考正各水名目，以復《唐六典》所云桑欽《水經》一百三十七水之舊，其言云：〔註64〕

按李林甫《唐六典》註云：桑欽《水經》所引天下之水百三十七，江河在焉。王應麟《玉海》云：自河水至斤江水——河、漯、汾、澮、涑、文、原、洞、晉、湛、濟、清、沁、淇、蕩、洹、漳、易、滱、聖、巨馬、灅、沽、鮑邱、濡、遼、貝、洛、穀、甘、漆、滻、沮、渭……贛、廬、漸江、斤江，非經水常流，不在記注之限，末卷載〈禹貢山水澤地所在〉，凡六十。深寧叟所記《水經》之目，與今本不殊，以原公爲原，洞渦爲洞，陰溝爲陰，則其所省也；以梓潼爲潼，廬江爲廬，舊本之脫耳。以灅水爲濕水，渣水爲沮水，施水爲祂水，洭水爲滙水，濜水爲深水，皆誤文也。經水凡百十六，較《唐六典》少二十一篇。

因取本注爲證，雜摭他籍，考補原佚，輯得滏、洺、溥沱、洫、滋、尹、灅、澗、洛、豐、涇、汭、渠、獲、洙、滁及日南、弱、黑十八水，於灅水下，分灅餘水，清濁漳水、大小遼水，皆原分爲二，刪去無注無名之沉酉水，合百三十七水，與《唐六典》原數相符，二也。又道元《水經注》傳寫舛訛，其來已久，諸家藏本，互有校讎，而大致不甚相遠。歐陽元功、王禕諸人，但稱經注混淆而已，於注文無異詞也。至全祖望始自稱得先世舊聞，謂道元注中有注本，雙行夾寫，今混作大字，幾不可辨。一清因從其說，細校經注，釐正混淆，辨驗文義，離析其注中之注，以大字細字分別書之，使語不相雜，而文仍相屬，三也。凡此三者，皆趙氏研究《水經注》之貢獻，全祖望〔註65〕、畢沅〔註66〕稱之于當時，王先謙〔註67〕、楊守敬〔註68〕從之于後世，其有大功于酈注，全後戴前，誠無愧獨樹一幟者也。

一清寒士，無力刊書，然學者競相抄錄，後世所傳抄之本頗多〔註69〕，江南圖書館善本書目有抄配本及舊抄本，江蘇第一圖書館覆校善本書目有鈔刊配本二，八千卷樓書目有抄本，清學部圖書館善本書目亦有抄本，善本書

〔註64〕參見趙一清〈水經注釋目錄跋〉，見本書。
〔註65〕參見全祖望〈水經注釋序〉，見本書。
〔註66〕同註65。
〔註67〕參見王先謙合校〈水經注序〉，見本書。
〔註68〕參見楊守敬熊會貞合撰〈水經注疏序〉，見本書。
〔註69〕詳見鄭德坤《水經注引得》，序頁8。

室藏書志又錄舊抄本及鈔配本各一，未知其來源何如也。乾隆三十七年間（西元 1772），浙江巡撫採進四庫館，總目著錄，丙午五十一年間（西元 1786），畢沅移節大梁（今開封），由一清子戴元得見其書，因命鋟版，以梁玉繩兄弟董其事，三十餘年未刊之書，遂通行于世，學者稱快。其書名《水經注釋》卷首有畢沅序，全祖望序，自序，酈氏原序，參校諸本，《北史‧酈傳》及目錄，卷末附錄二卷及朱箋刊誤十二卷。〔註70〕

　　趙書一出，而問題生焉。蓋趙一清、戴震二人所校，大體相同，致啓後人疑竇。按趙書成于清乾隆甲戌（西元 1754），戴書成于乾隆乙酉（西元 1765），相距十二年，趙先于戴；戴書出于乾隆甲午（西元 1774），趙書出于乾隆丙午（西元 1786），相距十三年，戴先于趙；又趙書每校必記出處，而戴校則不記來源，於是此事遂成疑案。爲趙戴暗合耶？爲趙襲戴耶？爲戴襲趙耶？聚訟紛紜。戴氏弟子段玉裁見趙書，馳書梁玉繩責其參取戴校以刊趙書〔註71〕，梁氏未答。其後魏源〈趙校水經注跋〉一文〔註72〕，駁段氏五妄，謂是戴竊趙書；而楊守敬《水經注疏》要刪凡例，更謂戴之勦趙，昭然若揭。近王國維〈聚珍本戴校水經注跋〉一文〔註73〕，亦力主戴氏竊書，因此戴襲趙之說，遂略成定論。然晚近日本森鹿三氏論戴校《水經注》，搜遍群籍，以證戴氏未勦趙書，其用力頗勤〔註74〕。諸家各執一辭，唯鄭德坤所論，最爲公允，其言曰：〔註75〕

　　　　此公案之關鍵，實在于戴校不注明出處，假令戴書一一記其來源，何有後世之聚訟？錯在戴氏勦他人之功，以爲己有，森氏雖似能證其未見趙書，然森氏決不能證其所校全出大典本，而不用歸有光，何焯或他人之說也。況戴氏確見趙書，有明證焉。王國維推戴氏得見趙書，應在乾隆戊子三十三年，時戴氏應直隸總督方氏之聘，修直隸河渠書，而未有確據。余考戴氏河渠書唐河卷一中，有「杭人趙一清補注《水經》，於地理學甚核，嘗遊定州，爲定州牧姚立德作盧奴水考」之言。魏源、張穆、楊守敬、王國維均未能詳考，致有

〔註70〕同註69，序頁 14。

〔註71〕參見段玉裁〈與梁曜北書論戴趙二家水經注〉，載見《經韻樓集》。

〔註72〕參見魏源〈趙校水經注跋〉，載見《周壽昌思益堂集》。

〔註73〕同註44，卷十二，聚珍本戴校《水經注‧跋》，頁 575。

〔註74〕參見森鹿三〈戴震の水經注校定について〉，原刊《東方學報》三期，楊聯陞有譯文，收入《胡適手稿》第一集，頁 373～378。

〔註75〕同註69，序頁 9。

　　森鹿三之反證。

自得戴氏見趙書自供之辭，雖百喙亦不能解之，而戴趙公案可以判決矣。

　　邵亭《知見傳本書目錄》、趙一清《水經注釋》，稱爲乾隆十九年（西元1754），趙氏家刻本，且謂趙氏板後歸振綺堂汪氏。此說疑誤，蓋此年趙書成，未聞付梓。趙書有刊印本，實始於乾隆丙午五十一年（西元1786），鎮洋畢沅開封刊本也，今中央圖書館收藏一部。其後乾隆五十九年（西元1794）小山堂有翻印本，板甚精好，中央研究院歷史語言研究所收藏二部；光緒六年（西元1880），花雨樓張壽榮有重校刊本，同年，會稽章壽康又重刻趙書，末附孔氏釋地，董氏殘稿（並下詳）及黃氏今水經三種，以資參考；光緒二十七年（西元1901），新化三味書室亦刻趙書；清末，上海千頃堂又有重印本。此趙書版本之源流也。

二二、戴震校刊本

　　戴震（西元1723～西元1777），字東原，安徽省休寧人。精地理學，嘗謂因川原之派別，知山勢之逶迆，由山鎮之陰陽，水行所經過，知州郡之沿革遷徙，大凡水之上流，川出於兩山之間，歷千百年，如其故道，至其委流，地平衍而土疏斥，不數歲輒遷徙不常，因主以山川而求郡縣也。

　　清乾隆庚辰（西元1765），東原見沈大成以何焯校本以校《水經注》，因有志於酈書，自定水經，越八年（西元1773），刊於浙東，未及四分之一，而奉召入四庫館，得見《永樂大典》本《水經注》，獲補數事，其書乃成，則武英殿聚珍版本也。而自刻本亦在京師由孔繼涵踵成之，不用校語，即戴氏遺書本也。東原據《永樂大典》所引，各按水名，逐條參校，凡補其闕漏者二千一百二十八字，剛其妄增者一千四百四十八字，正其臆改者三千七百一十五字，頓還舊觀，誠有功於酈書者也。聚珍本依舊時卷第，全載校語，而經注混淆者悉更之，卷首有御製文，道元原序及目錄。遺書本悉去校語，將正文改定，于注文循其段落，每節跳起，難讀處可一目瞭然，而不分卷數，以所存百二十三水，每水爲一篇，以江河爲綱，按地望先後分屬於江河，左右爲次，卷首有戴氏自序，目錄及孔繼涵序。梁啓超稱聚珍本全列校語，最可見戴氏用功之勤，遺書宜刊此本，聚珍本爲官書，反可用遺書寫定本〔註76〕，其說是也。

─────────────

〔註76〕參見梁啓超之《戴東原二百年生日紀念論文集》。

　　案戴氏研究《水經注》，可分三部得之：曰重次水經篇目，曰釐定水經經注，曰校正《水經注》之字句。茲分述如下：

（一）重次水經篇目

　　晉以來注《水經》凡二家：郭璞注三卷，唐時猶存，而今獨道元《水經注》四十卷存焉。酈書傳至宋初，四十卷之本，已佚五卷，今本《水經》所記諸水，計百二十三條，原非完本，故《太平寰宇記》所引《水經注》之涇水、洛水（入渭之洛，非今本入河之洛）、滹沱水，《太平御覽》所引《水經注》之滏水，宋敏求長安志所引之涇水、豐水、交水等，均不見於今本，再據《唐六典注》云：「水經所引天下之水百三十七。」則應逸脫十四水，此十四水，恐即在所亡之五卷內也。今本《水經注》仍作四十卷者，蓋後人所分，以傅合其卷數耳。東原論之曰：〔註77〕

> 據《崇文總目》，酈氏書四十卷，亡其五。今仍作四十卷者，蓋後人所分，以傅合其卷數。其三十四卷之首：「江水又東，逕巫縣故城南」，乃上卷「又東過巫縣南」注文，注誤為經，遂割分異卷。而《太平寰宇記》等書，引《水經注》滹沱河、涇水、洛水，今皆無之。或在所亡之五卷內歟？

今本《水經》既有亡佚，其篇次卷第，必經整合，已非舊次無疑。東原改定《水經》之水次，前後凡三焉，第一、二次改定之痕跡，可見於現存兩本「自定水經一卷」之抄本，第三次所改定者，即自刊本《水經注》之水次是也。綜觀三次改定，大抵第一次分八組，第二次則分河、濟、淮、江四組，而第三次改定，僅分河、江，即南北兩大組也。

　　戴氏所校殿本《水經注》，其水次一仍舊第，固不得視為東原之本意也。自刊本之水次，殆以一水為一篇，諸水排列，以〈河水〉、〈江水〉為二綱，其流入之河川，則依流入之先後及方向，即統屬關係（先左入、後右入）為次，不流入之河川，則依位置之關係排列〔註78〕。東原自刊本之水次整備，或以為乃襲自全祖望之北瀆、南瀆〔註79〕，夷考其實，二家同中有異，固不得以篇蓋全也，日人森鹿三嘗辯之，其言曰：〔註80〕

〔註77〕參見《胡適手稿》第一集，頁10。
〔註78〕同註74。
〔註79〕按：張穆之《趙戴水經注校案》即有其說。
〔註80〕同註74。

張穆攻擊戴震，以爲篇第襲全。河、江二綱，同於全之北瀆、南瀆。
但略加比較，即知其非。如〈河水篇〉，戴分阿轉達諸水，蔥嶺、于
闐水，及中國河三部，全氏全依舊次，列爲五卷。又戴於流入黃河
之汾水之次，列汾水支流時，將由西注入諸水，依注入先後，列晉
水、文水、原公水，次將由東注入諸水，同樣列洞過水、澮水，再
將此等汾水支流，一括之後，繼以循汾水入黃河之涑水。反觀全氏，
全無用意，但陳舊次，列汾、澮、涑、文、原公、洞過、晉爲次，
與戴氏之創意爲整然體系者不同顯然。

爲醒目計，茲將東原前後三次改定水次之情形，列表如後，俾知其凡〔註81〕。
表中首欄「舊次」，即今傳殿本水次；「自刊本《水經注》水次」，乃第三次改
定者，亦即東原最後之定案也。

表三：全祖望、戴震、孔繼涵改定《水經注》水次對照表

舊　　　次		戴　氏 第一次改定	戴　氏 第二次改定	戴氏自刊本 水經注水次	孔　氏 水經注釋地	全　氏 改定次第
河　水	1	1	1	1	1	1
汾　水	2	2	2	8	8	2
澮　水	3	7	7	13	13	3
涑　水	4	8	8	14	14	4
文　水	5	4	4	10	10	5
原公水	6	5	5	11	11	6
洞過水	7	6	6	12	12	7
晉　水	8	3	3	9	9	8
湛　水	9	9	9	15	15	19
濟　水	10	39	39	45	45	39
清　水	11	11	11	17	17	21
沁　水	12	10	10	16	16	20
淇　水	13	12	22	28	28	22
蕩　水	14	13	23	29	29	23

〔註81〕按：此表參考胡適〈全祖望，戴震改定各水次第的對照表〉，見《胡適手稿》，
第一集，頁136～149。並酌加己見而成之。

洭　水	15	14	24	30	30	24
濁漳水	16	15	25	31	31	25
清漳水	17	16	26	32	32	26
易　水	18	18	28	34	34	28
滱　水	19	17	27	33	33	27
聖　水	20	20	30	36	36	29
巨馬水	21	19	29	35	35	30
灅　水	22	21	31	37	37	31
濕餘水	23	22	32	38	38	32
沽　河	24	23	33	39	39	33
鮑丘水	25	24	34	40	40	34
濡　水	26	25	35	41	41	35
大遼水	27	26	36	42	42	36
小遼水	28	27	37	43	43	37
浿　水	29	28	38	44	44	38
洛　水	30	33	16	22	22	13
伊　水	31	38	21	27	27	14
瀍　水	32	36	19	25	25	15
澗　水	33	35	18	24	24	16
穀　水	34	34	17	23	23	17
甘　水	35	37	20	26	26	18
漆　水	36	30	13	19	19	10
滻　水	37	32	15	21	21	12
沮　水	38	31	14	20	20	11
渭　水	39	29	12	18	18	9
漾　水	40	73	73	77	77	75
丹　水	41	83	83	87	87	108
汝　水	42	52	52	57	57	53
潁　水	43	57	57	62	62	58
洧　水	44	60	60	65	65	59

潩　水	45	59	59	64	64	60
澮　水	46	61	61	66	66	61
渠　水	47	62	62	2	2	41
陰溝水	48	63	63	3	3	42
汳　水	49	64	64	4	4	43
獲　水	50	65	65	5	5	44
睢　水	51	66	66	6	6	45
瓠子河	52	41	41	7	7	46
汶　水	53	40	40	46	46	40
泗　水	54	47	47	52	52	63
沂　水	55	49	49	54	54	64
洙　水	56	48	48	53	53	66
沭　水	57	50	50	55	55	65
巨洋水	58	43	43	48	48	48
淄　水	59	42	42	47	47	47
汶　水	60	45	45	50	50	49
濰　水	61	44	44	49	49	50
膠　水	62	46	46	51	51	51
沔　水	63	80	80	84	84	73
潛　水	64	76	76	78	78	76
湍　水	65	86	86	90	90	110
均　水	66	82	82	86	86	107
粉　水	67	84	84	88	88	106
白　水	68	88	88	92	92	111
比　水	69	87	87	91	91	112 全本作泚
淮　水	70	51	51	56	56	52
溠　水	71	53	53	58	58	54
淯　水	72	85	85	89	89	109
㶏　水	73	58	58	63	63	62
灈　水	74	56	56	61	61	55

溮　水	75	55	55	60	60	56
潕　水	76	54	54	59	59	57
溳　水	77	90	90	75	75	114
澐　水	78	91	91	76	76	115
蘄　水	79	92	92	93	93	102
決　水	80	67	67	67	67	67
沘　水	81	68	68	68	68	68
泄　水	82	69	69	69	69	69
肥　水	83	70	70	70	70	70
施　水	84	93	93	71	71	71
沮　水	85	78	78	82	82	85
漳　水	86	79	79	83	83	86
夏　水	87	89	89	74	74	113
羌　水	88	72	72	79	79	77
涪　水	89	74	74	80	80	78
梓潼水	90	75	75	81	81	79
涔　水	91	81	81	85	85	105
江　水	92	71	71	72	72	72
青衣水	93	95	95	95	95	80
桓　水	94	115	115	115	115	116
若　水	95	96	96	96	96	81
沫　水	96	94	94	94	94	83
延江水	97	101	101	101	101	90
存　水	98	118	117	118	118	120
溫　水	99	117	116	117	117	121
淹　水	100	97	97	97	97	82
葉榆河	101	116	122	116	116	119
夷　水	102	77	77	73	73	84
油　水	103	98	98	98	98	87
澧　水	104	99	99	99	99	88

沅　水	105	100	100	100	100	89
浪　水	106	119	118	119	119	122
資　水	107	102	102	102	102	92
漣　水	108	109	109	109	109	93
湘　水	109	103	103	103	103	91
灘　水	110	120	119	120	120	117
溱　水	111	122	121	122	122	118
洭　水	112	121	120	121	121	94
深　水	113	105	105	105	105	95
鍾　水	114	104	104	104	104	96
耒　水	115	106	106	106	106	97
洣　水	116	107	107	107	107	98
漉　水	117	108	108	108	108	99
瀏　水	118	110	110	110	110	100
潙　水	119	111	111	111	111	101
贛　水	120	113	113	113	113	103
廬江水	121	112	112	112	112	104
漸江水	122	114	114	114	114	74
斤江水	123	123	123	123	123	123

按：斤江水，戴氏第一次改定及自刊本，孔氏並作斤員水。

（二）釐定水經經注

《水經注》千年以來，無人能讀，縱有讀之，而歎其佳者，亦只賞其詞句，為遊記詩賦之用耳。緣是書至唐宋間，遂已殘闕混淆，經多誤入注內，而注誤經。書中類此者不勝悉數，東原考驗舊文，審定立文義例，甄別經注混淆，得其端緒如下：〔註82〕

> 凡水道所經之地，組則云「過」，注則云「逕」，經則統舉都會，注
> 則兼及繁碎地名；凡一水之名，經則首句標明，後不重舉，注則文
> 多旁涉，必重舉其名以更端；凡書內郡縣，經則但舉當時之名，注

〔註82〕參見紀昀等〈水經注目錄跋〉，載王氏《合校水經注》，御製文，頁16。

則兼考故城之跡。

夫北宋時所見《水經注》，版本凡四焉：一爲編《太平寰宇記》時所據之本，四十卷，似爲完本；二爲慶曆元年官藏寫本《水經注》四十卷，亡其五；三爲元祐以前流行之成都刻本《水經注》三十卷；四爲元祐二年成都新刻何聖從家藏本《水經注》四十卷；後三者已非完本〔註83〕。而元祐二年成都刻本，雖作四十卷，實乃後人割裂傅會而成，自此以下，一切宋刻本與明抄本，蓋均以此爲祖本。此本之大缺陷有五，其中最嚴重者，即〈河水〉五卷、〈濟水〉二卷、〈渭水〉下一卷、〈洛水〉一卷、〈淮水〉一卷、〈江水〉三卷、〈沔水〉三卷等七水十六卷之經注混淆。其誤自北宋元祐至清乾隆六七百年中，無人能改。逮戴氏領會分別經注之條例後，方得解決，其有功於酈書者非鮮。

（三）校正《水經注》之字句

《水經注》自明以來，絕無善本，除上述經注互混外，字句之譌脫，亦爲其因。明刻本字句之譌脫，其中脫簡有自數十字至四百餘字者〔註84〕，舉其犖犖大端者言之，如缺：酈序四七三字；卷一、二〈河水篇〉，有錯簡一頁；卷九、十三各有兩整頁互錯，合計四頁；卷十八〈渭水中篇〉前後脫去頁半；卷二十二〈潁水篇〉、〈渠水篇〉及卷三十〈淮水篇〉，分別錯接一頁，合計三頁，卷三十一〈淯水篇〉與〈灈水篇〉之間，錯移一頁至卷三十三〈江水上篇〉。凡此皆明刻通行本之失，而爲歷代治《水經注》者所亟宜訂正者也。東原初治《水經》時，殆已究心於此。乾隆三十年乙酉（西元1765），自定《水經》一卷，即「兼取注中前後倒紊不可讀者，爲之訂正，以附於後」〔註85〕。至乾隆三十八年癸巳（西元1773）入都，與修《四庫全書》，又增益數事〔註86〕，逐復酈書舊觀。略計東原於《水經注》校正之功，即在於所補酈道元自序四百七十三字，及刪補訂正之數千訛字也。

以上三者，皆戴氏研稽《水經注》之貢獻，御制諸韻稱之〔註87〕，《四庫提要》稱戴校《水經注》，「一善而又善矣」，戴氏自序亦引以爲豪。其有功於

〔註83〕參見胡適〈北宋時的水經注已不完全了〉，載《胡適手稿》第四集，頁11～19。

〔註84〕參見《胡適手稿》第四集，頁155～164。

〔註85〕參見《戴震文集》，卷六，〈書水經注後〉，頁114。

〔註86〕參見洪榜〈戴先生行狀〉，載《戴震文集》附錄，頁256。

〔註87〕參見王氏《合校水經注》，卷首御製文。

鄘注，誠不可抹殺者也。聚珍本頗行於世。後福建福州，浙江杭州，江西南昌，廣東廣州，江蘇蘇州，湖北武昌各地書局，並有翻印本。此外尚有同治補修本，金陵局光緒刊本，新化三味書室本，武昌崇文書局光緒三年本，石印本，杭州坊刊袖珍本，巾箱本。民國以來，上海廣州廣雅書局繼續印行，上海掃葉山房等亦有印本。商務印書館有四部叢刊本，則據聚珍本影印，而萬有文庫本又據四部叢刊排印。中華書局有四部備要本，乃據戴氏遺書本參校諸家刊印，附錄二卷。此爲戴書流傳之大概也。

二三、黃晟刊本

　　黃晟，生卒年不詳，字曉峰，天都人。乾隆癸酉（西元 1753）翻印項氏《水經注》，槐陰草堂刊行，首冠歐陽元撰金禮部郎中蔡正甫《補正水經·序》，又明嘉靖甲午（西元 1534）吳都黃省曾，萬曆乙酉（西元 1585）南州朱謀㙔，西楚李長庚諸序，有「雙韭山房」印，並以朱筆錄趙清常、孫潛夫、沈碉芳、何義門諸校語於卷眉。又有「小韭山房」、「董秉純」、「抑儒字小鈍」等三印。自跋稱取舊本重爲校刊，而不著其何本；書中校語，大抵與朱箋合。近人陳橋驛氏於《論水經注的版本》一文中，謂黃校書之本意，不足爲訓，其言曰：〔註88〕

> 刊本一經出現，其本身就是一種商品，於是，沽名謀利之徒剽竊翻刻，占他人成果爲己有的事就隨著出現。趙一清《水經注釋》附錄卷下說：「近年眞州重又鏤版，頗稱工致，然竊朱箋爲己有，中多刪節，尤乖旨趣，俗學疑焉。」這種冒牌的眞州版，我未曾見過，我所接觸過的國內外館藏目錄中，也未見著錄，說明流傳不廣。流傳甚廣的贋本是乾隆十八年（西元 1753）新安黃晟的槐陰草堂刊本。我曾經核對過這個自稱爲「爰取舊本重爲校刊」的版本，除了卷首的一篇二百七十五字的所謂跋以外，實際上就是康熙群玉堂項絪刊本的翻刻本。儘管這個刊本在刊印技術上和趙一清所見的眞州版同樣稱得上「頗稱工緻」，甚至騙過了一些治鄘學者，但欺世盜名，不足爲訓，這是鄘注版本中的糟粕。

陳氏論說公允，頗足取焉。黃書刊刻精美，後附《山海經》，書肆猶有出售，惜欺世盜名，學者鄙之。

〔註88〕參見陳橋驛〈論水經注的版本〉一文，載《文史輯林》第八集，頁237。

二四、段玉裁校本

段玉裁（西元 1735～西元 1815），字若膺，號懋堂，江蘇金壇人。幼穎悟，讀書日竟數十言，年十三補諸生。篤嗜經術，喜訓詁考訂，窮微極博，著書以《說文解字注》爲首屈一指。兼擅詩文，有《經韻樓集》十二卷，亦頗雅贍。《經韻樓集》卷七〈中水〉考下曰：

> 予作《水經注注》，曾考定其次第而箋之。

則茂堂曾撰《水經注注》一書可知也。按是書今不可見，陳紹棠〈段玉裁先生著述繫年〉一文考證曰：[註89]

> 今考諸家均無言及此書者，而劉譜後所附之段玉裁先生著述考亦未見此書。蓋先生有意作是書而未成者也。又〈校水經江水注〉一文中，凡文下夾注之細字，皆出先生手，於是書之譌誤，訂正頗多。且又於古今地理之不同者，一一詳述。近人孫殿起曾得段氏遺稿一帙，中有校正《水經》之稿，可知先生確嘗有意於此，則是文豈即爲先生所稱之《水經注注》之一部乎？

蓋玉裁嘗欲爲《水經注注》之作，而卒未成也。其於《水經注》素未深究，所著《經韻樓集》中收有：〈記洞過水〉、〈水經無㳽河〉、〈水經注三澨沱在南郡邯縣北〉、〈校水經溱水注〉，及〈校水經江水〉諸文，片甲鱗爪，不足以與全趙戴並論也。

二五、孔繼涵釋本

孔繼涵（西元 1739～西元 1783），字體生，一字誦孟，號葒谷，山來曲阜人。夙雅志稽古，於天文地志，經學字義算學，無不博綜。繼涵刻戴書，已上詳矣，然陝西圖書館書目有孔增《水經注》十四冊，不分卷。此本他書目未見著錄，疑其書則戴氏遺書本，因孔戴遺書合刊，誤爲孔增耳。微波榭孔戴遺書有《水經釋地》八卷，則繼涵所著也。孔書考釋平凡，無甚發明，唯刊刻精美，後編入《積學齋叢書》。光緒六年（西元 1880），會稽章氏校刊趙釋，又附孔書於卷末，以爲參考。

二六、孫星衍校本

孫星衍（西元 1753～西元 1818），字淵如，江蘇陽湖人。幼有異稟，過

〔註89〕參見陳紹棠〈段玉裁先生著述繫年〉，乾隆三十八年條，載《香港新亞書院學術年刊》第七期。

目成誦。星衍校《水經注》，卷末自記：〔註90〕

> 《水經》向無善本，予驟讀之，便知經注錯亂，以意定之。嗣以唐
> 人引此書，若《史記索隱》、《正義》、《文選注》、《藝文類聚》、《初
> 學記》、《元和郡縣志》校之，得休寧戴東原本，多與鄙意相合，復
> 是正數十條，其與戴不同者，不敢附和也。

道光四年（西元1824），顧千里見孫校本於汪均之家，爲識其後，推崇不遺餘
力，且謂孫氏晚年對客，猶能稱引瀾翻，不須持本也〔註91〕。其後王先謙編
校酈注，蕭穆持此本以相餉，王氏悉爲刊入，以備一家之言。楊守敬校疏王
書，參證孫說，譏星衍詞章之士，於地理甚疏〔註92〕；王氏重其名而錄之，
惜其不爲孫氏藏拙也。

二七、袁廷檮校本

袁廷檮（西元1764～西元1810），字又愷，一字壽階，江蘇吳縣人。清
嘉慶初（西元1796），又愷以顧氏小讀書堆所藏景宋抄本校《水經注》。此本
校在孫潛校本之上，殘存卷數與孫潛本同，每半葉十一行，行二十字，孫校
用硃，袁校用藤黃，載然分明，卷四十之末，有袁又愷記云：

> 此書，澗蘋得於揚州，今歸與我。乙丑九月望。廷檮記。

故此本有「顧澗蘋藏書」印數處。又記云：

> 案朱箋所引宋鈔本、舊本、古本，往往與據校之舊鈔本同，則爲影
> 宋抄無疑矣。然烏焉滿目，而精善處亦不少。今不別走非，悉著之，
> 以俟考定。舊鈔本從顧氏小讀書堆所借也。又愷記。

袁氏於書尾又手模元祐二年成都刻本後記，與錢曾所抄有小異，今抄其全文
如下：

> 右《水經》，舊有三十卷，刊於成都府學宮。
>
> 元祐二年春
>
> 運判孫公始得善本許何聖從家，以舊編校之，纔載其三分之一耳。
> 於是乃與運使晏公委官校正，削其重複，正其訛謬。有不可考者，
> 以疑傳焉。用公布募工鏤版，完缺補漏，此舊本凡益編一十有三，

〔註90〕參見孫星衍〈水經注校本後記〉一文，載王氏《合校水經注》，例略，頁4。
〔註91〕同註90。
〔註92〕同註68。

共成四十卷，分二十冊。其篇秩小大，次序先後，成以何氏本爲正。

元祐二年八月初一日記。

夫錢曾所鈔陸孟鳧影鈔宋刻本之後記，云「不著名氏」，而袁本有官銜姓名三行，其第一行之彭戢，當即是作後記之人。錢本「纔載」下脫「其」字，「委官校正」下脫「削其重複，正其訛謬，有不可考者，以疑傳焉，用公布」二十字。「四十卷」下脫「分二十冊」四字；又錢本末句作「其篇帙小大，次第先後，咸以何本爲正」，此中「帙」字「咸」字是也。由此後記可知，後來刻本皆出於元祐二年之成都增刻本。殘宋刻本避宋諱「桓」、「構」，袁氏校卷四葉六，第一行「立碑樹栢」，用藤黃改「栢」爲「柏」，乃「桓」字闕筆，故可知此本之底本，亦爲南宋翻元祐二年本。

二八、丁履恆校本

丁履恆（西元 1770～西元 1832），字道久，別字若士，江蘇武進人。其游水疏證，王先謙備采以入合校本，唯所論殊無可取也。

二九、林伯桐校本

林伯桐（西元 1775～西元 1844），字桐君，號月亭，廣東番禺人。據支偉成清代樸學大師列傳，林氏有《兩粵水經注》四卷，今已失傳〔註93〕，不知其內容如何也。

三十、謝鍾英補本

謝鍾英，生平不詳，嘗譏胡渭、趙一清輯補《水經注》，舛誤百出，可據無幾，因有志於酈書之補校。其《水經注》洛涇二水補有引言曰：

> 《水經注》逸涇水篇，胡氏渭補之，皆著本朝州縣，是今涇水，非《水經注》涇水也。涇水逸文，胡氏渭趙氏一清收集者十數條，今採是者，次其前後。如南由縣有白環水一條，考《寰宇記》南由縣在隴州西南一百二十里，去涇水甚遠，決非涇水篇文。梁谷水西南注於涇一條，梁谷不知當今何地，缺以俟考。復採誤作洛水者以次補入。不足，又取《地理志》、《元和志》、《寰宇記》、《方輿紀要》、《水道提綱》諸書，編爲〈涇水篇〉，其故事之關涉水地者，從略，志完舊帙，非廣異聞也。

〔註93〕參見支偉成《清代樸學大師列傳》，第九，頁284。

謝氏除據上述諸書以輯補洛涇二水外，又案地望，編輯經注，頗復舊觀，功實過於趙補。其文名《水經注》洛涇二水補二卷，末附《武陵五溪考》一卷，刊於《南菁書院叢書》第四集，二十二冊。王先謙合校本悉錄之，學者稱便。

三一、沈欽韓證本

沈欽韓（西元 1775～西元 1831），字文起，號小宛，江蘇吳縣人。以地理之學，古書唯存酈注《水經》，而戴東原短在憑臆，趙誠夫苟於輕信，至如舊籍之有足互證，與近今志乘之目驗可據者，反皆蒐討未逮，因作《水經注疏證》四十卷〔註 94〕。沈書疏證，《國朝未刊遺書志略》記之曰：

> 《水經注疏證》，未刊，吳縣沈欽韓文起。鄭君朴問云：「趙東潛取十四家校本參訂，可稱該洽。文起生其後，精於輿地文學，脈水尋經，旁通津緒，當有俾實用，突過前人也。強賡老曾見是書稿本，爲余言之。」

又彙刻書目，《國朝著述未刊書目》及《清史稿・藝文志》並有著錄。其書未刊，今無傳焉。惟楊守敬以沈氏所著《左傳》補注例之，推其無多發明〔註 95〕，所未詳也。

三二、董祐誠圖說殘稿本

董祐誠（西元 1791～西元 1823），字方立，初名曾臣，江蘇陽湖人。負經世才，衣食奔走，涉半中土，凡夫山川形勢，政治利弊，采覽所及，歷歷識之，精研酈注，爲注作圖，並著圖說四卷，未竟而歿。其兄基誠取其說刊入董方立遺書第三冊中，而圖遂佚。道光十年（西元 1830），其子詵又刊行之，名《水經注圖說殘稿》四卷，光緒六年（西元 1880），會稽章氏重刊趙書，遂附卷末，以資參考。彙刻書目又稱近年成都有繙刻本，未詳。王先謙合校本悉錄其說，楊守敬稱其脈水事密，爲酈氏忠臣〔註 96〕，非過譽也。民國六十一年，台北廣文書局據清光緒六年會稽章氏校刊本影印，一冊，精裝，與孔繼涵《水經釋地》同本。

三三、王謨補正本

王謨（西元 1895，卒年不詳）。據叢書舉要著錄，王氏有《水經注補》，

〔註 94〕同註 93，第十五，頁 419。
〔註 95〕同註 69，序頁 12。
〔註 96〕同註 69，序頁 12。

未詳。

三四、張匡學釋刊本

張匡學，生平不詳。嘉慶三年（西元 1798），匡學著《水經注釋地》，自刊行世，卷末附《水道直指》一卷，《補遺》二卷，中央研究院歷史語言研究所收藏一部。後上池書屋有重刊本。其書輯前人之說，絕無心得，楊守敬已有微辭〔註97〕，而王先謙竟不言焉。

三五、沈垚釋本

沈垚（西元 1798～西元 1840），字效三，號子敦，浙江烏程人。精輿地之學，《水經注》、《元和郡縣志》皆成誦，而融會貫通。遺文僅楊氏連筠簃叢書刻其四卷，名《落帆樓文集》〔註98〕，蓋非全豹也。後邑人劉翰怡獲睹全稿，裒為《落帆樓文遺稿》二十四卷，收錄沈氏〈水經注地名釋〉一文，未成，僅存〈河水篇〉首七條，編入卷十二，外集六。〔註99〕

三六、汪士鐸圖釋本

汪士鐸（西元 1802～西元 1889），字振庵，別字梅村，江蘇江寧人。覃精輿地，於《水經注》致力尤勤，自戴趙二家外，搜補疏櫛，釋以今地，而山川阨塞，陂地水利，特加詳盡，嘗言曰：〔註100〕

> 漯水原附見，河水豐水見渭水注中，禹貢雍州兩見渭汭，猶言洛汭，
> 水經敘於渭水末，則汭亦不當補。滁乃小水，不宜為篇。止洛、涇、
> 漳、沱、滎、洺、弱、黑、派、滋各宜為篇，合趙氏漯水，惟十九
> 耳因仿戴氏渭水，是水經終不能全也。

因仿戴氏渭水、南海陳氏溫水之例，作《水經注圖》二卷，訂正〈穀水〉、〈江水〉、〈若水〉、〈沫水〉、〈延江水〉、〈存水〉、〈溫水〉、〈葉榆水〉、〈夷水〉、〈沅水〉、〈資水〉、〈湘水〉十二篇，期補所未備。

據《國朝未刊遺書志略》所載，士鐸著《水經注提綱》四十卷，《水經注釋文》，無卷數，及《水經注圖》二卷等三種。前二書未見刊傳。圖二卷，咸豐十一年（西元 1861）刊行，則胡林翼命晏圭齋摹刻者也。《墨綠堂臨時書目》

〔註97〕同註69，序頁12。
〔註98〕參見《叢書集成新編》第七十八本，頁118～141。
〔註99〕同註93，第十七，頁472。
〔註100〕同註93，第十七，頁473。

第五期，有汪氏晚年手校本，一冊三十圖，附錄一卷，未知入于何人之手。刊本圖四十二幅，卷首有丁取忠識語，胡林翼序，及目錄，卷末附《漢志釋地略》，《漢志志疑》，及訂正《水經注》文十二篇。原刻分二冊，後湖北局重刊，合為一冊，刻圖鋟字，並大於原本。其書原為《漢志》而作，與酈注多不照其改定，錯簡又任意移置，繪摹未精，訛誤疊見，王先謙楊守敬並譏之也。

三七、初桐于陽補正本

于陽，生卒年不詳，原名元烈，字耿仲，又號竹所。據《行素堂目睹書錄》，初桐于陽著《水經注》補正，刊于古香堂十三種叢書中，未見其書。

三八、陳澧考證本

陳澧（西元 1810～西元 1882），字蘭甫，廣東番禺人。據支偉成《清代樸學大師列傳》，陳氏有《水經注提綱》四十卷〔註101〕，今亡。另有《水經注西南諸水考》三卷，道光二七年（西元 1847），陳氏刊行，線裝，國立臺灣師範大學收藏一部，為陳氏四種之一，其自序云：

> 余固愛讀酈氏書，其北方水道，間有小差謬者不暇論。因讀《漢志》
> 豚水鬱水，知酈氏溫水，泿水二篇注之謬，又連而及之，知若水，
> 淹水，沫水，清衣水，葉榆水，存水諸篇之注之謬，又連及江水篇
> 自發源至若俺二水入江以上之謬……條而辨之，既正以今日水道，
> 復就酈注為圖，俾覽者曉然于其差謬，而弗相沿焉。其餘未暇悉辨，
> 此非敢攻訐古人也，不敢迴護古人而貽誤後人也。

陳氏蓋以酈注于西南水道甚疏，所敘多與今圖不合，因作此考以駁之。惜其所考但據今圖，妄指川流以當故道，頗多謬誤，楊守敬譏之，而王先謙合校本不取焉。然因其書篇幅不繁，流傳頗廣，後《東塾遺書》及《求實齋叢書》並收錄之，而廣州廣雅書局及湖南書院亦有刻本。

三九、王先謙合校本

王先謙（西元 1842～西元 1917），字益吾，湖南長沙人。著述極豐，頗有大志於酈書，三十年足跡所至，必以自隨，考按志乘，稽合源流，依注繪圖，參列今地，兼思補證各水關涉水地事蹟，及經注未備各水，為之作疏。然以人事牽率，未償所願。曾用官校宋本，參合諸家。輯為一編，及光緒十

〔註101〕同註93，第九，頁285。

八年（西元1892），始在長沙刊行。

　　王氏合校本之微意，備具卷首之「例略」中，其餘總目有：御製文諸文、官本卷首、官本原序、官本目錄、趙本畢序、趙本全序、趙本自序、趙本原序、趙本參校諸家，趙本酈道元傳、趙本目錄、趙本刊誤小引及《水經注》四十卷水次，末有趙附錄上、下。案王氏校刊《水經注》，極有功于酈書。趙釋以後，道咸以來，王氏合校本實又集其大成也。

　　王先謙著《合校水經注》，積數年之功始成，收錄之備，學者便之。先謙已盡錄戴本、趙本及朱本，又博采孫星衍，董祐誠，丁履恆，謝鍾英，汪士鐸諸家之說，選錄精密，體例明晰，開卷瞭然，易于尋究。又用全、趙注字分大小之例，刊刻精美，雖間有譌誤，偶見缺漏，然言《水經》之板式，未有更善于此者。其書流傳頗廣，新化三味書室有重刊本，上海受古書店舊書目錄有石印小本，四部備要本亦略與此同。今臺灣中華書局王氏合校本，最為通行，是書凡分四冊，乃據四部備要本影印發行。

四十、丁謙正誤本

　　丁謙（西元1843～西元1919），字益甫，仁和人，為清末地學之權威，著述亦富。其《水經注正誤舉例》五卷，依可恃之山谿，去陳言之影響，折衷宜確，攻訐無嫌，武斷見疑。且就酈氏原文，探索實有牴牾難通，乖於地勢之處，並前後互易之，便合真形，俾讀者知若者可疑，若者可信，若者後人竄人。益甫稽古弗泥，治絲不紛，淵奧之書，豁然開朗，為酈氏諍臣，亦為酈氏知己矣。惜全書未竟，圖繪闕如，然所糾繩，如漸江、穀水諸節之顛倒，及溫、存、根、潭八水之輵轇，爬梳抉剔，異義特標，學者取焉。其書間有誤非酈注者，詳參劉承幹〈水經注正誤舉例·後序〉所云：

> 丁先生此編名曰舉例，洵乎綱舉目張，犂然有當矣，惟其中義有可商，而不能不為之釐訂者。〈漸江篇〉以西安縣之烏溪為定溪，則在穀水東，以開化縣馬金嶺水為蘇姥布水，則在教水西北，中隔江山縣定陽溪，勢不能上承。「漳水篇」中加雍水注之一句，非出酈氏原文。〈濡水篇〉中索頭水及武列五渡高石諸水所在地，楊惺吾圖皆遵大清一統志，而丁先生全翻舊說，亦未揭明前人誤在何處，閱者無從釋疑。〈河水〉一篇附考西域諸地，多據洪文卿侍郎中俄交界圖，此圖藍本俄人，重譯多誤，茲以宣統初年新疆圖校正之。〈河水〉二篇，河曲積石湟水等處，原稿據胡文忠舊圖，多未密合，以光緒中

甘肅輿圖局之圖核改之。又〈河水〉二篇中，沿《明一統志》之誤，以駁酈注之漓水。〈河水〉三篇謂契吳亭水東南流，並力斥樹頹水、沃水之誤，而不知此皆酈氏所親歷者也。又以寧夏塞外大河正流當酈注臨戎縣之支渠，皆未允當。又以酈說湟中小月氏爲誤，此又不知其本於後漢西羌傳也。漢晉北魏縣邑當今何地，丁先生所釋往往與《一統志》不同，官書出於眾手，原難盡信，然《一統志》乃摘取各省通志及郡邑志，多成於其鄉人，縱或傅會，未必全訛，今爲訂正數處，不敢盡改。又「漳水篇」中斥丘縣所在，與《元和志》異，蒲領縣瘿陶縣與《寰宇記》異。凡此皆其疏舛，而未及理董者也。

丁氏正誤本，初分期刊載北平地學雜誌，卷九第一期至卷十一第十期。民國八年，收入劉氏《求恕齋叢書》，第二十六至二十七冊，凡五卷。後又刻入浙江圖書館叢書中。

四一、王楚材水道表本

王楚材，生卒年不詳，字膡軒，本名梓材。道光二十八年（西元 1848）作《全校水經酈注水道表》四十卷。夫《水經》之圖，常熟黃子鴻儀爲之矣，前人稱其每水各爲一圖，兩岸翼帶小水，精細絕倫，參伍錯綜，各得其理，惜書今亡，不可復得。膡軒深歎之，因循謝山七校《水經注》之舊，自河水表至〈禹貢山水澤地所在〉，皆以大水統小水，一一舉而列之，而別其綱目焉，次其源流焉。其曰附者，如河水五附漂水，仍其故也；曰補者，例如豐水、涇水、汭水、洛水，膡軒錄全校本《水經注》，曰四水皆全氏所已補，而底本並佚，今從趙本補，篇仿後滏水、洺水之例，依次補之，故其表亦列焉。王氏水道表，今收錄于四明叢書約園刊本第六集二五至三四冊中，前有張壽鏞、張穆序及王氏自序。壽鏞序評此本云：

> 今刻七校注者，則曰王氏往往據戴改全，與先生自作題詞殊相背戾，其從趙本補入者亦刪之，渭水之二以東入于河，終即繼以漆水，其豐涇汭洛四水之補者，不復見焉。若取斯表與今刻七校之注互勘，不知來自何處，則王氏錄本非並存，不足讀斯表也。

王氏水道表所錄簡約，汰酈注支詞，獨標其水道耳，然亦謝山之功臣也。

四二、楊希閔匯校本

楊希閔，生卒年不詳，清穆宗同治四年（西元 1865），據朱謀㙔本，何焯

本，沈大成本，趙一清本及戴震本，互相參證，輯爲匯校四十卷。其書光緒七年（西元 1881），周懋琦始爲序，在福州刊行，裝潢平凡，中央研究院歷史語言研究所收藏一部，十冊，線裝。卷首有序題節錄官本提要，朱序，趙序，戴序，何、沈識語，朱本引用書目，《北史酈傳》，大典酈氏原序諸文，並附跋語。又有周序及自序，卷末附趙本附錄二卷。楊氏自序云：

> 吾校《水經注》，官本外凡五家：朱鬱儀本，何義門本，沈沃田本，趙東潛本，戴東原本也。此數本者，網羅賅備，以前如吳琯諸本，近代如孫潛諸本，皆經採摭。若販黃晟諸本不足言矣。官本一依舊第，特多校正，又得《永樂大典》及祕閣儲藏，廣爲參訂，固極精善。戴本則以每水爲一篇，又以水道比次爲卷第，一水之中，更端者提行別之，體雖變舊，實便尋繹，佳本也。趙書則因全氏注中夾注之言，凡重復徵引者，概歸小注，是小注與大注幾各居半，古人著書無此體例也。何氏亦精改訂，兼評文妙。沈本改語不多，盡臨季滄葦振宜點圈本，專意文章……吾今參用各本，以官本爲主（注中單一案字者，皆官本也）。更端提行，參用戴氏，徵引考證，參用朱趙，點圈文妙，參用何沈，間有鄙見以閔案別之。書有不必注者，亦有必當注者，此書一二僻事，若無箋疏，殆難臆解。又古今地名變易，不加梳櫛，亦墮雲霧，徵引故實，朱箋甚備。考證地望，趙釋尤覈，各擇簡明，切要者錄之，無大關係不屑屑也。

其書蓋排比編輯諸本之說，匯集爲一，無甚發明，且所據諸本，並非祕籍，鮮新穎之說，其于酈注實有多此一舉之嫌。楊守敬譏之，王先謙亦不取焉。〔註102〕

四三、周懋琦校本

　　周懋琦，生卒年不詳。光緒七年（西元 1881），懋琦爲楊氏匯校本作序，自謂近年致力於戴書趙書，以公務纏身，或作或輟，終未卒業，其校本未聞傳世。

四四、林頤山校本

　　林頤山（西元 1849～西元 1906），字晉霞，慈谿人。光緒十四年（西元 1888），董沛孟編刊全氏七校本，其例言稱頤山曾別爲校本，旁稽博引，糾正甚

〔註102〕同註69，序頁 13。

多，遂擇其合全書本愔者參校焉。頤山校本未傳，王先謙楊守敬並未提及。

四五、黃錫齡水經要覽

　　黃錫齡，生卒年不詳，作水經要覽一卷，刊《小方壺齋輿地叢鈔》第四軼之九，第二十三冊。其文記河水、遼水、鴨綠江、混同江、大小凌河、膠水、濰水……欽江、元江、瀾滄江、大盈江、麓川江等等，近六十條水之源起、經過、分合，茲舉其記「渭河」之例以明之：

> 渭河源出渭源縣西二十五里南谷山，至鳥鼠山下轉而東流，逕渭源
> 縣北二里，過鞏昌府城北五里，東流，逕鳳翔府寶雞縣治南，又東，
> 汧水北來入之，又東逕岐山扶風二縣，入西安府界，歷盩厔興平咸
> 陽，逕府城北五十里，又東，涇水會焉，又東過渭南縣北至華陰界，
> 沮水北來注之，又東入於河。

黃氏所記諸水之來龍去脈，甚為明晰，惜篇幅所限，無從發揮。

四六、龐文恪校本

　　龐文恪，生卒年不詳。手校《水經注》，以戴氏自刻本與官刻本互校。此本無傳，今未詳也。

四七、龐鴻書小識本

　　龐鴻書，生卒年不詳，著《讀水經注小識》。光緒十六年（西元 1890），鴻書始校讀《水經》，乃取趙本，以戴本改定之，有疑則雜采諸書，證其同異，稽疑摘誤，積得數百條。及光緒三十年（西元 1904），始編輯排比，次為四卷，石印刊行。其書參考未富，殊多訛見，不足以與王先謙合校本並論也。

　　此外清儒酈注校本，猶存者尚有多種。李慈銘先生批《校藏書目錄》有校本十四冊，係手批戴校遺書本。雲間韓氏藏書目錄舊鈔本一，卷首有西皋老人識語，卷末有沈廷芳跋，韓錄卿據朱箋本校並跋。又錄抄本一，韓錄卿跋。又有校本一，錢功甫據朱箋本校黃省曾本，並手抄首三卷補全，前後有跋四則，黃蕘圃跋二則，某氏跋一則。持靜齋書目有聚珍板本，約校十分之二三，又有趙釋校本，以戴本及他本校過。又有明嘉靖刊校本，上端考訂甚詳，校者三人，汪兆兢汪義門及惕齋，並不知其人，據云校者分條數典，又歷舉各本詳訂得失，真酈氏功臣，惜未見也。凡此諸本並不詳其來歷〔註103〕，

〔註103〕參見鄭德坤〈水經注版本考〉，載《水經注引書考》，附錄，頁187。

今亦未詳其入何人之手也。

　　有清一代，考據風熾，自顧炎武、顧祖禹、閻若璩、胡渭而後，治酈書者甚夥，至全祖望、趙一清、戴震並起，博采史傳，斟酌眾說，援據辨證，繩愆糾謬，箋校精詳，殆還酈氏舊物，語云：「一將功成萬骨枯」。今《水經注》可讀，實清儒積年努力之結果，非一代一人所能幸致者也。茲將《水經注》古本現存卷數，表列如左，以見歷來《水經注》古本卷頁存佚之概況。

表四：《水經注》古本現存卷數總表

舊刻（黃）	殘宋刻	大　典	練　湖	瞿	朱	孫	袁	馮
卷　　一		✓		✓	✓	✓	✓	✓
卷　　二		✓		✓	✓	✓	✓	✓
卷　　三		✓		✓	✓	✓	✓	✓
卷　　四		✓		✓	✓	✓	✓	✓
卷　　五	✓	✓		✓	✓	✓	✓	✓
卷　　六	✓	✓		✓	✓			✓
卷　　七	✓	✓		✓	✓			✓
卷　　八	✓	✓		✓	✓			✓
卷　　九		✓		✓	✓	✓	✓	✓
卷　　十		✓		✓	✓	✓	✓	✓
卷　十一		✓		✓	✓	✓	✓	✓
卷　十二		✓		✓	✓	✓	✓	✓
卷　十三		✓		✓	✓	✓	✓	✓
卷　十四		✓		✓	✓	✓	✓	✓
卷　十五		✓		✓	✓	✓	✓	✓
卷　十六	✓	✓		✓	✓	✓	✓	✓
卷　十七	✓	✓		✓				✓
卷　十八	✓	✓		✓				✓
卷　十九	✓	✓		✓				✓
卷　二十		✓		✓				✓

	練湖	瞿	朱	孫潛	袁	馮	大典	黃
卷二十一		✓		✓				✓
卷二十二		✓		✓				✓
卷二十三		✓	✓	✓	✓			✓
卷二十四		✓	✓	✓	✓			✓
卷二十五		✓	✓	✓	✓			✓
卷二十六		✓	✓	✓	✓			✓
卷二十七		✓		✓	✓			✓
卷二十八		✓		✓	✓			✓
卷二十九		✓	✓	✓	✓			✓
卷 三 十		✓	✓	✓	✓			✓
卷三十一		✓	✓	✓	✓			✓
卷三十二		✓	✓	✓	✓			✓
卷三十三		✓	✓	✓	✓			✓
卷三十四	✓	✓	✓	✓	✓			✓
卷三十五		✓	✓	✓	✓			✓
卷三十六		✓	✓	✓				✓
卷三十七		✓	✓	✓				✓
卷三十八	✓	✓	✓	✓	✓	✓	✓	✓
卷三十九	✓	✓	✓	✓	✓	✓	✓	✓
卷 四 十	✓	✓	✓	✓	✓	✓	✓	✓
酈 序	?	全	?	大半	無	大半	大半	
元祐本跋	?	無	無	無	無	無	全	

附註：表中「古本」，僅限于殘宋本、鈔宋本、校宋本，而以黃省曾刻本對照之。黃後刻本，不在古本範疇。簡稱如下：

1. 練湖＝天津圖書館藏練湖書院鈔本
2. 瞿＝鐵琴銅劍樓藏徐海隅鈔本
3. 朱＝海鹽朱遇先藏舊鈔本
4. 孫潛＝傅沅叔藏孫潛過錄柳僉抄宋本
5. 袁＝袁又隄用顧千里藏鈔宋本校孫潛本
6. 馮＝靜嘉堂藏馮舒用柳僉本校本
7. 大典＝永樂大典本
8. 黃＝黃省曾刻本

第六節 民國以來之酈學

民國以來，宋明《水經注》殘卷，迭有發現，而《永樂大典本水經注》，亦佚而復出，因之，致力於酈書者，頗不乏人。如楊守敬、熊會貞、王國維、儲皖峰、蔡璣、鄭德坤、孟森、丁山、胡適等，或校勘字句，以復酈書之舊觀；或考證源流，以明酈學之梗概；箋釋酈書，爲通阻塞；類輯酈文，在便省覽；作書錄、考版本、編引得、繪地圖，則利酈學之研究。或就全書著眼，或考部分問題，而全、趙、戴互襲之疑案，尤爲學者所重視。諸家各有所得，並有功於酈書，然勒爲專著者，則僅《水經注疏》二三種而已，餘則但有單篇論文，散見各期刊中。其中尤以楊守敬、熊會貞、王國維、范文瀾、儲皖峰、丁山、鄭德坤、孟森、胡適之等人之成就，最爲學者所注意，茲分述各家之業績如後。

一、楊守敬熊會貞校疏本

楊守敬（西元 1839～西元 1914），字惺吾，晚號鄰蘇老人，湖北宜都人。博覽群籍，著述亦富。其校讀《水經注》，頗覺全趙戴三家皆有得失，非唯脈水之功未至，即考古之力亦疏，乃與門人熊君會貞，發憤爲《水經注疏》，繪《水經注圖》，用力二十餘年，始成之也。

案楊熊校疏《水經注》，可分三部得之。繁稱博引，考證史乘，酈氏引書，必著出典，全趙戴三家所不能詳者，是正極多，自謂《水經注》爲酈氏原誤者十之一二，爲傳刻之誤者十之四五，亦有原不誤，爲趙戴改訂反誤者，亦十之二三；考證精詳，不曲徇前人，一也。細校酈注，據注作圖，以相經緯，用胡林翼《大清一統圖》爲底本，與《水經注圖》相對照，古地舊川，在今何屬，一目瞭然，實不愧其爲歷史輿地圖之作者，二也。詳考酈注以後水道之變遷，足爲修治水利者之參考，又以案注作圖，故東西南北及左右之考訂，特爲詳審，三也。凡此三者，皆楊熊二人之貢獻，就作圖一事言，則其有功于酈注，已非前人根據字句之校勘，所可及者也。

楊惺吾萃畢生之力，治《水經注》，清季，僅光緒三十一年（西元 1905）刊布《水經注疏要刪》，卷首有自序，潘存題語及凡例。至注疏本全稿，則未及校定刊行，遽歸道山，遺命其弟子枝江熊會貞補訂。熊氏又窮二十餘年之力，參以楊氏未見諸本，如大典本、殘宋本、明抄本補校異同，悉心修訂，死而後已，終亦未克刊布，疏稿傳歸其弟子李子魁，據汪辟彊撰〈明清兩代

整理《水經注》之總成績〉一文所載〔註 104〕，謂其「稿凡數本，其一本爲中央研究院所得，其謄清正本則仍在李子魁處，今余所及見者，則李君所藏之正本也」。民國三十六年，李子魁以其整理後之疏稿，分期發表於湖北師範學院之史地叢刊，雖僅至第二卷止，而《水經注疏》之正式面世，實自茲始。其後十年，至民國四十六年，北京科學出版社將購存之全稿影印出版（今稱「清寫本」），共三函二十一冊，線裝，據卷首影印說明，「此本於 1954 年由中國科學院圖書館從武漢藏書家徐行可處購得，乃熊會貞生前寫訂，同一書手，同一時期，抄錄兩部，一部爲前中央研究院所得，另一部即此稿」，此爲全部疏稿面世之始。後十餘年，至民國六十年，臺北中華書局爲紀念建國六十週年慶典，商得中央圖書館藏本《水經注疏》稿，即中央研究院之本影印面世，分十八巨冊，平裝，此爲熊氏最後校改稿（今稱「最後修訂本」），據卷首提要，謂「民國二十七年，政府在武漢時，由中央研究院與中英庚款董事會商定，予楊氏後裔獎金，取此書付梓，因戰事日緊，不果梓行」，至是方付影印。距熊氏逝世，凡三十五年，距楊氏之卒，且五十六七年矣。楊氏嘗謂此稿不刊，死不瞑目，使果死而有知，茲或可稍慰於九泉矣。

　　以上三本中，除李子魁本僅刊至第二卷，無從睹其全貌外，就北平「清寫本」與臺北「最後修訂本」言之，兩者均屬注疏全書，熊氏生前校改疏稿將竣，先託書手抄正，即今存臺北之本，前後字跡，頗不一致，斷非一人手筆。大陸本則前後端楷，首尾如一，整朗可觀，當出於一人之手，疑以臺本爲底本而謄者。其後臺本又經熊氏最後修改，訂正舛漏，塗乙原稿，書眉行間，細字如麻，而熊氏生前最後努力，亦萃於此。大陸本因未及隨改，故多此有彼無，試以〈漸江水〉一篇爲例，比較台北本與大陸本之差距，列表如下：〔註 105〕

〔註 104〕按：江辟疆〈明清兩代整理水經注之總成績〉一文，初載於民國 29 年渝版《時事新報學燈》六九至七十期。《胡適手稿》第五集中冊附影原文，又轉載於民國 60 年臺北中華書局版楊熊合著《水經注疏》卷首，前段述《水經注》原委，及明清學者研治此書之得失大略，其主旨則重在後文闡揚楊熊合疏之成就也。

〔註 105〕參見陳橋驛〈評臺北中華書局影印本楊熊合撰水經注疏〉，載《水經注研究》第一集，頁 415～422。

表五：北京本與臺北本《水經注疏・漸江水》篇之錯漏比較表——注文

北　京　本	臺　北　本	北京本之錯漏
石溜湍波，浮饗無輟。	石溜湍波，浮饗無輟。	「響」誤「饗」。
昔有道士長徃不歸。	昔有道士長往不歸。	「往」誤「徃」。
昔子胥死于吳，吳人憐之。	昔子胥死于吳而浮尸於江，吳人憐之。	漏「而浮尸于江」五字。
子胥從海上負種既去。	子胥從海上負種俱去。	「俱」誤「既」。
勾踐謂不欲，遂止。	勾踐都瑯邪，欲移允常冢，冢中生分風，飛沙射人，人不得近，勾踐謂不欲，遂止。	漏「勾踐都瑯邪，欲移允常冢，冢中生分風，飛沙射人，人不得近」二十三字。
當由地迴多風所致。	當由地迥多風所致。	「迥」誤「迴」。
漸江又東逕柴辟南，于此故謂之辟塞。	漸江又東逕柴辟南，舊吳越之戰地矣，備候于此，故謂之辟塞。	漏「舊吳越之戰地矣，備候」九字。
江水之導源烏傷。	江水之導源烏傷縣。	漏「縣」字。
自昔耆舊縣不開南門。	自昔耆舊傳，縣不開南門。	漏「傳」字。
右臨白馬潭，潭中深無底。	右臨白馬潭，潭之深無底。	「之」誤「中」。
南帶長江，東連上坡。	南帶長江，東連上陂。	「陂」誤「坡」。

蓋〈漸江水〉一篇中，北京本于酈注注文，計誤六字，漏三十六字，即此亦知臺北本之優點矣。

綜清一代地理學家，或詳沿革，或考形勢，或志郡國，或疏水道，或列表，或繪圖，蓋研究經史，必明古今輿地也。諸家並起，而宜都楊守敬遠紹二顧全戴之緒，其精審浩博，尤突過前人云。楊熊合撰《水經注疏》，推爲歷來治酈注之大成，其書精詣，成就非凡，今抽繹再四，略得數事：〔註106〕

（一）確定朱本爲正文，而據戴趙或己見以訂正之也

明人竄亂古書，其所不通，輒以臆改，遂使原書本來面目，不可復識。惟朱氏以天潢之胄，家富墳籍，識周天壤，又與其友謝兆申，孫汝澄、後進李克家，盡取舊槧，精心讎校，且深懼古今聞見，互有異同，未敢輕易舊文，俾存眞目。注文間有疑滯者，鉤稽所得，則於箋語申明之，不敢妄改，蓋愼之愼者也。趙戴二家，初皆依據朱氏，惟趙採四明說，戴託大典之文，始各

〔註106〕同註104。

自董理，以意改正，不復用朱氏之舊。迨趙戴之書，先後流布，見者又謂二家臆改，反不如朱箋尚存眞目，言雖過激，要亦不爲無因也。楊氏此疏，乃決定用朱本正文，趙戴所改，認爲確鑿不可移易者，據以正朱。楊熊自定者，亦如之，全趙戴所改不盡合者，仍返朱舊，此注疏本之要旨也。今細按全書，凡朱箋本訛注作經，或混經入注者，曾經全趙戴所改訂，且皆確有依據，楊熊皆據之以正朱，而趙戴二家所改訂，不言其依據者，楊熊必追溯其本源，以證明之。

（二）詳著注文之出處，以見酈氏刪取群書之跡也

《水經》既爲《禹貢》河渠之支與流裔，而作注者則必廣徵地記，博採山經，以及名勝古蹟之簿錄，道佛虞初之雅記，靡不佐其博聞，供其參證。清初胡東樵最號博洽，而所著《禹貢錐指》，其草定略例，猶誤認袁山松稱美宜都山水之語，爲酈善長之言，其他更可知也。朱全趙戴諸家，箋校酈注，辨經注之混淆，校文字之歧異，疏導之功，自不可沒，而於酈注所本，則未能遍徵出處也。楊熊所疏，凡六朝以前地記、圖經、逸文，引見於唐宋類書，及寰宇記名勝志者，靡不逐條勘覈，證其所出。即此一觀，則酈注之摭採群書，片語隻字，盡成瑰寶，劉繼莊所謂「如古玉血斑，愈增聲價」者，皆前人無數心血所結集也。豈但有資於輯逸而已哉。

（三）博採經傳雜記，參伍互證，以疏酈注之疑滯也

楊熊所疏《水經注》，此屬疏之本體。疏之爲義，本訓爲通，所謂通其壅塞也。解釋古書曰注，注本訓灌，以此器之水，注入彼器，恰如其量，謂之注。是疏之爲義，亦猶治水者從而宜洩利導之也，故疏不厭其詳。朱鬱儀之《水經注》箋，徵引祕文，意在讎校，間有疏證，未臻詳備。且《禹貢》、《史》、《漢》，尚未究心，何論他籍，故趙一清有朱箋三刊誤之作。趙戴亦僅有刊正文字之功矣，不能爲疏，信乎斯事之難也。楊熊既以疏名其書，則於正文字，詳徵出處之外，自當博考書籍，鉤稽史實，以疏注義。他如《水經注》之地域山川，往往以遷徙靡常，建置無定。楊熊此疏，詳加勘審，既著今名，令讀者一展卷，而識今地之何在。如是，則酈注一書，可以考古，可以證今，可以致地平天成之業，通溝澮而修水利矣。

（四）按地記圖經，反覆讎校，以弼酈亭之違失也

古今鴻編鉅製，體大思精，採獲既遍及群書，千慮終難免一失；後人讀

書稽古，偶不經意，鮮不爲古人所惑。何況集域內之川流，述前古之往跡，足未遍及中原，則遐陬以遠而致誤；目雖罷於墳籍，則咫尺以近而見遺。酈亭生長北方，服官中尉，戴東原所謂「塞北群山，江南諸派，道元足跡，皆所未經」者，前人已論之矣。楊熊二氏之疏酈書，其於傳寫致誤者，或引群書以勘正，或舉事實以闡明。其作疏之旨，固在伸引注義，校理異文。然酈氏以一人之力，摭採群籍以成書，則就中歧誤而確鑿者，使不加糾正，則輾轉貽誤，讀者將何從諟正乎？

　　右舉四事，殆其犖犖者也。今姑就其餘事，再楬櫫之。《水經》作者，前人論定，固已言人人殊矣。郭璞桑欽，各有所據，惟戴東原據「涪水」條中稱廣漢已爲廣魏，則決非漢成帝時之桑欽；據「鐘水」條中稱晉寧仍作魏寧，則定非東晉初之郭璞。推尋文句，取證前史，當爲三國時人所作。楊熊《水經注疏》，乃決定爲三國時魏人之書，疏中證明有三：其一，沔水經過魏興安陽縣南，魏興爲曹氏所立之郡，注明言之。趙一清疑此條爲後人續增，不知此正爲魏人作經之明證。其二，古淇水入河，至建安十九年，曹操始遏淇水，東人白溝。而經文明云，東過內黃縣南爲白溝，此又爲魏人作經之確誰。其三，劉璋分巴郡置巴東巴西郡，而夷水漾水經文，只稱巴郡。蜀先主置漢嘉郡涪陵郡，而若水延江水經文，不稱漢嘉涪陵。他如吳省沙羨縣，而經文仍稱江夏沙羨吳置始安郡於始安，而經文仍稱零陽始安。蓋以爲敵國所改之制，故外之，此又爲魏人作經，不下逮晉代之旁證也。三證確鑿，則《水經》爲三國時魏人所撰，已無疑義。旁午參驗，視休寧益加密焉。實則楊熊此疏，抉擇精審，包孕宏富，前修是者，片長必錄，非者，必嚴加繩正，期於至當，其引而未申者，稽考不厭其詳，故精語絡繹，神智煥然，眞集向來治酈注之大成也。

　　楊熊二人刊刻《水經注圖》，亦於光緒三十一年（西元 1905），卷首有自序，凡例及編目，通都大會及禹貢圖，分繪卷末。惜其書沿用胡渭圖舊制，細分裝潢，展閱者非熟識舊式經緯，查檢費力，或竟不無撫卷興嘆之憾也。而其合疏《水經注》，1989 年 6 月江蘇古籍出版社有點校鉛排本刊行，是書由南京師範大學已故段熙仲教授依據 1957 年北京科學出版社出版之影印《水經注疏》爲底本，參照明清以來《水經注》諸刻本，及經、史、子、集史料，予以點校、增刪、勘誤；後又由杭州大學著名地理學家陳橋驛按 1971 年臺北中華書局影印出版之楊熊合撰《水經注疏》本，參以鍾鳳年《水經注疏勘誤》，

復校一過。全書版式，經、注文皆用四宋大字，前者頂格排，後者低一格，以示區別；楊、熊疏文用五宋，改原雙行爲單行。又原疏文中雙行小字夾注，亦改單行排於單行疏文中，以「〔 〕」號相區別。分三大冊，排印精美，校勘審愼，學者以得之爲寶，可謂爲楊熊《水經注疏》最佳之本也。

二、王國維校本

　　王國維（西元 1877～西元 1927），初名國楨，字靜安，亦字伯隅，號觀堂，浙江省海寧縣人。爲現代名儒，考古之權威，晚年校《水經注》，尤稱精審。其考校酈書，事詳觀堂集林《水經注》諸本跋，今存王國維親筆校勘之《水經注》有兩部：一部是以上海涵芬樓景印武英殿聚珍版《水經注》共十二冊（內缺第七冊）爲校錄底本，現藏北京圖書館；一部是以明萬曆四十三年（西元 1615）朱謀㙔之《水經注》箋爲校錄底本，共十二冊，現藏長春吉林大學圖書館。關于歷次校勘之情況王國維於聚珍本卷四十跋尾中云：〔註 107〕

　　　　壬戌（西元 1922）春日，余得見南林蔣氏所藏《永樂大典水經注》，自河水至丹水凡四冊，即校于武英殿聚珍本上。嘉興沈乙庵（即沈曾植）先生復以明黃勉之（即黃省曾）本屬余校錄大典異同，余亦以黃本異同錄于聚珍本。先生復從臾余校朱王孫（即朱謀㙔）本，余未暇也。癸亥（西元 1923）至京師，從書肆購得是本，爲安化陶文毅公藏書，有資江陶氏雲汀藏書，賜書樓陶氏之記，印心石屋主人圖象諸印。近年朱本希見，又是名臣故物，得之甚喜。既以是本校于聚珍本上，又復校出全、趙二本，頗得悉明以來諸本沿襲及諸家校改之源流。惜乙庵先生于去秋仙去，不能共商略也。

是知其前後所校，計近十家本，爲道咸以來所未有也。王書手校本，于 1984年，上海人民出版社出版，又 1987 年臺灣新文豐出版社鉛字排印，前有 1980年吳澤出版序言，冠書影十三面，卷末題識，有王氏題記及跋文，有王氏經見過錄之前人題記，順序一依原式，吳澤評王校本云：

　　　　就版本和抄本來說，王國維的這部《水經注校》雖然只掌握了宋刊殘本、大典本、明抄本、孫潛夫、袁壽階手杖本、黃省曾本、全謝山本，以校聚珍本和朱氏《水經注》箋本等，但是這些都是明清以來具有代表性的主要版本，正如趙萬里所說，「水經異本畢具于此

〔註 107〕參見王國維《水經注校》，前言，頁 3。

矣」（王靜安先生年譜）。……因此，置此一書，便齊備了明清以來
近十種的主要版本，爲讀者開展研究工作提供了有利條件。

王氏原校本，今不易見。然鉛字排印本，由袁英光、劉寅生等人，整理標點，
間或有誤，學者病之。

三、范文瀾寫刊本

民國十八年，文瀾鈔《水經注》寫景文，成一小冊，由北平樸社排印出
版，爲范文瀾所論第七種，卷首有自序，張穆《全氏水經注辨誣》，王先謙
《合校水經注例略》，胡渭《禹貢錐指例略》及目錄，愛讀《水經注》美文者
便之。惜其書校勘未精，訛漏疊見，張氏一文，以薛刊全本附錄校之，已有
三十餘字矣。

四、儲皖峰鈔本

皖峰校印儲光羲嗣宗詩集，封皮印皖峰著書目一覽，有《水經注》十錄
及《水經注選萃》二種，蓋錄注中碑文，冢墓，祠宇，園宅，侯國，物產，
謠諺，故事，怪異，引書目及文萃也。民國十七年，先以「碑錄」附考刊於
國學月報，二卷五、六期中，其文以朝代爲序次，依立碑年月之先後，訂爲
一編，復參證金石諸書，補碑不下數十餘，復以注無明文，而文字形跡，尚
有可尋者，附錄於後，略加考語，嗜古之士，或有取焉。

五、丁山酈學考序目

民國二十一年，丁山有〈酈學考序目〉一文之作，刊於中央研究院歷史
語言研究所集刊，第三本第三分。茲編上卷可以見版本源流，校勘得失；中
卷可以見疏通證明，研繹得失；下卷可以見弼違匡謬，刊正得失。材料豐富，
不可多得。

六、鄭德坤引得本

民國二十三年，鄭氏整理《山海經》方竣，由洪煨蓮、顧頡剛之指導，
點校《水經注》，可得版本無不檢閱一過，其成就殆有四焉：酈書四十卷，篇
幅繁雜，宜有引得，然後檢查方便，因作《水經注引得》一書，一也。清儒
頗重《水經注》，然未有細考其板本者，因以書目爲據，目驗爲憑，作《水經
注板本考》，二也。明本載酈氏引用書目，只得百餘種，鄭氏考酈氏引書凡四

百三十七種，因作《水經注引書考》，三也。世人愛《水經注》故事者甚眾，
或欲輯出單行而未成，因抄出五百零二種，分為十二類，作《水經注故事鈔》，
並著略說，四也。綜觀鄭氏所著書，則酈書內容豐富，可見一斑，而鄭氏之
研究亦多方矣。

七、孟森考校論文

民國二十五年，北大教授孟森，考校酈書，作〈楊守敬所舉趙氏水經注
釋轉襲戴氏嫌疑辨〉（載《國立北平圖書館館刊》第十卷第五號），〈水經注原
公水篇諸家之訂正〉（載《禹貢半月刊》第七卷第一、二、三合期），〈禹貢山
水澤地所在篇中之熊耳山〉（載《禹貢半月刊》第七卷第六十七合期），〈擬梁
曜北答段懋堂論戴趙二家水經注書〉（載《文獻論叢論述一》），〈戴東原所謂
歸有光本水經注〉（載民國 25 年 11 月 12 日益世報「讀書週刊」第十四期），〈董
方立之懷疑戴氏水經注校本〉（載民國 25 年 10 月 1 日益世報，「讀書週刊」
第六十八期），〈商務影印永樂大典已將戴東原括補塗改的弊端隱沒不存記〉
（載民國 25 年 11 月 12 日益世報「讀書週刊」第七十四期），〈戴本水經注所
舉脫文衍文〉（載《北平圖書館館刊》第六卷第二期）等文，繼楊守敬、王國
維之後，更廣搜證據，以證「趙東潛作水經注釋，全部為戴東原所竊」，其言
甚篤，學者取之，而戴之襲趙，幾有定論矣。

八、胡適手稿

民國以來，於戴趙互襲之疑案，為戴氏辯護者，前有日人森鹿三氏，後
有胡適之先生。森鹿三氏有〈論戴震之校定水經注〉（〈戴震の水經注校定に
ついて〉一文，載《東方學報》第三冊）。辯護戴氏，考證極富，然戴氏竊書
之罪猶在。森氏雖似能證其未見趙書，然不能證其所校，全出大典本，而不
用歸有光，何焯或他人之說也。

至於胡適之先生之治酈書，乃國人皆知之事，且未有不知其欲為戴氏申
冤者，然其始則亦未嘗不以為戴之竊趙，已有定論也〔註108〕。手稿前六集之
內容，大要如次：

第一集　戴震部分。
第二集　全祖望部分（上）。

〔註108〕參見潘壽康〈胡適手稿與水經注〉，載《中華雜誌》第四卷第二號。

第三集　全祖望部分（下）、趙一清部分。

第四集　《水經注》版本考。

第五集　關於自張穆至孟森幾家對戴震指控之詳論。

第六集　與洪煨蓮、楊聯陞討論本案往來書信。

胡適對王國維、孟森之指控，分別有所評論。在第一集中，有〈戴震對江永的始終敬禮〉一文，駁張穆、魏原、王國維等毀謗東原「背師盜名」，蓋欲爲戴氏申冤，首須肯定其「人格」也。而可視爲戴趙案之結論者，則爲〈戴震未見趙一清水經注校本的十組證據〉一文，胡先生於戴本之若干錯誤，考證綦詳，而趙書則無此錯誤，因以爲戴氏未見趙書之證據。民國四十二年，胡適返臺後，曾與友人論證《水經注》趙戴冤案，經友人一一剖析後，先生默然良久，乃提出「自由心證」四字，結束本案。胡先生之治酈學，前後凡二十年，其用功之勤，與搜集資料之富，可謂至矣。惜天不假年，先生之書未成，就此十組證據，即言此案已有定論，恐仍不足以服人心也。

　　民國以來，國人治酈學之成績，略如上述。此外，日本酈學家森鹿三于《水經注》之研究，用功亦勤，其《水經注》（抄）以合校本爲底本，由其本人與日比野丈夫、藤善眞澄、勝村哲也等學者共同譯注，乃一日譯節本，內凡注〈河水〉、〈洛水〉、〈伊水〉、〈澗水〉、〈穀水〉、〈甘水〉、〈沮水〉、〈渭水〉等篇。是書考校精詳，並配以今圖，一目瞭然，頗便閱覽，由東京平凡社於1974年出版，與《洛陽伽藍記》合爲一冊，載《中國古典文學大系》二十一。而晚近大陸學者陳橋驛、施蟄存、馬念祖等人亦有專書問世，或探地理之學，或錄金石之文，或考書目之詳，諸家並有所得﹝註109﹞。其他有關《水經注》之論著，，散見學報期刊者甚多，其詳請逕見本論文末之參考書目，九、期刊論文部分，此毋庸喋述矣。

﹝註109﹞按：馬念祖《水經注》等八種古籍引用書目匯編，大陸中華書局出版，1960年。陳橋驛《水經注研究》第一集，天津古籍出版社印行，1985年，第二集爲上海人民出版社印行，1987年。施蟄存《水經注碑錄》，天津古籍出版社印行，1987年。趙永復《水經注通檢今釋》，復旦大學出版社出版，1985年。

第五章 《水經注》之寫景藝術

盈天地之間，最鉅夥者，莫如水也。其經紀法界，浸漑萬靈，厥功至偉，譬諸人身，津液精血，流貫注伏，皆是物也。有漢一代，司馬子長，號為良史，書止河渠，蠡測一勺，後之作者，竟無述焉，世所憑依，俾見天地血脈者，則唯《水經》一書而已。降及後魏，道元注之，補其未備，旁引百家，時發雋語，流淫之外，贅行紀異，博雅之士，倚以為談；考其所載，引枝流數千條，審遠近之端，詳大小之勢，源委之吐納，沿路之經過，纏絡枝煩，條貫系夥，搜渠訪瀆，靡或遺漏。故凡過歷之皋維，夾竝之坻岸，環闉之亭郵，跨俯之城隅，鎮被之巖嶺，迴注之谿谷，瀕枕之鄉聚，聳映之樓館，建樹之碑碣，沈淪之基落，靡不旁萃曲收，左摭右采，洵為初學之津梁，宿儒考錯之器具也。

《水經注》為書之旨，原本山川而作，其敘事也尚實，故書中每有遷就地理方位，郡邑流變等等之記載，因而易流於徑率寡味之失，方望溪〈答程夔州書〉一文有云：〔註1〕

> 散體文惟記難撰結。論辨書疏，有所言之事；誌傳表狀，則行誼顯然；惟記無質幹可立，徒具工築興作之程期，殿觀樓臺之位置，雷同鋪設，使覽者厭倦，甚無謂也。

方氏所言，蓋謂此也。而善長以淹雅之才，發攄文筆，撰注水經，水道之外，觸類引申，因川源之派別，知山勢之逶迤，高高下下，不失地功，奇幽詭勝，搜剔無遺，乃禹貢之忠臣，班志之畏友，亦為山水文學之宗師。其寫

〔註 1〕 參見方望溪〈答程夔州書〉，載《方望溪先生全集》，卷六，商務印書館四部叢刊初編集部，頁 89。

景文字，妍麗多彩，模山範水，冠絕古今，明鍾惺曰：「酈道元遍具山水筆資，其法則記，其材其趣則詩也。」〔註2〕明朱之臣亦曰：「酈氏每于景色，只一二字點綴，最工，其筆其韻，未易追也。」〔註3〕清趙一清云：「其造語驚人，遣辭則古，六朝文士終當斂手避席，自可成一家之言」〔註4〕。而翁同書亦云：「酈氏敘述山水，工于語言，實在柳子厚上。」〔註5〕諸家于酈注，可謂推崇備至矣。

　　夫宣物莫大于言，存形莫善于畫。《水經注》兼擅言、畫之長，其鋪寫景物，片言隻字，妙絕古今，誠宇宙未有之奇書也。以下茲分「摹景方式」、「裁章要例」與「修辭技巧」等三節，探究《水經注》寫景語言之藝術焉。

第一節　摹景方式

　　酈注之作，摹山範水，記文寫物，隨內容所需，或純寫景，或兼抒情，攝取神韻，顯其質美，巧妙各俱。茲舉數例如下，以概其全。

一、純寫景者

　　此類文字，偏重景物之描繪，作者未滲入個人主觀之情感，而以側筆出之，塑造客觀無我之境界。例如卷六〈汾水注〉「又南過冠爵津」條，注文寫冠爵津云：〔註6〕

> 汾，津名也，在界休縣之西南，俗謂之雀鼠谷，數十里閒，道險隘水，左右悉結偏梁，閣道纍石，就路縈帶，巖側式去水一丈，或高五六尺，上戴山阜，下臨絕澗，俗謂之為魯般橋，蓋通古之津隘矣，亦在今之地險也。

此段文字，寫冠爵津之地理形勢，亦云詳矣。又如卷六〈涑水注〉「又西南過安邑縣西」條，注文記鹽池云：〔註7〕

> 其水又逕安邑故城南，又西流注于鹽池。地理志曰：鹽池在安邑西南，許慎謂之鹽，長五十一里，廣七里，周百一十六里，從鹽省，

〔註2〕參見明・鍾惺《水經注鈔》，序文。
〔註3〕參見明・朱之臣《水經注刪》，敘文。
〔註4〕參見清・趙一清《水經注釋》，自序。
〔註5〕參見清・翁同書《水經注摘鈔》，跋文。
〔註6〕參見王先謙《合校水經注》，卷六，頁7。
〔註7〕同註6，卷六，頁20～21。

古聲。呂忱曰：風沙初作煮海鹽，河東鹽池謂之鹽。今池水東西七十里，南北十七里，紫色澄淳，潭而不流。水出石鹽，自然印成，朝取夕復，終無減損，惟山水暴至，雨澍潢潦奔洪，則鹽池用耗，故公私共塌水徑，防其淫濫，謂之鹽水，亦謂之爲塌水。《山海經》謂之鹽販之澤也。澤南面層山，天巖雲秀，地谷淵深，左右壁立，閒不容軌，謂之石門。

此段文字，敘述鹽池之位置、水色、生產及管理等等情況，兼及周圍之山川景色，縷述各端，詳明有序。又如卷六〈涑水注〉「又南過解縣東，又西南注于張陽池」條，注文描寫鹽道山云：〔註8〕

涑水又西南屬于陂，陂分爲二，城南面兩陂，左右澤渚，東陂世謂之晉興澤，東西二十五里，南北八里。南對鹽道山，其西則石壁千尋，東則磻溪萬仞，方嶺雲回，奇峰霞舉，孤標秀出，罩絡群山之表，翠柏蔭峰，清泉灌頂。郭景純云：世所謂鶩漿也，發于上而潛于下矣。厥頂方平，有良藥。神農本草曰：地有固活、女疎、銅芸、紫菀之族也。是以緇服思玄之士，鹿裘念一之夫，代往遊焉。路出北巘，勢多懸絕，來去者咸援蘿騰鋬，尋葛降深。于東則連木乃陟，百梯方降，巖側縻鎖之跡，仍今存焉，故亦曰百梯山也。

此段文字，道元以簡潔之筆墨，刻劃峰高路險，林密水清之景色。「連木乃陟，百梯方降」，「翠柏蔭峰，清泉灌頂」，描述真切優美，令人神往，故譚元春評此段文字，謂「語情高尚，不徒以寫境爲勝」，又云「凡作游記，須知此意，然又著意不得」〔註9〕，洵爲經驗之談也。又如卷十一〈滱水注〉「又東南過中山上曲陽縣北，恆水從西來注之」條，注文寫滱水沿岸之景象云：〔註10〕

滱水自倒馬關南流，與大嶺水合。水出山西南大嶺下，東北流出峽，峽右山側，有祇洹精盧，飛陸陵山，丹盤虹梁，長津泛瀾，縈帶其下，東北流注于滱。滱水又屈而東，合兩嶺溪水，水出恆山北阜，東北流，歷兩嶺間。北嶺雖層陵雲舉，猶不若南巒峭秀，自水南步遠峰，石磴逶迤，沿途九曲，歷睇諸山，咸爲劣矣，抑亦羊腸邛峽

〔註8〕同註6，卷六，頁23。
〔註9〕參見明譚元春刻《水經批點》，卷六〈涑水注〉條云。
〔註10〕同註6，卷十一，頁10～11。

之類者也。齊宋通和，路出其間，其水東北流注于滱水，又東，左
合懸水，水出山原岫盤谷，輕湍濬下，分石飛懸，一匹有餘，直灌
山際，白波奮流，自成潭渚。其水東南流，揚湍注于滱。滱水又東
流，歷鴻山，世謂是處爲鴻頭，疑即《晉書·地道記》所謂鴻上關
者也。

此段文字，記述倒馬關險要之地勢及命名之由來，末段寫恆山兩嶺峭秀之雄
姿，懸水白波奮流之奇景，尤觀察入微，最富神韻。大體而言，《水經注》書
中，凡純寫景之文，多涉及川渠郡邑之名目稱號，故道元撰作之時，隱去身
份，側筆出之，摹山範水之餘，或據事類義，以增逸趣；或援古證今，以釋
地名；遣辭用字，繫乎名象，二者相得益彰，而妙趣天成矣。是以此類文字，
雖無作者主觀情感之融入，然其彩筆揮灑，辭藻妍麗，洵有溢乎單調之地學
釋名者，此或道元鎔鑄之功所致耶！

二、兼抒情者

人生而有性，接於物而有情，情動於中，則形於言而見乎辭。是文章者，
乃情性之風標，心靈之投影也。道元博極群書，識周天壤，狀寫風物，儗寫
山川，妙絕古今，引人入勝，讀之有如身歷其境，頗能移人之情，喚起讀者
歷史興亡、人物渺遠之感。其爲書也，情景交融，富於詩意，故雖爲主觀有
我之意境，然情新因意勝，意勝逐情新，有境界則自成高格，因知酈注之寫
景文字，秀逸天拔，千載如新，殆非偶然。例如卷十四〈鮑邱水注〉「又南至
雍奴縣北，屈東入于海」條，注文寫觀雞寺云：〔註11〕

> 水東有觀雞寺，寺內起大堂，甚高廣，可容千僧，下悉結石爲之，
> 上加塗墍，基內疏通，枝經脈散，基側室外，四出爨火，炎勢內流，
> 一堂盡溫，蓋以此土寒嚴，霜氣肅猛，出家沙門，率皆貧薄，施主
> 慮闕道業，故崇斯構，是以志道者多栖託焉。

此段文字，寫雞觀寺之結構奇特，規模宏偉，實爲古代建築中所罕見。寫景
之餘，作者對貧寒僧人之同情，亦隱約可見。又如卷四十〈漸江水注〉「北過
餘杭東，入于海」條，注文寫定陽溪云：〔註12〕

> 其水分納眾流，混波東逝，逕定陽縣。夾岸緣溪，悉生支竹及芳枳、

〔註11〕同註6，卷十四，頁12。
〔註12〕同註6，卷四十，頁5。

　　木連，雜以霜菊、金橙，白沙細石，狀如凝雪，石溜湍波，浮響無
　　輟。山水之趣，尤深人情。

此段注水，融視覺、聽覺與感受于一爐。溪水飛流東逝，道元攝景狀物，能
攫取特色，顯其神采，翠竹金橙與白沙細石，相映生輝，更兼急流湍波，觸
石作響，清朗悅耳，天趣盎然，意境清雅秀逸。又如卷十六〈穀水注〉「又東
過河南縣北，東南入于洛」條，注文寫景陽山云：〔註13〕

　　（穀水）歷景陽山北，山有都亭，堂上結方湖，湖中起御坐石也，
　　御坐前建蓬萊山，曲池接筵，飛沼拂席，南面射侯夾席，武峙背山，
　　堂上則石路崎嶇，巖嶂峻險，雲臺風觀，纓巒帶阜，遊觀者升降阿
　　閣，出入紅陛，望之狀鳧沒鷖舉矣。其中引水飛皋，傾瀾瀑布，或
　　枉渚聲溜，潺潺不斷。竹柏蔭于層石，繡薄叢于泉側，微飆暫拂，
　　則芳溢于六空，實為神居矣。

此段文字，描述景陽山之盤曲、險峻、深邃，景中有景，疏朗裕如，令人心
曠神往，而于傾瀾瀑布之狀繪，清麗有致，富於詩意與音樂美，尤為生動。
夫作遊山文字，全在摹寫升降消息之妙，如此等注，讀之便可當臥遊矣。

　　且夫景無情不發，情無景不生，故道元亦善于以意稱物，融情于景，創
造不同之意境，如卷三十四〈江水注〉「又東過夷陵縣南」條，注文寫西陵峽
云：〔註14〕

　　山水紆曲，而兩岸高山重障，非日中夜半，不見日月。絕壁或千許
　　丈，其石彩色形容，多所像類，林木高茂，略盡冬春，猿鳴至清，
　　山谷傳響，泠泠不絕，所謂三峽，此其一也。山松言：常聞峽中水
　　疾，書記及口傳，悉以臨懼相戒，曾無稱有山水之美也。及余來踐
　　躋此境，既至欣然，始信耳聞之不如親見矣。其疊崿秀峰，奇構具
　　形，固難以辭敘，林木蕭森，離離蔚蔚，乃在霞氣之表，仰矚俯映，
　　彌習彌佳，流連信宿，不覺忘返，目所履歷，未嘗有也。既自欣得
　　此奇觀，山水有靈，亦當驚知己于千古矣。

此段文字，作者著力刻劃西陵峽之奇觀佳景，其間峭壁巉岩，多所像類；而
林木森聳，江流湍徊，猿鳴哀轉，從容攄寫，秀句迭出，意境高遠，富有深
致；所引袁山松語，「山水有靈，亦當驚知己于千古矣」，使讀者俯仰夷猶，

〔註13〕同註6，卷十六，頁9。
〔註14〕同註6，卷三十四，頁6。

動心而興感，流連之情，讚美之意，溢于言表也。又如卷二十四〈汶水注〉「汶水出泰山萊蕪縣原山西南，過其縣南」條，注文寫萊蕪谷云：〔註15〕

> 水隍多行石澗中，出藥草，饒松柏，林藋綿蒙，崖壁相望，或傾岑阻徑，或迴巖絕谷，清風鳴條，山壑俱響，凌高降深，兼悑慄之懼；危蹊斷徑，過懸度之艱。未出谷十餘里，有別谷在孤山。谷有清泉，泉上數丈，有石穴二口，容人行入。穴丈餘，高九尺許，廣四五丈，言是昔人居山之處，薪爨煙墨，猶存谷中，林木緻密，行人鮮有能至矣。又有少許山田，引灌之踪尚存。出谷有平丘，面山傍水，土人悉以種麥，云此邱不宜殖稷黍而宜麥，齊人相承以殖之，意謂麥邱所栖愚公谷也，何其深沉幽翳，可以託業怡生始此也。余時逕此，爲之躊躅，爲之屢眷矣。

此段文字，描繪萊蕪山之幽深險奇，即興而寫，筆致清新，觀察入微，作者依依眷戀，情溢言表，詞意親切，形容逼眞，宛如一幅幽美之深山絕谷圖。

　　道元善摹山水之美者，讀其妙地美境，足以效深懷遠，嬉遊徘徊，撫慰羈情，而採菱釣魚者之歌，疊舸擁檝者之詠，韻律激盪，弦音之外，尤令人久久不能釋懷也。除上舉諸例外，《水經注》書中，情景交融之文，俯拾便得，如「至有淫朋密友，羈遊宦子，莫不尋梁契集，用相娛慰」、「目對魚鳥，水木明瑟，可謂濠梁之性，物我無違矣」、「琴歌既洽，懽情亦暢，是焉棲寄，實可憑矜」、「水石驚瀨，傳響不絕，商舟掩留，聆翫不已」等等即是。此外，面對天險地阻，道元則以關懷之筆，記行旅之苦，如寫居庸關之絕谷，云「累石爲關垣，崇墉峻壁，非輕功可舉。山岫層深，側道褊狹，林鄣邃險，路才容軌，曉禽暮獸，寒鳴相和」；又如寫漢水之二灘，云「澇灘多則水淺而下多大石，又東爲淨灘，夏水急盛，川多湍伏，行旅苦之，故諺曰：冬澇夏淨，斷官使命。言二灘阻礙。」若此者多矣。道元寄託山水之情，愛憎分明，深沈敦誠，非徒翫賞耳，其悲天憫人，存心仁厚，亦可見焉。

第二節　裁章要例

　　酈注鋪寫景物，牢籠百態，各具神貌，眞切自然，歷歷在目。約而言之，其裁章之法，殆分二焉：

〔註15〕同註6，卷二十四，頁16～17。

一、淡墨素描

　　淡墨素描者，指作者以簡括之筆墨，因名寫形，以形證名，於文中夾敘數句寫景文字者是也。酈注書中，快筆寫景之文，隨手可擷，或奇或偶，句數不一，例如卷六〈汾水注〉「汾水出太原汾陽縣北管涔山」條，注文寫溫溪云：〔註16〕

　　　　汾水又南與東西溫溪合，水出左右近溪，聲流翼注，水上雜樹交陰，
　　　　雲垂煙接，自是水流潭漲，波裏轉泛。

此段文字，道元以寥寥數語，勾勒溫溪林密水清之景象，頗有情致。又如卷六〈汾水注〉「又南過冠爵津」條，注文寫冠爵津云：〔註17〕

　　　　汾，津名也，在界休縣之西南，俗謂之雀鼠谷，數十里間，道險隘
　　　　水，左右悉結偏閣道，纍石就路，縈帶巖側，或去水一丈，或高五
　　　　六尺，上戴山阜，下臨絕澗，俗謂之爲魯般橋，蓋通古之津隘矣，
　　　　亦在今之地險也。

此段文字，作者以「纍石就路」、「縈帶巖側」二語，描繪閣道之難行，惟妙惟肖，突現特徵。又如卷十一〈易水注〉「東過范陽縣南，又東過容城縣南」條，注文寫濡水故瀆云：〔註18〕

　　　　其水之故瀆南出，屈而東轉，又分爲二瀆，一水逕故安城西側，城
　　　　南注易水，夾塘崇峻，遠岸高深，左右百步，有二釣臺，參差交峙，
　　　　迢遞相望，更爲佳觀矣。

此段注文，記濡水故瀆之佳觀，作者以「崇峻」、「高深」等語狀其形勢，有如筆端畫出，宛在目前。又如卷十三〈灅水注〉「灅水出鴈門陰館縣，東北過代郡桑乾縣南」條，注文寫石池云：〔註19〕

　　　　池東隔阜，又有一石池，方可五六十步，清深鏡潔，不異大池。

此段注文，作者僅以「清深鏡潔」四字，描狀石池之美，而神韻自具矣。大抵而言，酈注書中，淡墨素描之寫景文字，不事鋪排，不假重色，三言兩語，而極肖物狀。其襯托景觀，雖無成篇之氣勢，然亦字字珠璣，使讀者瞻言而見貌，膾炙人口，餘味盪漾焉。

〔註16〕同註6，卷六，頁1。
〔註17〕同註6，卷六，頁7。
〔註18〕同註6，卷十一，頁3。
〔註19〕同註6，卷十三，頁2。

二、工筆臨摹

工筆臨摹者，指就湖光山色，風景妍麗之處，精細刻劃，鋪寫纖密，庶幾可獨立爲一小品佳構者是也〔註20〕。其例如卷四〈河水注〉「又南過河東北屈縣西」條，注文寫孟門津云：〔註21〕

> 河水南逕北屈縣故城西，西四十里有風山，上有穴如輪，風氣蕭瑟，習常不止。當其衝飄也，略無生草，蓋常不定，眾風之門故也。風山西四十里，河南孟門山，《山海經》曰：孟門之山，其上多金玉，其下多黃堊涅石。《淮南子》曰：龍門未闢，呂梁未鑿，河出孟門之上，大溢逆流，無有丘陵，高阜滅之，名曰洪水，大禹疏通，謂之孟門。故《穆天子傳》曰：北登孟門九河之磴，孟門即龍門之上口也，實爲河之巨阨，兼孟門津之名矣。此石經始禹鑿，河中漱廣，夾岸崇深，傾崖返捍，巨石臨危，若墜復倚。古之人有言，水非石鑿而能入石，信哉。其中水流交衝，素氣雲浮，往來遙觀者，常若霧露沾人，窺深悸魄。其水尚崩浪萬尋，懸流千丈，渾洪贔怒，鼓若山騰，濬波頹疊，迄于下口，方知慎子下龍門，流浮竹，非駟馬之追也。

此段文字，道元以二百餘言，描繪孟門山之方位、物產、淵源及歷史背景等等，行文有條不紊，一氣呵成。其可貴者，尤在以簡練之文，敘難寫之景，自上口出，層層排宕，千丈洪流，飛騰而下，雄邁之姿，扣人心弦；且復能掌握充耳之山鼓波疊，讀之不覺驚心悸動矣！又如卷四〈河水注〉「又南至華陰潼關，渭水從西來注之」條，寫華山云：〔註22〕

> 河水歷船司空，與渭水會。《漢書・地理志》：舊京兆尹之屬縣也。左丘明《國語》云：華岳本一山當河，河水過而曲行。河神巨靈，手盪腳蹋，開而爲兩，今掌足之跡仍存。《華嚴開山圖》曰：有巨靈胡者，遍得坤元之道，能造山川，出江河。所謂巨靈贔屭，首冠靈山者也。常有好事之人，故升華岳而觀厥跡焉。自下廟歷列柏，南

〔註20〕按：所謂「小品文」者，乃寥寥片語以至洋洋千言左右之完整文章。其範圍包括：散文、駢文、賦等，其內容不論閒適、個人筆調、性靈之有無，出之以抒情、寫景、敘事、議論均可。說見陳啓佑《唐代山水小品文研究》，頁17。

〔註21〕同註6，卷四，頁1～2。

〔註22〕同註6，卷四，頁10。

行十一里，東迴三里，至中祠。又西南出五里，至南祠，謂之北君祠。諸欲升山者，至此皆祈請焉。從此南入谷七里，久居一祠，謂之石養父母，石龕木主存焉。又南出一里至天井，井裁容人，穴空迂迴，頓曲而上，可高六丈餘。山上又有微涓細水，流入井中，亦不甚沾人。上者皆所由陝，更無別路，欲出井望空，視明如在室窺窗也。出井東南行二里，峻坂斗上斗下，降此坂二里許，又復東上百丈崖，升降皆須扳繩挽葛而行矣。南上四里路，到石壁，緣旁稍進，逕百餘步。自此西南出六里，又至一祠，名曰胡越寺，神像有童子之容。從祠南歷夾嶺，廣裁三尺餘，兩箱懸崖數萬仞，窺不見底，祀祠有感，則雲與之平，然後敢度，猶須騎嶺抽身，漸以就進，故世謂斯嶺爲搦嶺矣。度此二里，便届山頂，上方七里，靈界二所，一名蒲池，西流注于澗，一名太上泉，東注澗下。上宮神廟，近東北隅，其中塞實雜物，事難詳載。自上宮東北出四百五十步，有屈嶺，東南望巨靈手跡，惟見洪崖赤壁而已，都無山下上觀之分均矣。

此段注文，描述華山前瀕黃河，後接秦嶺，奇峰突兀，巨石嶙峋，四面陡峭，有壁立千仞之勢。其內容係根據晉郭緣生《述征記》及《華山記》二書，演繹而成。道元以簡練之文，記敘遊人攀登之苦，又以詼諧之筆，傳達神靈信仰之跡，興味盎然，尤爲難得。郭著兩書，早已散佚，幸賴酈注存其鱗爪，是知酈注此文，不僅提供有關「華山自古一條路」之歷史資料，亦可視爲饒富情趣之遊記也。又如卷十五〈洛水注〉「東北過盧氏縣南」條，寫鵜鶘山云：〔註23〕

洛水又東逕黃亭南，又東合黃亭溪水，水出鵜鶘山，山有二峰，峻極于天，高崖雲舉，亢石無階，猨徒喪其捷巧，鼯族謝其輕工，及其長霄冒嶺，層霞冠峰，方乃就辨優劣耳，故有大小鵜鶘之名矣。溪水東南流歷亭下，謂之黃亭溪水，又東南入于洛水。洛水又東，得荀公溪口，水出南山荀公澗，即龐季明所入荀公谷者也。其水歷谷東北流，注于洛水。洛水又東逕檀山南，其山四絕孤峙，山上有塢聚，俗謂之檀山塢。義熙中，劉父西入長安，舟師所届，次于洛陽，命參軍戴延之與府舍人虞道元，即舟溯流，窮覽洛川，欲知水軍可至之處，延之届此而返，竟不達其源也。

此段注文，記述洛水經鵜鶘山與檀山之景象及相關之傳說故事。其中峰高林茂，水流透迤，色彩鮮明，躍然紙上，文字緊湊明快，而地理人文亦畢具矣，洵爲一則出色之山水小品。

道元寫景語言，活潑靈巧，隨景適文，其裁章要例，或淡墨素描，或工筆臨摩，無不寫意傳神，惟妙惟肖。故酈書雖以注疏水文爲旨，然靈悟之思，神來之筆，詩人墨客，莫不同祖。

第三節　修辭技巧

酈注之作，造句驚奇，遣詞則古，其記文寫物，直敍情景，山川條理，臚列目前，天趣旁流，奇蹤異聞，時時著見，讀酈書者，未有不服其閎遠，嘆其精詳者也。明人鍾惺《水經注鈔》有云：「酈道元遍具山水筆資，其法則記，其材其趣則詩也。」酈注游目賞心之致，前人抒寫未曾，其修辭造語，上躡風騷，下啓唐宋，洵堪睥睨一世也。今以探賾所得，爰就如下數端，試申述之，以覘異采。其未涉全書風貌者，略而不論。

一、駢散相輔

夫文辭一術，體雖百變，道本同源。經緯錯以成文，玄黃合而爲采，故駢之與散，並派而爭流，殊塗而合轍。古之文，不知所謂駢與散也，易、詩、書、禮、春秋之文，散之中未嘗無駢，理欲並舉，則散而駢矣，蓋出於自然，本乎天籟也。東漢以降，瓌詞麗句，儷儷千言競以辭勝，夸過其理，與載道之旨遠矣，駢散之爭，以是肇焉。然則駢之與散，實並派而爭流，殊途而合轍也，故駢中無散，則氣壅而難疏，散中無駢，則辭孤而易瘠，兩者但可相成，不可偏廢。孫德潛《六朝麗指》有云：〔註24〕

> 駢體之中，使無散行，則其氣不能疏逸，而敍事亦不清晰。故庾子山碑誌文，述及行履，出之以散，每敍一事，多用單行先將事略說明，然後援引故實，作成駢語，以接其下。推之別種體裁，亦應駢中有散也。倘一篇之內，始終無散行處，是後世書啓體，不足與言駢文矣。

孫氏之論，最爲持平，蓋駢散二者，如陰陽奇偶，但可相成，不可偏廢，而

〔註24〕參見孫德潛《六朝麗指》，頁2。

奇偶之用，變化無方，文質之宜，所施各別也。

　　道元撰注，抒情記事，馳騁如意，駢散兼收，儒雅雍容，儀厥錯綜，至為微妙，譚家健〈試論水經注的文學成就〉一文有云：〔註25〕

　　　　在介紹敘述山川異物的環境位置，以及一般情況時，都是文從字順的散句，有些描寫也常用白描，文字整飭，並無駢偶氣。在形容特殊風光，美景佳境時，作者確實愛用整齊的四言對句，也有五言、六言對句，甚至也有少量駢四儷六句式。……因而《水經注》中的寫景文字，往往兼擅駢散之長，既整齊對稱，節奏鏗鏘，而又流暢自然，搖曳多姿。

酈注之作，擅以散語敘事理，以駢語抒情景，意到筆隨，駢散相濟，形成其峭麗峻潔之風格。例如卷六〈涑水注〉「又南過解縣東，又西南注于張陽池」條云：〔註26〕

　　　　涑水又西南屬於陂，陂分為二城，南面兩陂，左右澤渚，東陂世謂之晉興澤，東西二十五里，南北八里，南對鹽道山，其西則石壁千尋，東則磻溪萬仞，方嶺雲迴，奇峰霞舉，孤標秀出，罩絡群山之表，翠柏蔭峰，清泉灌頂。郭景純云：世所謂鵞漿也，發于上而潛于下矣。厥頂方平，有良藥，神農本草曰：地有固活女疏銅芸紫菀之族也，是以緇服思玄之士，鹿裘念一之夫，代往遊焉。路出北巇，勢多懸絕，來去者咸援蘿騰鑒，尋葛降深，於東則連木乃陟，百梯方降，巖側縻鎖之跡，仍今存焉，故亦曰百梯山也。水自山北流，五里而伏，云潛通澤渚，所未詳也。西陂，即張澤也，西北去蒲坂一十五里，東西二十里，南北四五里，冬夏積水，亦時有盈耗也。

此段文字，記述晉興澤、張澤之位置、大小及景致。東陂因有百梯山之點綴，寫景材料，極為豐富，其山東西對峙，正符駢偶之用，故有「石壁」對「磻谿」，「方嶺」偶「奇峰」，而山景綺麗多姿，爭奇鬥妍，故「千尋」並「萬仞」，「雲回」齊「霞舉」，「翠柏」、「清泉」相映，「蔭峰」、「灌頂」共趣，四字多對，連珠而發，密而不促，抑揚頓挫，陰陽諧和。中穿「郭景純云」、「神農本草云」二段引文，散語出之，正以舒散綿密之情。稍緩片刻，復以兩句

〔註25〕參見譚家健〈試論水經注的文學成就〉，載《文學遺產》，1982年4月。
〔註26〕同註6，卷六，頁23。

六字，激發文勢高潮，裕而非緩，意無不達，詞無不暢；且以人入景，使「思玄」、「念一」者，有所憑藉觀照，山川之美，可親可掬，可遨可遊，足見一斑。末段結尾，或偶有一二波瀾，亦力避繁累，趨簡歸要，以順導讀者胸臆也。相形之下，西陂張澤，因無它物襯托，乏善可陳，注文明其方位、寬度而已。全文寫景，駢語爲其功，散語總其要，經緯錯雜，玄黃和合，而文采並茂矣。

　　《水經注》繪景摹狀，有工筆、略筆之分。工筆在闡其精微，刻露清秀，多以駢語出之；略筆在介紹道里、方位，水道遷移，好爲簡明，層次井然，不尚工切，多以散筆行之。其文筆相濟，允爲至當，華美精妍，各自擅場。例如卷二十四〈汶水注〉「汶水出泰出萊蕪縣原山西南，過其縣南」條云：〔註27〕

　　　　萊蕪縣在齊城西南原山，又在縣西南六十許里，地理志：汶水與淄水俱出原山西南入濟，故不得過其縣南也。從征記曰：汶水出縣西南流，又言自入萊蕪谷，夾路連山百數里，水隍多行石澗中，出草藥，饒松柏，林藿綿濛，崖壁相望，或傾岑阻徑，或迴巖絕谷，清風鳴條，山壑俱響，凌高降深，兼惴慄之懼，危蹊絕徑，過懸度之艱。未出谷十餘里，有別谷在孤山，谷有清泉，泉上數丈，有石穴二口，容人行入，穴丈餘，高九尺許，廣四五丈，言是昔人居山之處，薪爨煙墨，猶存谷中，林木緻密，行人鮮有能至矣。又有少許山田，引灌之蹤尚存，出谷有平邱，面山傍水，土人悉以種麥，云此丘不宜殖稷黍而宜麥，齊人相承以殖之，意謂麥邱所栖愚公谷也，何其深沈幽翳，可以託業怡生如此也。

此段文字，寫萊蕪谷之景色，情趣盎然。道元抉山谷水泉之情狀，仰聆俯瞰，景緻迥異。其爲文也，散行文句中，間雜排偶，而於整齊偶句之外，又調以奇句，駢散相輔，疏落有致，誠如平原林土，曲池荇藻，各極橫斜曲直，縈紆蕩漾之妙也。又如卷十六〈穀水注〉「又東過河南縣北，東南入于洛」條云：〔註28〕

　　　　（穀水）歷景陽山北，山有都亭，堂上結方湖，湖中起御坐石也。御坐前建蓬萊山，曲池接筵，飛沼拂席，南面射侯夾席，武峙背山，

〔註27〕同註6，卷二十四，頁16～17。
〔註28〕同註6，卷十六，頁9。

> 堂上則石路崎嶇，巖嶂峻險，雲臺風觀，纓蠻帶阜，遊觀者升際阿
> 閣，出人虹陛，望之狀兔沒鷙舉矣。其中引水飛阜，傾瀾瀑布，或
> 枉渚聲溜，潺潺不斷，竹柏蔭于層石，繡薄叢于泉側。微颸暫拂，
> 則芳溢于六空，實爲神居矣。

此段注文，勾勒中古時期洛陽之風貌。文章鋪排描寫，或聯句相映，近義璧
合；或續續相生，連肘接荂，散駢相輔，句式多變。夫文學作品，所以能膾
炙人口，流傳千古者，必有其動人之實，而文學創作，又須運用有形之文
字，寫無盡之情意，描繁複之景象，苟能情景交融，濃淡相宜，斯足感人肺
腑矣。

二、屬對精裁

對偶亦稱對仗，爲文章修辭法之一。「仗」字之義，蓋自「儀仗」而來；
「儀仗」爲兩兩相對，故兩兩相對之辭句謂之對仗，亦謂之對句。對仗原
則，《文心雕龍·麗辭篇》列舉四對，其言曰：

> 言對者，雙比空辭者也；事對者，並舉人驗者也；反對者，理殊趣
> 合者也；正對者，事異義同者也。長卿《上林賦》云：「修容乎禮園，
> 翱翔乎書圃。」此言對之類也。宋玉《神女賦》云：「毛嬙鄣袂，不
> 足程式，西施掩面，比之無色。」此事對之類也。仲宣《登樓》云：
> 「鐘儀幽而楚奏，莊舄顯而越吟。」此反對之類也。孟陽《七哀》
> 云：「漢祖想枌榆，光武思白水。」此正對之類也。凡偶辭胸臆，言
> 對所以爲易也。征人資學，事對所以爲難也。幽顯同志，反對所以
> 爲優也。並貴共心，正對所以爲劣也。又以事對，各有反正，指類
> 而求，萬條自昭然矣。

六朝以降，藝事日精，對仗之法，愈衍愈多〔註29〕。按凡駢文，必須對仗，
無對仗則不足以言駢文，固無論矣。散文有時亦須利用對仗，以強化語氣，
庶使筆力雄勁，滋味曲包。惟散文對仗之法，與駢文殊科，就修辭學而言，
駢文之對仗，限制綦嚴，舉凡意義、聲調、詞性、物性、數目、虛實等等，
均須相對，始合規格。而散文之對仗，則無此偌多限制，但求用字相等，句
法相似，意義相對足矣。所謂意義相對云者，用句意義相同可，兩句意義相

〔註29〕按：唐上官儀有「六對」之說，見《詩苑類格》引；皎然有「八對」之論，見
《詩議》；而空海《文鏡祕府論》且擴增爲二十九種，洋洋大觀，足眩人目。

反可，兩句不足以達意，又益以三句、四句、五句……而成排比句法，亦無不可也。

　　道元撰注《水經》之時，六朝駢文，如日中天，影響所及，酈注書中，亦巧其屬對，運筆有法，駢偶片語，精彩絕倫，不可勝數，此亦其修辭特色之一。茲遴載一二，俾知其凡。例如卷四〈河水注〉「又南過河東北屈縣西」條：〔註30〕

　　　　河中漱廣，夾岸崇深，傾崖返捍，巨石臨危，若墜復倚，……其水尚

　　　　崩浪萬尋，懸流千丈，渾洪贔怒，鼓若山騰，濬波頹疊，迄于下口。

此段注文，以多句對，描繪孟門津之景象。又如卷四〈河水注〉「又東過砥柱間」條：〔註31〕

　　　　河水翼岸夾山，巍峰峻舉，群由疊秀，重嶺干霄。

此段注文，以四句對，寫千崤山之景象。又如卷六〈澮水注〉「澮水出河東絳縣東，澮交東高山」條：〔註32〕

　　　　寒泉奮湧，揚波北注，懸流奔壑，一十許丈；青崖若點黛，素湍如

　　　　委練。

此段注文，以多句對，寫澮水沿岸之山光水色。又如卷六〈涑水注〉「又南過解縣東，又西南注于張陽池」條：〔註33〕

　　　　其西則石壁千尋，東則磻溪萬仞；方嶺雲回，奇峰霞舉，孤標秀

　　　　出，……翠柏蔭峰，清泉灌頂。

此段注文，以多句對，寫東陂晉興澤之景象。又如卷二十四〈汶水注〉「汶水出泰山萊蕪縣原山，西南過其縣南」條：〔註34〕

　　　　出藥草，饒松柏；林薈綿濛，崖壁相望；或傾岑阻徑，或迴巖絕谷；

　　　　清風鳴條，山壑俱響；凌高降深，兼惴慄之懼，危蹊斷徑，過懸度

　　　　之艱。

此段注文，以多句對，寫萊蕪谷之幽深險奇。又如卷二十六〈巨洋水注〉「又北過臨朐縣東」條：〔註35〕

〔註30〕同註6，卷四，頁1～2。
〔註31〕同註6，卷四，頁23。
〔註32〕同註6，卷六，頁15。
〔註33〕同註6，卷六，頁23。
〔註34〕同註6，卷二十四，頁16。
〔註35〕同註6，卷二十六，頁5。

至若炎夏火流，閒居倦想，提琴命友，嬉娛永日，桂筍尋波，輕林
委浪，琴歌既洽，歡情亦暢，是焉棲寄，實可憑矜。

此段注文，以多句對，寫臨朐縣地區之景象。若此之例，酈注書中，展卷可
得，它如卷六〈汾水注〉：「鳥雀不棲其林，猛虎常守其庭」，卷八〈濟水
注〉：「單椒秀澤，不連丘陵以自高；虎牙桀立，孤峰特拔以刺天」，卷九〈清
水注〉：「南峰北嶺，多結禪栖之士；東岩西谷，又是剎靈之圖」，卷十五〈洛
水注〉：「猨徒喪其捷巧，鼯族窮其輕工」，卷十六〈穀水注〉：「竹柏蔭於層
石，繡薄叢於泉側」，卷二十六〈淄水注〉：「澎贔之音，驚川聒谷；漰渀之
勢，狀同洪井」，卷二十七〈漢水注〉：「嶂遠谿深，澗峽嶮邃；氣蕭蕭以瑟
瑟，風颼颼而飂飂」等等，皆是其例。夫為文之道，文詞妍麗，良由屬對之
能，筆札雄通，實因安施之巧，詩文對偶，旨在求美也。是以詩人感物，聯
類不窮，流連萬象之際，沈吟視聽之區，寫氣圖貌，既隨物以宛轉，屬采附
聲，亦與心而徘徊，所作詩文，大抵編字不隻，捶句成雙，修短取均，奇偶
相配也。觀乎善長之寫景文字，每每綴以排比之句，間以婀娜之聞，使文句
意脈聯貫，音節和諧，有利於諷誦記憶，而其語勢矯健，含章蘊藻，流韻綺
靡，工麗遒整，義必相輔，表裡相資，山水共秀句，交輝映彩，殆皆深造有
得之故也。

三、譬喻明事

　　譬喻者，以彼喻此之謂也，亦曰比喻，俗謂比方。就心理學觀之，取譬
之法，乃建立於「類化作用」之基礎上，借用彼此具有類似點之他物，或
以舊經驗引起新經驗，或以易知說明難知，或以具體說明抽象，以表達原
意象之修辭法也。譬喻之類別，諸家分法不一，而要歸於明喻與暗喻而已。
〔註36〕

　　譬喻之於文，有曲達事理之妙用。劉勰《文心雕龍‧比興篇》，說明譬喻
之內容、沿革及原則，可謂詳矣，其說如下：

夫比之為義，取類不常；或喻於聲，或方於貌，或擬於心，或譬於
事。宋玉《高唐》云：「纖條悲鳴，聲似竽籟」，此比聲之類也；枚

〔註36〕按：譬喻辭格，乃由喻體、喻依、喻詞三者配合而成。凡三者俱備者，謂之
　　　　明喻；凡省略喻體喻詞，僅有喻依者，謂之暗喻。詳參黃師慶萱《修辭學》，
　　　　第十二章，頁 227。譬喻之種類，此處依王夢鷗《文學概論》，第十四章，頁
　　　　141 之說。

乘《菀園》云：「焱焱紛紛，若塵埃之間白雲」，此則比貌之類也；
賈生《鵬賦》云：「禍之與福，何異糾繩」，此以物比理者也；王褒
《洞簫》云：「優柔溫潤，如慈父之畜子也」，此以聲比心者也；馬
融《長笛》云：「繁縟絡繹，范蔡之說也」，此以響比辯者也；張衡
《南都》云：「起鄭舞，繭曳緒」，此以容比物者也。若斯之類，辭
賦所先，日用乎比，月忘乎興，習小而棄大，所以文謝於周人也。

譬喻之妙，不待言矣。觀乎《水經注》為文，最善取譬，舉凡圖狀山川，影
寫雲物，因及辨析事理，莫不織綜比義，以敷其華，驚聽回視，資此效績，
觸物譬況，達情盡意。茲略述酈注譬喻明事之例如後，以明梗慨。

（一）明喻

明喻者，以甲物比乙物，正文和譬喻間，分明並揭，而用「猶、若、如、
似、同」等喻詞連結之。道元為文，善狀物情，牢寵百態，其窮形盡相，無
所避之，而形容宛肖，亦無異寫真。茲就狀寫「形態」、「色彩」、「聲籟」、「溫
度」等項，說明如下：

1.狀寫形態

《水經注》書中，摹山範水，記文寫物，最善譬喻，其狀寫山勢之例，如
卷十二〈聖水注〉「巨馬河出代郡廣昌縣淶山」條，注文寫藏刀山云：〔註37〕

淶水又南逕藏刀山下，層巖壁立，直上干霄，遠望崖側，有若積刀，
鏔鏔相比，感悉西首。

此段注文，以積刀譬喻藏刀山之形態。又如卷十五〈伊水注〉「又東北過陸渾
縣南」條，注文寫崖口山峽云：〔註38〕

伊水歷崖口山峽也，翼崖深高，壁立若闕。

此段注文，以闕形譬喻崖口山峽之形勢。又如卷十五〈洛水注〉「又東北過宜
陽縣南」條，注文寫熊耳山云：〔註39〕

洛水之北，有熊耳山，雙巒競舉，狀同熊耳。

此段注文，以熊耳譬喻熊耳山之形態。又如卷二十七〈沔水注〉「又東過西城
縣南」條，注文寫錫義山云：〔註40〕

〔註37〕同註6，卷十二，頁6。
〔註38〕同註6，卷十五，頁15。
〔註39〕同註6，卷十五，頁6。
〔註40〕同註6，卷二十七，頁13。

縣有錫義山，方圓百里，形如城。

此段注文，以城形譬喻錫義山之規模。又如卷三十一〈滍水注〉「滍水出南陽魯陽縣西之堯山」條，注文寫女靈山云：〔註41〕

滍水之北，有積石焉，世謂女靈山，其山平地介立，不連岡以成高，峻石孤峙，不託勢以自遠，四面壁絕，極能靈舉，遠望亭亭，狀若單楹插霄矣。北面有如頹落，劣得通步，好事者時有扳陟耳。

此段注文，以單楹插霄，譬喻女靈山之形勢。此外，如卷二十〈漾水注〉：「（瞿堆）絕壁峭峙，孤險雲高，望之形若覆唾壺」〔註42〕，卷二十六〈巨洋水注〉：「（委粟山）孤阜秀立，形若委粟」〔註43〕等等，描繪山形，無不曲盡其妙也。

又其寫水之例，如卷二十七〈沔水注〉「又東過成固縣南，又東過魏興安陽縣南，洿水出自旱山，北注之」條，注文寫寒泉云：〔註44〕

水東出寒泉嶺，泉湧山頂，望之交橫，似若瀑布，頹波激石，散若雨聲，勢同厭源風雨之池。

此段注文，寫寒泉嶺水交橫之狀，道元以「瀑布」、「雨聲」等語，譬喻泉湧之勢。又如卷三十〈淮水注〉「淮水出南陽平氏縣胎簪山，東北過桐柏山」條，注文寫雞翅山瀑布云：〔註45〕

（雞翅）山有一水，發自山椒下數丈，素湍直注，頹波委壑，可數百丈，望之若霏幅練矣。

此段注文，以幅練譬喻雞翅山瀑布委壑直注之形勢。又如卷四十〈漸江水注〉「北過餘杭，東入于海」條，寫蘇姥布水云：〔註46〕

水懸百餘丈，瀨勢飛注，狀如瀑布。

此段注文，以瀑布譬喻蘇姥布水飛注之狀。又如卷四十〈漸江水注〉同上條，寫洨溪云：〔註47〕

（洨溪）懸百餘丈，水勢高急，聲震水外，上洨懸二百餘丈，望若

〔註41〕同註6，卷三十一，頁2。
〔註42〕同註6，卷二十，頁6。
〔註43〕同註6，卷二十六，頁5。
〔註44〕同註6，卷二十七，頁9。
〔註45〕同註6，卷三十，頁2。
〔註46〕同註6，卷四十，頁5。
〔註47〕同註6，卷四十，頁13。

雲垂。此是瀑布，土人號爲洩也。

此段注文，以雲垂譬喻懸水高急之狀。酈注書中，喻水之語，俯拾可得，其運用巧妙，曲盡變化，洵令人歎爲觀止也。

又其寫石之例，如卷五〈河水注〉「又東過滎陽縣北，蒗蕩渠出焉」條，寫八激隄之積石云：〔註48〕

漢安帝永初七年，令謁者太山于石門東，積石八所，皆如小山，以捍衝波，謂之八激隄。

此段注文，以小山譬喻八激隄積石之規模。又如卷十四〈鮑邱水注〉「又南至雍奴縣北，屈東入于海」條，寫燕山下石鼓云：〔註49〕

（拓水）南逕燕山下，懸巖之側，有石鼓，去地百餘丈，望若數百石囷，有石梁貫之。鼓之東南，有石援桴，狀同擊勢。

此段注文，以數百石囷譬喻石鼓去地百餘丈之形勢。又如卷十四〈濡水注〉「又東南過海陽縣西，南入于海」條，寫碣石云：〔註50〕

漢武帝亦嘗登之，以望巨海，而勒其石于此。今枕海有石如甬，道數十里，當山頂有大石，如柱形，往往而見立于巨海之中。

此段注文，以柱形譬喻大石之壯觀。又如卷四十〈漸江水注〉「漸江水出三天子都」條，注云：〔註51〕

兩峰交峙，反項對石，往往相捍，十餘里中，積石磊砢，相挾而上。澗下台沙細石，狀若霜雪。

此段注文，以霜雪譬喻白沙細石之狀。又同上條云：〔註52〕

瀨邊有石如床；床上有石牒，長三尺許，有似雜采帖也。

此段注文，寫有石如床，石牒似雜采帖之狀，頗爲貼切。它如卷十五〈洛水注〉：「夫物無不化之理，魂無不遷之道，而此尸無神識，事同木偶之狀，喻其推移未若正形之速遷矣。」〔註53〕以有形喻無形。莫不靈活多變，掌握特徵，突顯物像，有畫龍點睛，餘韻無窮之妙也。

〔註48〕同註6，卷五，頁9。
〔註49〕同註6，卷十四，頁12。
〔註50〕同註6，卷十四，頁19～20。
〔註51〕同註6，卷四十，頁3。
〔註52〕同註6，卷四十，頁5。
〔註53〕同註6，卷十五，頁11。

2. 狀寫色彩

《水經注》書中，狀寫色彩之例，如卷十二〈巨馬水注〉「巨馬河出代郡廣昌縣淶山」條，寫白澗溪云：[註54]

> 淶水又逕三女亭西，又逕樓亭北，左屬白澗溪，水有二源，合注一川。川石皓然，望同積雲，故以物色受名。

此段注文，以積雪譬喻山石皓然。又如卷十三〈灅水注〉「灅水出鴈門陰館縣，東北過代郡桑乾縣南」條，寫火山之鸒烏云：[註55]

> 其山出雛烏，形類雅烏，純黑而姣好，音與之同，續采紺發，觜若丹砂，性馴良而易附。

此段注文，以丹砂譬喻雛烏之續采奮發。又如卷十四〈鮑邱水注〉「又南至雍奴縣北，屈東入于海」條，注云：[註56]

> 其木色黑，似炭而無葉，有石赤色如丹，以二石相磨，則火發以然無灰之木。

此段注文，以炭喻木色黑，以丹喻石赤色。又如卷十七〈渭水注〉「又東過陳倉縣西」條，注云：[註57]

> 昔秦文公感伯陽之言，遊獵于陳倉，遇之於此坂，得若石焉，其色如肝。

此段注文，以肝喻石色。又如卷二十〈丹水注〉「又東南過商縣南，又東南至于丹水縣，入于均」條，寫墨山、丹水之景色云：[註58]

> 黃水北有墨山，山石悉黑。續彩奮發，黝焉若墨，故謂之墨山。……
> 丹水南有丹崖山，山悉赬壁，霞舉若紅雲，秀天二岫，更爲殊觀矣。

此段注文，以墨喻山石黑黝，以紅雲喻山壁霞舉之續彩。又如卷三十三〈江水注〉「又東過魚復縣南，夷水出焉」條，注文寫赤岬城云：[註59]

> 江水又東，逕赤岬城西，是公孫述所造，因山據勢，周迴七里一百四十步，東高二百丈，西北高千丈，南連基白帝山，甚高大，不生

〔註54〕同註6，卷十二，頁5。
〔註55〕同註6，卷十三，頁9。
〔註56〕同註6，卷十四，頁10。
〔註57〕同註6，卷十七，頁13。
〔註58〕同註6，卷二十，頁18。
〔註59〕同註6，卷三十三，頁19。

樹木,其石悉赤,土人云:如襜衻,故謂之赤岬山。

此段注文,以人襜衻喻石色赤也。又如卷三十七〈沅水注〉「沅水出牂柯且蘭縣,爲旁溝水,又東至鐔成縣爲沅水,東過無陽縣」條,注文寫陽欺崖云:〔註60〕

溪源有陽欺崖,崖色純素,望同積雪。

此段注文,以積雪喻陽欺崖色純素也。又如卷三十八〈湘水注〉「又北過羅縣西,漍水從東來流注」條,寫瀟湘云:〔註61〕

湘川清照五六丈,下見底石如樗蒲矢,五色鮮明,白沙如霜雪,赤崖若朝霞,是納瀟湘之名矣。

此段注文,寫瀟湘之五色鮮明,以霜雪喻白沙,以朝霞喻赤崖。又如卷三十九〈贛水注〉「又東北過石陽縣西」條,寫石陽城中井云:〔註62〕

城中有井,其水色半清半黃,黃者如灰汁,取作飲粥,悉皆金色而甚芬香。

此段注文,以灰汁喻水色黃,按王校本此條下云:「朱箋曰:異物志云,盧陵城中有一井,中有二色,水半青半黃,黃者灰汁,取作糜粥,皆作金色,土人名灰汁爲金,因名爲金井。」是知灰汁者,金色也。酈注爲文,色彩妍麗,丰姿綽約,花容紅情,葉態綠意,無不曲盡其意,唯妙唯肖,眩人耳目也。〔註63〕

3.狀寫聲籟

酈注書中,寫聲籟之例,如卷四〈河水注〉「又南過河東北屈縣西」條,寫孟門津云:〔註64〕

其水尚崩浪萬尋,懸流千丈,渾洪贔怒,鼓若山騰。

此段注文,以鼓若山騰喻孟門津水澎湃之聲響。又如卷十三〈灅水注〉「灅水出鴈門陰館縣,東北過代郡桑乾縣南」條,寫火井云:〔註65〕

山上有火井,南北六七十步,廣減尺許,源深不見底,炎勢上升,常若微雷發響,以草爨之,則煙騰火發。

〔註60〕同註6,卷三十七,頁15。
〔註61〕同註6,卷三十八,頁11。
〔註62〕同註6,卷三十九,頁10。
〔註63〕同註6,卷三十九,頁11。
〔註64〕同註6,卷四,頁2。
〔註65〕同註6,卷十三,頁8。

此段注文，以微雷發響喻火井炎勢上升之聲音。又如卷二十〈丹水注〉「又東南過商縣南，又東南至于丹水縣，入于均」條云：〔註66〕

> 城南門外，舊有郡社，柏樹大三十圍，蕭欣爲郡伐之，言有大蛇從
> 樹腹中墜下，大數圍，長三丈，群小蛇數十隨入南山，聲如風雨。

此段注文，以風雨喻群蛇隨行之聲勢。又如卷三十七〈沅水注〉「又東北過臨沅縣南」條云：〔註67〕

> （沅水）又東帶綠蘿山，綠蘿蒙冪，頹巖臨水，實釣渚漁詠之勝地，
> 其迭響若鐘音，信爲神仙之所居。

此段注文，以鐘音喻漁詠之迭響。又如卷三十八〈湘水注〉「又東北過陰山縣西，洣水從東南來注之，又北過醴陵縣西，漉水從東南來注之」條云：〔註68〕

> 長沙醴陵縣有大山，常鳴如牛吼聲。

此段注文，以牛吼聲喻大山之常鳴。道元善用狀聲詞，佳例頗多，或幽咽，或悠揚，宛轉傳神，栩栩如生，吟誦之際，如聞其聲，其文妙合天工，誠不可多得也。

4. 狀寫溫度

《水經注》書中，狀寫溫度之例，每見於敘述泉水之時，其例如卷十一〈㶟水注〉「㶟水出代郡靈邱縣高氏山」條云：〔註69〕

> 其水又南逕候塘，川名也。又東合溫泉水，水出西北喧谷，其水溫
> 熱若湯，能愈百疾，故世謂之溫泉焉。

此段注文，以熱湯喻喧谷泉水之水溫。又如卷十三〈灢水注〉「灢水出鴈門陰館縣，東北過代郡桑乾縣南」條云：〔註70〕

> 水發火山東溪，東北流出山，山有石炭，火之熱，同樵炭也。

此段注文，以樵炭喻火山水之熱度。又如卷十五〈洛水注〉「伊水出南陽縣西蔓渠山」條云：〔註71〕

> 又東爲淵潭，潭渾若沸，亦不測其深淺也。

此段注文，以沸水喻淵潭之熱度。又如卷十八〈渭水注〉「又東過武功縣北」

〔註66〕同註6，卷二十，頁18。
〔註67〕同註6，卷三十七，頁17。
〔註68〕同註6，卷三十八，頁8。
〔註69〕同註6，卷十一，頁9。
〔註70〕同註6，卷十三，頁9。
〔註71〕同註6，卷十五，頁14。

條云：〔註72〕

> 渭水又東，溫泉水注之，水出太一山，其水沸涌如湯。

此段注文，以熱湯喻太一山溫泉水之沸涌。又如卷三十一〈溳水注〉「溳水出南陽魯陽縣西之堯山」條云：〔註73〕

> 縣有湯水，可以療疾。湯側又有寒泉焉，地勢不殊，而炎涼異致，雖隆火盛日，肅若冰谷矣。

此段注文，以冰谷喻寒泉之水涼。又如卷三十一〈溳水注〉「又南過江夏安陸縣西」條云：〔註74〕

> 溫水出竟陵之新陽縣東澤中，口徑二丈五尺，垠岸重沙，端淨可愛，靖以察之，則淵泉如鏡，聞人聲，則揚湯奮發，無所復見矣。其熱可以燖雞，洪瀾百餘步，冷若寒泉。

此段注文，以寒泉喻洪瀾之水冷。凡此所舉，皆運用譬喻，以明其溫度者也。蓋道元以靈奇之筆，設譬適切，曲摩神貌，筆筆入妙，不唯達情盡意，且因譬喻之婉曲，得助行文之波瀾也。諷味其文，如身歷其境，山光水色，鳥語花香，狀溢目前，山水有靈，當驚知己於千古矣。

（二）暗喻

暗喻，乃較明喻更簡化進步之修辭技巧，略去設喻之喻詞，如「猶、若、如、似、同」等等，而作直接之譬喻，故其重點，不在正文，反在新起之意象。例如卷十七〈渭水注〉「又東過陳倉縣西」條云：〔註75〕

> 水發南山西側，俗以此山為吳山，三峰霞舉，疊秀雲天，崩巒傾返，山頂相捍，望之恆有落勢。

此段注文，「崩巒傾返，山頂相捍」是正文，「恆有落勢」為譬喻，其間少一喻詞「如」字，若為明喻則當作「崩巒傾返，山頂相捍，望之如恆有落勢」，又「崩巒傾返」一句，謂崩陷之峰巒，似即將傾塌，而「山頂相捍」者，言山峰若有互相推擠之勢，二句亦為暗喻也。故知隱喻之例，其辭雖無喻詞，其義仍可循而得之。又《水經注》運用暗譬之另一特色，即展示畫面之二喻，濃縮成四字句〔註76〕，而省略喻詞，其例如卷三〈河水注〉「又南過赤城

〔註72〕同註6，卷十八，頁2。

〔註73〕同註6，卷三十一，頁1。

〔註74〕同註6，卷三十一，頁19。

〔註75〕同註6，卷十七，頁14。

〔註76〕參兒譚家健、李知文《水經注選注》，附錄二，頁477。

東，又南過定襄桐過縣西」條，寫呂梁洪云：〔註77〕

> 其水西流，歷于呂梁之山，而爲呂梁洪。其山巖層岫衍，澗曲崖深，
> 巨石崇竦，壁立千仞，河流激盪，濤湧波襄，雷淯電洩。

按此段注文，其中「雷淯電洩」，即由「聲如雷動，勢若電洩」濃縮而成，
〔註78〕四字二喻，凝練簡潔，音節鏗鏘。又如卷十三〈灤水注〉「灤水出鴈門
陰館縣，東北過代郡桑乾縣南」條，寫武州山石窟寺云：〔註79〕

> 其水又東轉，逕靈巖南，鑿石開山，因巖結構，眞容巨壯，世法所
> 希。山堂水殿，煙寺相望，林淵錦鏡，綴目新眺。

按此段注文，其中「林淵錦鏡」，即由「林美似綿，淵清如鏡」濃縮而成。
〔註80〕夫譬喻能寫物以附意，颺言以切事，辭不迫切，而意已獨至，故爲修
辭法之一，道元爲文，亦多用之。

四、援引證說

　　凡綜採經史舊籍中之前言往行，或據事類義，以增風趣，或援古證今，
而影射難實，或摭拾鴻采，令文章典雅者，皆謂之援引，或稱引用。援引之
法，大別有二：一用古事，二用成辭；用古事者，援古事以證今情也；用成
辭者，引彼語以明此義也。

　　南北朝時，駢體盛行，最究事類。《水經注》爲書，雖以散體行文，然其
徵引典實，鎔經以援古，鑄史以取舊，憑子以類義，翫集以徵言，均能表裡
發揮，眾美輻輳。素來論修辭之書，輒以引用之時，是否說明來歷，而分「明
引」、「暗引」二類。以下茲就酈氏引書，可得條例若干，分述於後：

（一）明引

　　酈注書中，其標書名例，如：

> 《莊子》曰：「秋水時至，百川灌河，經流之大。」（卷一〈河水注〉）
> 《釋名》曰：「瀆，獨也。」（卷一〈河水注〉）
> 《白虎通》：「其德著大，故稱瀆。」（卷一〈河水注〉）

但標篇名例，如：

〔註77〕同註6，卷三，頁15。
〔註78〕同註76，頁478。
〔註79〕同註6，卷十三，頁9。
〔註80〕同註76，頁478。

〈地理志〉：「北地有廉縣。」（《漢書·地理志》，卷二〈河水注〉）

〈禹貢〉之所云：「析支渠搜。」（《尚書·禹貢》，卷三〈河水注〉）

〈封禪書〉曰：「元鼎四年，始立后土祠於汾陰。」（《史記·封禪書》，卷四〈河水注〉）

兼標書名篇名例，如：

《漢書·西域傳》：「于闐之西，水皆西流，注西海。」（卷二〈河水注〉）

《尚書·禹貢》曰：「過洛，至大伾。」（卷五〈河水注〉）

《史記·白起傳》稱：「涉河，取韓安邑，東至乾河。」（卷六〈涑水注〉）

又其標撰者之名例，如：

徐廣曰：「河內平皋縣有李城。」（卷七〈濟水注〉）

圈稱又言：「長垣縣有羅亭」（卷八〈濟水注〉）

郭景純以爲：「自上二千五百餘里。」（卷一〈河水注〉）

又其兼標書名撰者之名例，如：

郭義恭《廣志》曰：「甘水也，在西域之東名曰新陶水。」（卷一〈河水注〉）

徐廣《晉紀》稱：「劉淵自離石南移蒲子。」（卷三〈河水注〉）

皇甫士安（謐）《帝王世紀》云：「或言縣，故有熊氏之所都也。鄭氏徙居之，故曰新鄭。」（卷二十二〈洧水注〉）

凡上所舉，皆明引之例也。

（二）暗引

酈注書中，不標書名或撰名，直接引述者，其數當在不少，若其原引之書尚存，固可一一考之，若原書已佚，此則難矣。今但略舉二例，以見一斑。

蒙恬臨死曰：「夫起臨洮，屬遼東，城塹萬餘里，不能不絕地脈，此固當死也。」（暗引《史記·蒙恬列傳》文）（卷一〈河水注〉）

漢元朔四年，衛青將十萬人，敗右賢王於高闕。（約引《史記》或《漢書》之文）（卷三〈河水注〉）

其餘若引用不注明出處者，亦多類此也。

　　道元爲文，抒情寫景，每引用詩、賦、謠諺或成語典故，增加藝術感染力，以收言簡景彰之效果。茲舉卷三十四〈江水注〉「又東過巫縣南，鹽水從縣東南流注之」條，寫長江三峽云：〔註81〕

　　　　此山漢和帝永年十二年崩，晉太元二年又崩，當崩之日，水逆流百
　　　　餘里，湧起數十丈，今灘上有石，或圓如簞，或方似屋，若此者甚
　　　　眾，皆崩崖所隕，致怒湍流，故謂之新崩灘。其頹巖所餘，比之諸
　　　　嶺，尚爲竦桀。其下十餘里，有大巫山，非唯三峽所無，乃當抗峰
　　　　岷峨，偕嶺衡疑，其翼附群山，並概青雲，更就霄漢，辨其優劣耳。
　　　　神孟涂所處，《山海經》曰：夏后啓之臣孟涂，是司神于巴，巴人訟
　　　　于孟涂之所，其衣有血者，執之是請。生居山上，在丹山西。郭景
　　　　純云：丹山在丹陽，屬巴丹山，西即巫山者也，又帝女居焉。宋玉
　　　　所謂天帝之季女，名曰瑤姬，未行而亡，封巫山之陽，精魂爲草，
　　　　寔爲靈芝。所謂巫山之女，高唐之阻，旦爲行雲，暮爲行雨，朝朝
　　　　暮暮，陽臺之下，旦早視之，果如其言，故爲立廟，號朝雲焉。其
　　　　間首尾一百六十里，謂之巫峽，蓋因山爲名也。自三峽七百里中，
　　　　兩岸連山，略無闕處，重巖疊嶂，隱天蔽日，自非停午夜分，不見
　　　　曦月。至於夏水襄陵，沿泝阻絕，或王命急宣，有時朝發白帝，暮
　　　　到江陵，其間千二百里，雖乘奔御風，不以疾也。春冬之時，則素
　　　　湍綠潭，迴清倒影，絕巘多生怪柏，懸泉瀑布，飛漱其間，清榮峻
　　　　茂，良多趣味。每至晴初霜旦，林寒澗肅，常有高猿長嘯，屬引淒
　　　　異，空谷傳響，哀轉久絕，故漁者歌曰：巴東三峽巫峽長，猿鳴三
　　　　聲淚沾裳。

此段注文，描寫三峽沿岸之風光，作者以夏啓封孟涂，至巴郡爲神起筆，穿插楚王游高唐與神女相會之事，是描摹景色之餘，兼記神話傳說，收錄風土民情。文中於典故之徵引，恰當復自然，絕無濫引示博，牽強生硬之弊；或采明典而陳辭，如援引《山海經》、「郭景純云」、「宋玉（高唐賦）謂」、《巴東三峽歌》等等即是；或用暗典以含蘊，如漢和帝永元十二年山崩之事，即出自《後漢書・五行志》，而「春冬之時，則素湍綠潭」以下所言，則暗用盛弘之〈荊州記〉之文也。

〔註81〕同註6，卷三十四，頁2～3。

　　道元爲文，博覽經籍，旁引百家，奇書圖志，包羅萬象，凡所徵引，表裡發揮，眾美輻輳。其行文也，暢如流水，敍述故事，娓娓動聽，有虛有實，有動有靜，有聲有色，可謂義經體史而用文，故標能擅美，方軌前秀，垂範後昆焉。

五、鍊字警妙

　　夫言之無文，行而不遠，聖賢書辭，總稱文章，非采而何，蓋欲人之不可輕忽文采，而應重視修辭也。《文心雕龍・章句篇》云：

> 夫人之立言，因字而生句，積句而成章，積章而成篇。篇之彪炳，章無疵也。章之明靡，句無玷也。句之清英，字之妄也。振本而末從，知一而萬畢矣。

吳曾祺《涵芬樓文談・練字》亦云：

> 欲知篇必先知句，欲知句必先知字，蓋鍊字之難，固有一日可以千言，而一字之未安，思之累日而不可得者矣。而及其遇之也，則又全不費力，如取之懷中而付之者，雖善文者不能言其所以然。

蓋文章既集字而成，故欲求篇章彪炳，下筆屬文，須先識字，求其精當，所謂「一字得力，通首光采」是也。由此可知，鍊字之功，在文家爲首要。茲分數端，以明《水經注》散文長於鍊字。

（一）疊字摩神

　　疊字又名重言，是以兩個或兩個以上相同之字，重疊使用，以摹擬物情，物聲或物態之謂。疊字如運用得體，最能集字成勢，有文勢貫珠之妙，既可使語氣充足，意義完整，且能增加聲律之美，以臻摹景入神，天籟自鳴之妙境。《水經注》書中，重言運用之例，如卷四〈河水注〉「又東過陝縣北」條云：〔註82〕

> 翁仲頭髻常出，水之漲減，恆與水齊，晉軍當至，髻不復出，今惟見水異耳。嗟嗟有聲，聲聞數里。

此段注文，「嗟嗟」描寫水流之聲貌。又如卷九〈沁水注〉「又東過野王縣北」條云：〔註83〕

> 水北有華嶽廟，廟側有攢柏數百根，對郭臨川，負岡陰渚，青青彌

〔註82〕同註6，卷四，頁19。
〔註83〕同註6，卷九，頁11。

望，奇可翫也。

此段注文，「青青」描寫草木崢嶸蔥鬱之氣象。又如卷十三〈灅水注〉「灅水出鴈門陰館縣，東北過代郡桑乾縣南」條云：〔註84〕

> 石池吐泉，湯湯其下，炎涼代序，是水灼焉無改，能治百疾，是使
> 赴者若流。

此段注文，「湯湯」喻水氣沸騰之狀。又如同上條云：〔註85〕

> 高柳在代中，其山重巒疊巘，霞舉雲高，連山隱隱，東出遼塞。

此段注文，「隱隱」記山聳入雲、若隱若現之境。又如卷二十四〈睢水注〉「東過睢陽縣南」條云：〔註86〕

> 睢水又東南流，歷于竹圃，水次綠竹蔭渚，菁菁實望，世人言梁王
> 竹園也。

此段注文，「菁菁」喻綠竹茂密之狀。又如卷二十七〈沔水注〉「又東過西城縣南」條云：〔註87〕

> 漢水又東逕嵐谷北口，嶂遠溪深，澗峽險邃，氣蕭蕭以瑟瑟，風颼
> 颼而飀飀，故川谷擅其目矣。

此段注文，「蕭蕭」、「瑟瑟」、「颼颼」、「飀飀」等語，殆皆寫淒涼冷清之貌也。道元遣詞精鑿，匠心獨具，其疊字運用，切意入情，摹寫傳神，由此見焉。

（二）擬人生趣

將無知事物，寄以靈性，託為有情，稱之為擬人法。此類「句眼」，全屬動詞。《水經注》書中，摹山範水，下筆有情，故亦長於擬人法之修辭。例如卷六〈汾水注〉「汾水出太原汾陽縣北管涔山」條云：〔註88〕

> 汾水又南與東西溫溪合，水出左右近溪，聲流翼注，水上雜樹交蔭，
> 雲垂煙接，自是水流潭漲，波襄轉泛。

此段注文，「聲流翼注」之注，「雜樹交蔭」之交，「雲垂煙接」之垂、接，皆是擬人法之句眼。又如卷六〈涑水注〉「又南過解縣東，又西南注于張陽池」

〔註84〕同註6，卷十三，頁14。
〔註85〕同註6，卷十三，頁15。
〔註86〕同註6，卷二十四，頁5。
〔註87〕同註6，卷二十七，頁11。
〔註88〕同註6，卷六，頁1。

條云：〔註89〕

> 其西則石壁千尋，東則磻溪萬仞，方嶺雲回，奇峰霞舉，孤標秀出，
> 罩絡群山之表。

此段注文，「奇峰霞舉」者，意謂奇峰高聳雲霞之上，極言其高峻。句中之「舉」字，爲擬人法之句眼，而「罩絡群山之表」之罩絡，亦爲擬人修辭法。謂奇峰籠罩于群山之上也。又如卷十七〈渭水注〉「又東過陳倉縣西」條云：〔註90〕

> 汧水又東會一水，水發南山西側，俗以此山爲吳山。三峰霞舉，疊
> 秀雲天，崩巒傾返，山頂相捍，望之恆有落勢。

此段注文，「崩巒傾返，山頂相捍」者，謂崩陷之峰巒似將傾塌，山峰則若有互相擊推之勢，將峰巒寄以靈性，託爲有情，其中「返」、「捍」二字，爲擬人法之句眼也。上舉諸例，其「句眼」，或在句首，如「罩絡群山之表」者；或在句中，如「雲垂煙接」者是；或在句末，如「山頂相捍」者是；其靈巧運用，駕筆如神，使物染我情，壯闊之景，已在目前，語妙意曲，饒生遠韻，縮短物我間之距離，營造氣氛，且亦令文句精警靈動也。

（三）換字避繁

古人綴辭屬文，最忌複杳，是故善爲辭者，恆務變文，以戒同字相犯。唐彪《讀書作文譜》引程楷之言曰：〔註91〕

> 修詞無他巧，惟要知換字之法。瑣碎字，宜以冠冕字換之；庸俗字，
> 宜以文雅字換之；務令自然，毋使杜撰，此即脩辭之謂也。

是知作文需變換字面，一則求其典雅，一則可避重複。若字字雷同，人必生厭，換字立功，可使文情活潑。道元自謂爲書之怡，在因水以證地，而即地以存古，是故遷貿畢陳，故實駢列。其爲書也，規模弘遠，千山萬水，包舉一編，然則其造句遣詞，亦力避重複也。〔註92〕

〔註89〕同註6，卷六，頁23。

〔註90〕同註6，卷十七，頁14。

〔註91〕參見唐彪《讀書作文譜》，卷六，頁75。

〔註92〕按：酈注規模弘遠，千山萬水，包舉一編，然則幅廣地多，疲於應接，著語不免自相蹈襲，遂使讀者每興數見不鮮之歎。錢鍾書《管錐篇》云：「前舉酈注形容處，幾有匡格，他如河水：孟津……水流交衝，素氣雲浮，常若霧露沾人。清水：黑山瀑布……散水霧合。淇水：激水散氛，曖若霧合。渭水：崩巒傾返，山頂相捍，望之恆有落勢。沮水：盛弘之云，危樓傾崖，恆有落

　　酈注書中，描寫瀑澤布之辭藻，各式各樣如「懸溜」、「懸水」、「懸波」、「懸澗」、「飛瀑」、「飛清」、「飛泉」、「飛水」、「溉湍」、「溉澗」、「激素」、「傾流」、「頹波」……等等，要皆瀑布之同義詞也。又其摹繪水勢飛瀉之情狀，「有懸洪五丈，飛流注壑」、「有揚波北注，懸流奔壑」，有「瀑布乘巖，懸河注壑」，或「飛湍濬急」，或「練垂柴立」，或「崩浪震山」等等，無不語語生動，維妙維肖，令人歎爲觀止也。

　　又如刻劃山勢，有亭亭柴豎，競勢爭高」，有「巖層岫衍，巨石崇竦」，有「嶄絕孤峙，虎牙柴立」，有「崩巒傾返，山頂相捍」，有「方嶺雲迴，奇峰霞舉」，有「高巒截雲，層陵斷阜」，亦有「壁立天固」、「敧疊若城」、「重嶺于霄」、「輕崖秀舉」……等等，皆綴以不同之筆觸，換字避繁，可謂駕筆如神，逼天壓地，嬉霞戲霧，令人目不暇給。而山勢之高、廣、闊、拔，奇、秀、孤、連，亦皆栩栩躍現，故近人張翰勛於〈水經注的寫景語言〉一文有云：〔註93〕

> 《水經注》刻劃景物，其詞語的表現，在於他們選用的準確精警，寫貌傳神，當然並不意味著用字追求冷僻。這些準確精警的詞語，當然要靠從語言中提煉取得，要注意到詞語在構句中的和諧，並儘量有觸及深廣、活躍形象的強大作用。……酈道元在語言運用上，是位有如詩歌創作的鍊字派的能手。

有味乎其言也。夫道元造句驚奇，遣詞則古，其語詞搭配，細緻入微，以奇制勝，肖貌傳神，可以入文，更宜入詩，六朝文士，終當斂手避席，軌式模範矣。

（四）敷彩設色

　　渲染事物，妥用色彩，足使辭章華美，意象鮮明。唯色彩之濃豔淡雅，與詩文之意境內涵，須相配合，若能繁濃而不肥俗，簡淡而不枯瘦，則各有韻致矣。《水經注》書中，敷彩摹境，美化風景之例，展卷可得。例如卷三十二〈沮水注〉「沮水出漢中房陵縣淮水，東南過臨沮縣東」條云：〔註94〕

> 稠木傍生，凌空交合，危樓傾崖，恆有落勢，風泉傳響于青林之下，

勢。延江水：傾崖上合，恆有落勢。」見〈管錐篇〉，頁1457。按此匡格，固惟即目所見，不避雷同也。

〔註93〕參見張翰勛〈水經注的寫景語言〉，載《蘭州大學學報》，1981年三期。

〔註94〕同註6，卷三十二，頁11。

巖猨流聲于白雲之上，遊者常若目不周翫，情不給賞。

又如卷三十三〈江水注〉「又東南過僰道縣北，若水淹水合，從西來注之，又東，渚水北流注之」條云：〔註95〕

> 縣有蜀王兵蘭，其神作大難，江中崖峻阻險，不可穿鑿，李冰乃積薪燒之，故其處懸巖，猶有五色焉，赤白照水玄黃，魚從僰來，至此而止，言畏崖嶼，不更上也。

又如卷三十四〈江水注〉「又東南過夷道縣北，夷水從佷山縣南，東北注之」條云：〔註96〕

> 北有湖里淵，淵上橘柚蔽野，桑麻闇日，西望佷山諸嶺，重峰疊秀，青翠相臨，時有丹霞白雲，遊曳其上。

又如卷三十八〈湘水注〉「又北過羅縣西，泜水從東來流注」條云：〔註97〕

> 湘川清照五六丈，下見底石，如樗蒲矢，五色鮮明，白沙如霜雲，赤崖若朝霞，是納瀟湘之名矣。

又如卷四十〈漸江水〉「漸江水出三天子都」條云：〔註98〕

> 山水東南流，名為紫溪，中道夾水，有紫色磐石，石長百餘丈，望之如朝霞，又名此水為赤瀨，蓋以倒影在水故也。

又如卷四十〈漸江水〉「北過餘杭，東入于海」條云：〔註99〕

> 其水分納眾流，混波東逝，逕定陽縣，夾岸緣溪，悉生支竹及芳杜、木連，雜以霜菊、金橙，白沙細石，狀如凝雪。

酈注書中，色彩妍麗，種類多樣，有「青」、「白」、「素」、「赤」、「丹」、「黃」、「濁」、「金」、「玄」、「翠」、「綠」、「紫」、「霜」……等等，以其用之適切，故文氣朗暢，詞約意豐，草卉奪彩，雲霞姿媚，日月流光，光彩耀目，而素色沈淨，搖曳澄瀁，風華映人，更添清雅韻致，山水之美，宛然見焉。

（五）誇張聳動

凡客觀存在之事物，因乎主觀，加以渲染，使事增其實，辭溢其真，令讀者愜心快意，聳動聰聞，滿足好奇者，皆謂之誇張。夫言辭鋪飾，自古而

〔註95〕同註6，卷三十三，頁9。
〔註96〕同註6，卷三十四，頁8。
〔註97〕同註6，卷三十八，頁11。
〔註98〕同註6，卷四十，頁2。
〔註99〕同註6，卷四十，頁5。

然，王充《論衡·藝增篇》云：

> 譽人不增其美，則聞者不快其意；毀人不盡其惡，則聽者不愜於心。
> 故聞一增以為十，見百益以為千。

此言文字誇飾，本乎人心，蓋俗人好奇之故也。又《文心雕龍·夸飾篇》曰：

> 神道難摹，精言不能追其極；形器易寫，壯辭可得喻其真，才非短
> 長，理自難易耳。故自天地以降，豫入聲貌，文辭所被，夸飾恆存。
> 雖詩書雅言，風格訓世，事必宜廣，文亦過焉。

劉氏之論，以文有飾詞，可以傳難言之意；文有飾詞，可以省不急之文；文有飾詞，可以摹難傳之狀；文有飾詞，可以得言外之情。是知文章「夸而有節，飾而不誣」，信可發蘊飛滯，披瞽駭聾矣。

《水經注》為文，模山範水，窮形盡相，亦擅于誇張，其最常見者，乃數字之運用也，例如卷三十三〈江水注〉「又東南過僰道縣北，若水淹水合，從西來注之，又東，渚水北流注之」條云：〔註100〕

> 山多猶猢，似猴而短足，好遊巖樹，一騰百步，或三百丈，順往倒
> 返，乘空若飛。

此段注文，以「一騰三百丈」及「乘空若飛」，喻猶猢靈巧善跳，此用夸飾，不唯盡其意，亦且煒燁，生趣也。又如卷三十〈淮水注〉「又東至廣陵淮浦縣，入于海」條云：

> 游水東北入海，舊吳之燕岱常泛，巨海憚其濤險，更沿溯是瀆，由
> 是此。

此段注文，以「巨海憚其濤險」，極言舊吳燕岱之水患，形象生動，極騁辭鋒，令人驚心動魄。又如卷六〈涑水注〉「又南過解縣東，又西南注于張陽池」條云：〔註101〕

> 其西則石壁千尋，東則磻溪萬仞，方嶺雲回，奇峰霞舉，孤標秀出，
> 罩絡群山之表。

此段注文，以「石壁千尋」、「磻溪萬仞」，刻畫峰高谷深之景色，千尋與萬仞，極言其高峻也。又如卷四〈河水注〉「又南過河東北屈縣西」條云：〔註102〕

> 其水尚崩浪萬尋，懸流千丈，渾洪贔怒，鼓若山騰，浚波頹疊，迄

〔註100〕同註6，卷三十三，頁9。
〔註101〕同註6，卷六，頁23。
〔註102〕同註6，卷四，頁2。

于下口。

此段注文，以「崩浪萬尋」、「懸流千丈」，描繪孟門津水勢迅急奔騰，繪聲繪影，動人心魄。《水經注》善於以誇張法，其辭夸而不溢，飾而不誣，符合情理，頗能引發讀者之想像，洵妙筆生花突顯物象，不可多得之作也。

（六）轉品活用

「品」者，文法上所謂詞之品類，如動詞、名詞、形容詞……等等是也。詞本無定類，依其句以辨其品，故凡將詞彙改變其習慣通用之詞性，而以其他詞性出現者，稱爲轉品也。轉品之用，有化繁爲簡，助長調意之妙。例如卷十一〈易水注〉「東過范陽縣南，又東過容城縣南」條云：〔註103〕

> 北有小金臺，臺北有蘭馬臺，並悉高數丈，秀峙相對，翼臺左右。

此段注文，「翼臺左右」者，謂蘭馬臺在金臺左右，如鳥之展兩翼。翼字，名詞作動詞用。又如卷十二〈聖水注〉「聖水出上谷」條云：〔註104〕

> 耆舊傳言：昔有沙門釋惠彌者，好精物隱，嘗籌火尋之，傍水入穴，三里有餘，穴分爲二。

此段注文，「好精物隱」者，意謂喜好探研事物之奧祕。精字，本名詞也，此作動詞，有精研、探究之意。又如卷十三〈灅水注〉「灅水出鴈門陰館縣池，東北過代郡桑乾縣南」條云：〔註105〕

> 池在山原之上，世謂之天池，方里餘，澄渟鏡淨，潭而不流，若安定朝那之湫淵也。清水流潭，皎然沖照，池中嘗無斥草。及其風撢有淪，輒有小鳥。

此段注文，「澄渟鏡淨」者，謂天池水澄澈不流，明潔如鏡，鏡字：名詞用如形容詞。「潭而不流」者，謂如蓄水池積聚而不流動，潭字：名詞用如動詞。又「風撢有淪」者，指水面因落下草葉而生波紋，風：名詞用如動詞。凡此皆屬轉品活用之例，以其用之適切，妙語居要，故文氣朗暢，詞意清拔，而情景交融矣。

夫《水經注》者，史家地理志之流也。然其爲文，模山範水，筆筆精工，刻劃入微，湖光山色，躍然紙上。考其制作，駢散兼收，屬對精巧，譬喻明

〔註103〕同註6，卷十一，頁3。
〔註104〕同註6，卷十二，頁1。
〔註105〕同註6，卷十三，頁1。

事，援引證說，鍊字警奇，或疊字以摩神，或擬人以生趣，或換字以避繁，或誇張以聳動，或轉品以活用，儒雅雍容，架構前賢，明察時要，體物寫志，融情於景，應山川之靈，成千古之作，其睿智所成，萬流仰鏡，文人墨客，追風趨步，莫不同祖，是知《水經注》者，誠為寫景文章之模範，山水遊記之宗師也。